Mulheres na Bíblia

Um estudo devocional
sobre 50 mulheres

Mulheres na Bíblia

Um estudo devocional
sobre 50 mulheres

EUNICE FAITH PRIDDY

Women in the Bible
© 2001 by ABWE Publishing under the title *Women in the Bible*.
Originally published in the USA by Bible Basics International. Odessa, Florida, 1986.
Translated and printed with permission. All rights reserved.

Tradução: Claudia Cavaretto Loftis
Revisão: Rita Rosário, Thaís Soler
Projeto gráfico e capa: Audrey Novac Ribeiro

Dados Internacionais de Catalogação na Publicação (CIP)

Priddy, Eunice Faith
Mulheres na Bíblia: um estudo devocional sobre 50 mulheres;
tradução Claudia Cavaretto Loftis — Curitiba/PR, Publicações Pão Diário.
Título Original: *Women in The Bible: A devotional study of 50 women*

1. Devocional, Não-Ficção   2. Mulheres na Bíblia

Proibida a reprodução total ou parcial, sem prévia autorização, por escrito, da editora.
Todos os direitos reservados e protegidos pela Lei 9.610, de 19/02/1998.

Exceto quando indicado no texto, os trechos bíblicos mencionados são da edição Revista e Atualizada de João Ferreira de Almeida © 1993 Sociedade Bíblica do Brasil.

O texto inclui o acordo ortográfico conforme Decreto n.º 6.583/08.

Publicações Pão Diário
Caixa Postal 4190
82501-970 Curitiba/PR, Brasil
publicacoes@paodiario.com
www.paodiario.org
Telefone: (41) 3257-4028

Código: QC650
ISBN: 978-1-60485-312-4

2.ª edição: 2011
8.ª impressão: 2021

Impresso no Brasil

Dedico este livro à minha mãe,
Faith Dark,
exemplo vivo de mulher virtuosa.

Sumário

	Prefácio	11
1	A MULHER VIRTUOSA: Provérbios 31	13
2	EVA: Mãe da Humanidade	19
3	SARA: Mãe das nações: parte 1	27
4	SARA: Mãe das nações: parte 2	33
5	HAGAR: Vítima das circunstâncias	41
6	A MULHER DE LÓ: Vítima da desobediência	49
7	REBECA: Mulher manipuladora	55
8	LIA: Esposa leal	63
9	DINÁ: Atraída pelo mundo	69
10	MIRIÃ: Julgada por ciúmes	77
11	A FILHA DE FARAÓ: Instrumento de Deus	83
12	RAABE: Meretriz transformada	89
13	ACSA: Uma noiva sábia	95
14	DÉBORA: Líder abençoada por Deus	101
15	DALILA: Ela traiu por dinheiro	109
16	NOEMI: A sogra sábia	115
17	RUTE: A mulher que fez escolhas sábias: parte 1	121
18	RUTE: A mulher que fez escolhas sábias: parte 2	129
19	ANA: Mulher de oração	135
20	MICAL: Primeira esposa de Davi	141
21	ABIGAIL: Mulher pacificadora	149
22	BATE-SEBA: A mãe do Rei Salomão	157
23	DUAS MÃES PROSTITUTAS: O verdadeiro amor de mãe	165

24	A RAINHA DE SABÁ: Em busca de sabedoria	171
25	JEZABEL: A rainha perversa	177
26	A VIÚVA DE SAREPTA: A mulher hospitaleira	185
27	A VIÚVA — O AZEITE MULTIPLICADO: Ela pagou suas dívidas	193
28	A MULHER SUNAMITA: Anfitriã generosa	199
29	ESCRAVA DE NAAMÃ: Pronta para reagir	207
30	JEOSEBA: Mulher corajosa	211
31	HULDA: Mulher honesta	217
32	ESTER: Bela e corajosa rainha: parte 1	225
33	ESTER: Bela e corajosa rainha: parte 2	231
34	A MULHER DE JÓ: A mulher observadora	239
35	MARIA: A mãe de Jesus: parte 1	245
36	MARIA: A mãe de Jesus: parte 2	251
37	ISABEL: Mulher irrepreensível	259
38	ANA: A viúva que serviu a Deus	265
39	SALOMÉ: Mulher de oração	271
40	A MULHER COM HEMORRAGIA: O encontro com o médico dos médicos	277
41	A MULHER SIRO-FENÍCIA: Mulher de fé	283
42	UMA MULHER SEM NOME: Conhecida como *uma pecadora*	289
43	MARTA: Anfitriã exemplar	295
44	MARIA: A escolha perfeita	301
45	A MULHER SAMARITANA: O poderoso testemunho	309
46	A MULHER ADÚLTERA: Encontro com Jesus	315

47	MARIA MADALENA: O verdadeiro perdão	321
48	SAFIRA: A mulher enganosa	327
49	DORCAS: A ajudante generosa	333
50	RODE: A serva perseverante	339
51	LÍDIA: A mulher de negócios	345
52	PRISCILA: Esposa e parceira	353
53	EUNICE: Mãe sábia	359
54	A MULHER VIRTUOSA: Provérbios 31	365

Bibliografia 371
Índice Alfabético 373
Índice Cronológico 375

Prefácio

O SENHOR COLOCOU EM MEU coração, no ano de 1985, a necessidade de escrever às mulheres que vivem em países em desenvolvimento. Meu objetivo é auxiliá-las a descobrir os valores divinos que cada uma possui como seres únicos. Cresci na África Central onde as mulheres eram vendidas e compradas como partes de uma propriedade.

Logo depois que Glenn e eu nos casamos, o nosso trabalho era ler as cartas dos rádio-ouvintes. Cada dia tornou-se mais evidente que as mulheres que viviam em países muçulmanos, budistas e comunistas também lutavam para compreender melhor a sua importância perante Deus.

Com essa responsabilidade, comecei a escrever uma série de roteiros para os programas radiofônicos com o intuito de atingir tais mulheres. Em oração, procurei a orientação do Senhor ao escolher na Bíblia, mulheres, cujas vidas eram exemplos positivos ou negativos.

Como sabia que as lições seriam traduzidas e usadas em programas de rádio, mantive-as curtas, com vocabulário limitado e usei exemplos transculturais. Enquanto escrevia meus pensamentos, vinha-me à mente, com certa frequência, a lembrança de mulheres que conheci em minha infância.

Logo após terminar de escrever sobre algumas personagens, meus escritos foram traduzidos para o espanhol e retransmitidos para rádios da América do Sul. No primeiro mês que foi ao ar, encantei-me ao ler a carta de uma senhora da Venezuela. Ela escreveu: "No fundo do meu coração, sempre ponderei se Deus se preocupava com as mulheres. Agora, após ouvir os seus programas, tenho a certeza de que Ele o faz. Estou feliz, pois Deus me ama, mesmo eu sendo uma mulher." Uau! Meus desejos mais profundos foram completamente satisfeitos naquela carta.

Espero que as personagens destes simples estudos devocionais *Mulheres na Bíblia* tragam bênçãos a você. Que o Senhor possa continuar a usar a Sua Palavra nas vidas de mulheres ao redor do mundo, através de programas radiofônicos ou estudos apresentados neste livro.

—Eunice Priddy

Capítulo 1

A mulher virtuosa
Provérbios 31

Alguma vez você pesquisou na Bíblia e contou a quantidade de mulheres ali mencionadas? Alguém já realizou esse trabalho, e foram encontradas mais de cento e cinquenta mulheres, sendo umas virtuosas, outras ímpias, porém, todas podem nos ensinar valiosas lições de vida. Como Deus é bondoso para nos dar tantos exemplos com os quais podemos aprender.

A mulher virtuosa de Provérbios 31
Antes de estudarmos individualmente algumas mulheres mencionadas na Bíblia, examinaremos primeiro a mulher virtuosa e anônima descrita em Provérbios 31. Essa mulher certamente é exemplar. Sabia e reconhecia quais eram suas habilidades e as usava com alegria. O segredo de seu sucesso estava em seu relacionamento com Deus.

A mulher virtuosa

A mulher virtuosa em Provérbios 31 era abençoada por Deus para realizar grandes coisas porque confiava no Pai eterno. Muitas de nós mulheres, consideramo-nos inferiores. Porém, precisamos nos lembrar que Deus usa qualquer um — homem ou mulher — que lhe obedece e nele confia. Deus não nos usa por sermos "super-humanos", ou por fazermos coisas grandiosas. Deus nos usa quando, ao dependermos dele, fazemos nosso melhor com os dons que Ele nos concedeu.

As palavras em Provérbios 31 foram escritas pelo rei Lemuel. Ele repassa conselhos recebidos da sua própria mãe. Talvez esta seja a razão por lembrarmos frequentemente desta passagem quando pensamos em mães. Cada um de nós tem uma mãe. Alguns têm mães virtuosas, outros, mães que não o são. Outros ainda que não conseguem lembrar-se de suas mães. Muitos, nunca as viram. Não importa se somos casadas, solteiras, viúvas ou divorciadas, nem mesmo quem possa ter sido nossa mãe. Podemos aprender muito com estes versículos das Escrituras se estudarmos pedindo a Deus para nos dar entendimento e um coração dócil. Provérbios 31:10-31 diz:

> [10]Mulher virtuosa, quem a achará? O seu valor muito excede o de finas joias. [11]O coração do seu marido confia nela, e não haverá falta de ganho. [12]Ela lhe faz bem e não mal, todos os dias da sua vida. [13]Busca lã e linho e de bom grado trabalha com as mãos. [14]É como o navio mercante: de longe traz o seu pão. [15]É ainda noite, e já se levanta, e dá mantimento à sua casa e a tarefa às suas servas. [16]Examina uma propriedade

e adquire-a; planta uma vinha com as rendas do seu trabalho. ¹⁷Cinge os lombos de força e fortalece os braços. ¹⁸Ela percebe que o seu ganho é bom; a sua lâmpada não se apaga de noite. ¹⁹Estende as mãos ao fuso, mãos que pegam na roca. ²⁰Abre a mão ao aflito; e ainda a estende ao necessitado. ²¹No tocante à sua casa, não teme a neve, pois todos andam vestidos de lã escarlate. ²²Faz para si cobertas, veste-se de linho fino e de púrpura. ²³Seu marido é estimado entre os juízes, quando se assenta com os anciãos da terra. ²⁴Ela faz roupas de linho fino, e vende-as, e dá cintas aos mercadores. ²⁵A força e a dignidade são os seus vestidos, e, quanto ao dia de amanhã, não tem preocupações. ²⁶Fala com sabedoria, e a instrução da bondade está na sua língua. ²⁷Atende ao bom andamento da sua casa e não come o pão da preguiça. ²⁸Levantam-se seus filhos e lhe chamam ditosa; seu marido a louva, dizendo: ²⁹Muitas mulheres procedem virtuosamente, mas tu a todas sobrepujas. ³⁰Enganosa é a graça, e vã, a formosura, mas a mulher que teme ao Senhor, essa será louvada. ³¹Dai-lhe do fruto das suas mãos, e de público a louvarão as suas obras.

Ela é confiável

A primeira característica que notamos é que seu marido confia completamente nela. Ela é bondosa com seu marido que nela confia, pois ela nunca lhe fará mal algum em toda sua vida. Você mulher casada — isso é verdade em sua vida? Como mãe, você é esse tipo de exemplo para seus filhos?

Ela não é preguiçosa

Ela trabalha. Entrega-se com vontade ao trabalho e isto reflete-se em sua atitude. Estamos dispostas a empregar mais tempo para fazer o melhor para nossas famílias? Tentamos ter a certeza de ter feito tudo que podemos? O exemplo de um navio mercante é usado porque assim é o trabalho de uma mulher: o trabalho a bordo desse navio no oceano não é fácil. Vamos pedir a Deus para que nos ajude com nossa atitude relacionada ao trabalho.

Ela é uma mulher responsável

A mulher citada em Provérbios 31 não era apenas uma mulher que se envolvia somente com atividades domésticas, era também uma mulher de negócios. Imaginem-na avaliando o valor de um campo para depois comprá-lo. Hoje há pessoas em nossa sociedade que acreditam que as mulheres cristãs devem renunciar a todos os seus direitos se quiserem obedecer a Deus, mas isso não é verdade. Viver completamente em obediência a Deus dá mais liberdade e responsabilidade às mulheres. Devemos cuidar de nossas atividades domésticas e também estar empenhadas, com responsabilidade e cuidado, por aqueles que trabalham conosco.

Ela é uma mulher forte e segura

Outras qualidades mencionadas nesta passagem são as competências para planejar sua vitalidade física, suas diversas habilidades e a atitude relacionada à maturidade e ao futuro. Além disso, ela era uma grande comunicadora. As famílias têm muitas necessidades que somente uma mulher forte no Senhor pode realizar. Leia novamente Provérbios 31 e identifique você mesma cada uma dessas qualidades de força e segurança.

Ela é uma mulher de grande sensibilidade

Uma mulher forte e virtuosa deve ser sensível, o que significa que ela deve ter a capacidade de entender rapidamente a necessidade das pessoas ao seu redor. Precisamos pedir ajuda a Deus, para termos discernimento quando alguém está magoado, desejando ter um momento a sós ou querendo alguém simplesmente para ouvi-lo. Todos nós podemos aprender a estar mais atentos às necessidades das pessoas que nos rodeiam.

Não se deixe enganar por pessoas que dizem que sensibilidade é sinônimo de fraqueza. Na sensibilidade que nos é dada por Deus, há grande força e sabedoria. Quantas vezes você já recebeu ajuda de alguém que simplesmente a compreendeu quando você mais necessitava?

Ela é louvável

Provérbio 31:10 questiona: *Mulher virtuosa quem a achará?* Outra forma de dizer seria: "Quem achará uma mulher de tanto valor?" Quem reconhece esta mulher? Sua família! Frequentemente, nós mulheres, procuramos elogios e atenção em outros lugares. Tentamos agradar qualquer pessoa, exceto nossa família. Mas eles nos conhecem muito bem. Porém, a família é o mais importante cenário — onde a mulher virtuosa encontra reconhecimento.

Ela respeita o Senhor

Ao concluirmos este capítulo, este se torna um dos aspectos mais importantes. Seu verdadeiro valor e beleza se destacam porque ela respeita o Senhor. Todos precisam de um senso de valor e beleza. Não importa o quanto tentemos melhorar nossa aparência exterior, nossa beleza deve vir do interior, ou seja, do coração. Quando o coração da mulher está centrado no Senhor, essa atitude resplandece em sua face. Salmo 128:1-2 descreve a fonte de beleza e paz interior: *Bem-aventurado aquele que teme ao Senhor e anda nos seus caminhos! Do trabalho de tuas mãos comerás, feliz serás, e tudo te irá bem.*

Pensamentos finais

Vamos pedir ao Senhor para nos ajudar a sermos mulheres virtuosas, não somente para nossos amigos ou vizinhos, mas também com nossos familiares, pois estes se levantarão e nos chamarão de bem-aventurada.

Tópicos para discussão

1. Com suas próprias palavras explique o significado do Salmo 128:1-2.
2. Quem escreveu Provérbios 31?
3. Enumere cinco características da mulher virtuosa descritas nesta passagem.
4. Quais são os membros da família que a consideram mulher virtuosa?
5. Mencione uma área em sua vida, em que você precisa pedir a Deus que a ajude a equiparar-se à descrição da mulher virtuosa.

Capítulo 2

Eva
Mãe da humanidade

Como deve ter sido ser a primeira mulher na face da Terra? Quais foram os primeiros pensamentos quando ela viu Adão, seu marido? Explorar todo o Jardim do Éden e aprender tudo sobre os diferentes animais e plantas deve ter sido divertido. Use sua imaginação por algum tempo e tente visualizar tudo o que Eva teve que aprender rapidamente.

A criação de Eva

O termo *mulher* é descrito pela primeira vez em Gênesis 1:27, onde lemos que Deus criou ambos, homem e mulher: *"Criou Deus, pois, o homem à sua imagem, à imagem de Deus o criou; homem e mulher os criou."*

Gênesis 2:20-23 continua dizendo:

²⁰Deu nome o homem a todos os animais domésticos, às aves dos céus e a todos os animais selváticos; para o homem, todavia, não se achava uma auxiliadora que lhe fosse idônea. ²¹Então, o SENHOR Deus fez cair pesado sono sobre o homem, e este adormeceu; tomou uma das suas costelas e fechou o lugar com carne. ²²E a costela que o SENHOR Deus tomara ao homem, transformou-a numa mulher e lha trouxe. ²³E disse o homem: Esta, afinal, é osso dos meus ossos e carne da minha carne; chamar-se-á varoa, porquanto do varão foi tomada.

Deus descreve a criação da mulher em detalhes. A mulher era primeiramente humana. Nós mulheres às vezes nos esquecemos disso. Pretendemos ser super-humanas, tentando desesperadamente atender todas as expectativas ao nosso redor. Pensamos que devemos ser esposas perfeitas, funcionárias exemplares, modelos de donas de casa que mantêm sempre o lar impecavelmente limpo, mães orgulhosas cujos filhos são sempre obedientes, melhores cozinheiras e costureiras do mundo. Porém, na verdade, devemos aprender a nos aceitar como Deus nos criou e tentar somente agradá-lo.

Uma segunda característica da mulher foi ter sido criada superior ao mundo animal. Algumas mulheres consideram-se inferiores, sub-humanas. Deus não criou a mulher dessa maneira. Como algumas mulheres se consideram tão inferiores, esperam ser tratadas como cães, galinhas, ou compradas ou vendidas como uma vaca; elas não têm ideia do seu verdadeiro valor diante de Deus. Todas as mulheres precisam entender completamente o propósito para o qual Deus as criou.

Deus criou a mulher para ser equivalente ao homem — sua ajudante idônea — e sendo criada do próprio homem, ela mantém um relacionamento íntimo com ele.

Eva foi única

Eva foi única em diversas maneiras, pois não teve outra mulher para ensiná-la ou a quem pudesse recorrer como modelo. Com certa frequência, nós mulheres, culpamos nosso passado e os hábitos adquiridos na infância. Dizemos: "Esse é o modo que me ensinaram", ou "Nunca ninguém me ensinou como fazer isso!" Eva nos dá o exemplo de completa dependência em Deus. Ela confiava em seu Criador para ensiná-la a viver, amar, enfrentar dificuldades e superar circunstâncias, sem nenhum exemplo humano a seguir.

Eva também era diferente porque nunca fora uma criança, uma filha, nem adolescente. Ela nunca pôde dizer aos seus filhos: "Quando eu era uma criança...!" Ela foi a primeira mãe do mundo. Gênesis 5 fala dos filhos e filhas de Adão e Eva. O versículo 4 diz: *Depois que gerou a Sete, viveu Adão oitocentos anos; e teve filhos e filhas.* A Bíblia não relata quantos filhos Adão e Eva tiveram, mas se Eva viveu a mesma quantidade de anos que Adão — 930 anos —, a primeira família do mundo deve ter tido inúmeros filhos.

Mulheres, nós não devemos viver sem coragem, qualquer que seja a situação. Eva enfrentou problemas parecidos com os nossos. Deus, a fonte de sua força, não mudou. Assim como Ele ajudou Eva, irá nos ajudar também.

É possível que Eva tenha sido a mais bela das mulheres que o mundo conheceu. Ela era perfeita, completa e criada pelas próprias mãos de Deus. Ela não teve beleza artificial. Deus não nos deu uma descrição da aparência física de Eva, mas pelo que lemos, Adão nunca teve nada a reclamar sobre este item!

O pecado de Eva e suas consequências

Eva foi a primeira e única mulher que iniciou sua vida sem uma natureza pecaminosa. Ela era pura e santa, criada sem pecado; mas foi também a primeira pessoa a cometer pecado. Ela vivia num ambiente perfeito, porém esse fato não a manteve longe dos ataques de Satanás. Não nos faz bem gastar nosso tempo desejando que nossas circunstâncias sejam melhores. Como Eva, cometemos erros ao permitirmos que nossa vontade nos induza a desobedecer a Deus.

Ceder à tentação priva-nos de ter comunhão com Deus e afeta todos aqueles a quem amamos. Vemos isso no relacionamento de Eva e Adão, e mais tarde com sua família. Toda humanidade é descendente dessa primeira família que teve natureza pecadora. Romanos 5:12 diz: *Portanto, assim como por um só homem entrou o pecado no mundo, e pelo pecado, a morte, assim também a morte passou a todos os homens, porque todos pecaram.*

Eva também foi a primeira estilista de moda do mundo! Ela fez roupas de folhas de figueira! Antes do pecado entrar no mundo, Adão e Eva andavam nus e não se envergonhavam. As Escrituras em Gênesis 3:7 dizem: *Abriram-se, então, os olhos de ambos; e, percebendo que estavam nus, coseram folhas de figueira e fizeram cintas para si.*

Deus rejeitou aquelas vestes de folhas de figueira. A Bíblia não registra que Deus os repreendeu verbalmente por suas roupas de folhas. Ele simplesmente corrigiu a situação, e Gênesis 3:21 diz: *Fez o SENHOR Deus vestimenta de peles para Adão e sua mulher e os vestiu*. Mais adiante, quando Deus deu Suas leis aos filhos de Israel, Ele deixou claro que o sangue de um animal era necessário para ser oferecido como pagamento de um pecado. Hebreus 9:22 diz: *Com efeito, quase todas as coisas, segundo a lei, se purificam com sangue; e, sem derramamento de sangue, não há remissão*.

Por que Deus rejeitou as roupas de folhas de figueira? Porque essa era a tentativa de Adão e Eva para esconderem o seu pecado. Ao invés disso, Deus lhes providenciou vestimentas de pele de animal sacrificado. Desse modo, a roupa é uma lembrança do pecado e de suas consequências.

Os filhos imperfeitos de Eva

A Bíblia nos conta a história dos primeiros dois filhos de Eva, Caim e Abel. Caim foi um fazendeiro, e Abel um pastor de ovelhas. Estes rapazes devem ter trazido muita alegria para a vida de Eva. Podemos notar que ela deve ter sido uma mãe boa e fiel, ensinando os filhos como viver suas vidas para agradar a Deus. A Bíblia nos diz que cada um dos seus filhos ofereceu sacrifícios a Deus.

Deus recusou o sacrifício de Caim, que consistiu de um fruto da terra. Lembre-se que a primeira tentativa de Eva em fazer roupas, também foi recusada por Deus. Entretanto, Eva aceitou o que Deus disse, e esta foi a grande diferença, e vestiu roupas que Deus fez com a pele de animais. Caim, por outro lado, matou seu irmão, pois ele próprio estava irado contra Deus. Imagine quanta tristeza essa situação deve ter causado a Eva. Além de tamanha tristeza e vergonha, teve que sepultar seu segundo filho. Certamente nenhuma mulher poderia sofrer como ela sofreu naquele momento.

Em seu tempo de necessidade, Deus lhe deu outro filho. Ao chamá-lo pelo nome de Sete, Eva expressou sua fé no amor, misericórdia e provisão de Deus. Gênesis 4:25 ainda nos diz: *Tornou Adão a coabitar com sua mulher; e ela deu à luz um filho, a quem pôs o nome de Sete; porque, disse ela, Deus me concedeu outro descendente em lugar de Abel, que Caim matou.* Eva não se tornou amarga, mas confiou em Deus e continuou a viver.

A redenção de Eva

Eva foi a primeira a pecar. Ela viu as consequências de seu pecado quando esteve aos pés da sepultura de seu filho assassinado. Mas, Eva foi também a primeira mulher a ouvir a profecia de Deus sobre a morte de Seu próprio Filho em uma cruz quando Deus disse à serpente, o diabo, em Gênesis 3:15: *Porei inimizade entre ti e a mulher, entre a tua descendência e o seu descendente. Este te ferirá a cabeça, e tu lhe ferirás o calcanhar.*

Através de uma mulher, o mundo tão belo que Deus criara manchou-se com a horrenda marca do pecado. Também, através de uma mulher, o Filho de Deus foi trazido ao mundo. E na cruz, quando Jesus gritou, "Está consumado", Ele venceu todos os poderes e as forças satânicas que Adão e Eva como agentes do inimigo trouxeram à humanidade. Que Deus maravilhoso nós temos!

Pensamentos finais

Eva foi criada para ser a colaboradora idônea de Adão. Ela deveria ajudar Adão a cumprir as ordens de Deus de cultivar e cuidar da terra. Pense em sua situação. Se você é casada, você e seu marido estão trabalhando juntos para cumprir os planos de Deus em suas vidas?

Eva foi tentada por Satanás, e pecou. Você está consciente dos métodos que Satanás usa para tentá-la nos dia de hoje? Você está preparada para esses ataques? Quais foram os pensamentos de Eva sobre si mesma quando ela e Adão tiveram que deixar sua bela casa no Jardim do Éden? Se você estivesse no lugar dela, não se sentiria fracassada? Ao cometer um pecado, como você o enfrenta? É importante reconhecer que você não pode mudar ou deter as consequências do seu pecado. Eva viveu com o impacto de seu pecado em seu lar. Apesar disso, é importante destacar que o seu passado não a paralisou. Ela aceitou o perdão de Deus e viveu na expectativa da vinda do Salvador prometido.

Espero que tenhamos um novo olhar para a vida e para o exemplo que Deus nos deu através de Eva. Como diz na Bíblia, em Gênesis 3:20: *E deu o homem o nome de Eva a sua mulher, por ser a mãe de todos os seres humanos.*

Tópicos para discussão

1. Quais características exclusivas foram dadas à mulher em sua criação?
2. Indique três características que diferenciam Eva das mulheres de hoje.

3. Eva fez muitas coisas que nenhuma mulher havia feito antes. Enumere três.
4. Qual a atitude de Eva que lhe permitiu viver vitoriosamente ao invés de ser derrotada por seu pecado?
5. Em que área de sua vida você se identifica com Eva? Por quê?

Capítulo 3

Sara
Mãe das nações
Parte 1

Neste e no próximo capítulo, estudaremos a vida de Sara, esposa de Abraão. Fala-se muito sobre esta mulher no Antigo e Novo Testamento. Sara ocupa um lugar importante nos livros da história hebraica por ser a mãe do povo judeu.

A vida de Sara demonstra vividamente o quanto Deus é santo, justo e também amoroso. Ele não será zombado, mas mostra verdadeira misericórdia. Ele ouve as orações de Seus filhos e conhece os mais profundos desejos de seus corações.

Experiências de Sara

A primeira vez que encontramos Sara, seu nome era Sarai. Deus mudou o nome dela e de seu marido Abrão, quando apareceu a Abrão para estabelecer uma aliança com ele. Sarai mudou seu nome para Sara, que significa princesa. Abrão se tornou Abraão, quando Deus disse a ele ...*porque por pai de numerosas nações te constituí* (Gênesis 17:5).

Nos dias de hoje as pessoas mudam seus nomes por várias razões. Porém, as mudanças de nomes na Bíblia têm grande significado, porque foram feitas por Deus. Nas mudanças dos nomes de Abrão e Sarai, Deus deu-lhes um selo ou sinal de Sua promessa. Lemos sobre isso em Gênesis 17:3-5,15-16:

> ³Prostrou-se Abrão, rosto em terra, e Deus lhe falou: ⁴Quanto a mim, será contigo a minha aliança; serás pai de numerosas nações. ⁵Abrão já não será o teu nome, e sim Abraão; porque por pai de numerosas nações te constituí. [...] ¹⁵Disse também Deus a Abraão: A Sarai, tua mulher, já não lhe chamarás Sarai, porém Sara. ¹⁶Abençoá-la-ei e dela te darei um filho; sim, eu a abençoarei, e ela se tornará nações; reis de povos procederão dela.

Sara nasceu na cidade de Ur, dos caldeus, na terra da Babilônia. Ela era filha de Terá, o pai de Abraão, o que consequentemente fez de Abraão e Sara meio-irmãos. Apesar de serem filhos do mesmo pai, o casamento deles foi aceito de acordo com os costumes locais porque eram filhos de mães diferentes, conforme lemos em Gênesis 20:12: *Por outro lado, ela, de fato, é também minha irmã, filha de meu pai e não de minha mãe; e veio a ser minha mulher.*

Sara, a mãe das nações

Sara é única porque ela e seu marido foram os primeiros pais da grande raça judia, no entanto, eles procediam de uma cultura idólatra. Até mesmo o pai de ambos serviu outros deuses segundo lemos em Josué 24:2. Naquele tempo, não havia qualquer distinção entre judeus e gentios, porque a nação judia ainda não existia. Assim sendo, Abraão foi o primeiro homem a ser reconhecido como hebreu (Gênesis 14:13). Isso aconteceu depois que Deus prometeu tornar seus descendentes uma grande nação:

> Ora, disse o SENHOR a Abrão: Sai da tua terra, da tua parentela e da casa de teu pai e vai para a terra que te mostrarei; de ti farei uma grande nação, e te abençoarei, e te engrandecerei o nome. Sê tu uma bênção! (Gênesis 12:1-2).

Gênesis 17:15-16 relata a mudança do nome de Sarai:

> [15]Disse também Deus a Abraão: A Sarai, tua mulher, já não lhe chamarás Sarai, porém Sara. [16]Abençoá-la-ei e dela te darei um filho; sim, eu a abençoarei, e ela se tornará nações; reis de povos procederão dela.

A tradição hebraica descreve Sara como a mulher mais perfeita depois de Eva, a quem chamavam de "mãe de toda a humanidade". Sara recebe o título de "mãe das nações". Sem dúvida alguma, Sara é uma das mulheres mais importantes na história mundial.

O que fez de Sara uma mulher tão importante e excepcional? Com certeza, um fator essencial foi o exercício de sua fé! Hebreus 11:11 diz, *...a própria Sara recebeu poder para ser mãe, não obstante o avançado de sua idade, pois teve por fiel aquele que lhe havia feito a promessa.*

Você percebeu o segredo? Sara sabia que Deus permanece fiel à Sua promessa. Esta é uma importante lição para cada uma de nós aprendermos. Se colocarmos nossa confiança ou dependência em alguém ou algo inferior a Deus que é o único perfeito, consequentemente nos tornamos inferiores ao que Deus quer se sejamos. Frequentemente fracassamos em nossas vidas cristãs porque confiamos em nossas próprias habilidades ao invés de colocar nossa confiança em Deus. O conceito que Sara possuía a respeito de Deus é a primeira e mais importante lição que podemos aprender com ela.

Deus chama Abraão

Não podemos estudar Sara sem considerar Abraão, pois eram marido e mulher. Eles viviam em um lugar chamado Hará quando Deus um dia disse a Abraão que eles haveriam de se mudar. Porém, além do fato de se mudarem, Deus queria que essa mudança fosse um total ato de fé. Deus não lhes disse para onde iriam. Disse somente que eles se mudariam para uma terra que Ele lhes mostraria (Gênesis 12:1).

Infelizmente, Abraão obedeceu apenas parcialmente quando Deus lhe disse pela primeira vez que ele deveria mudar-se (Gênesis 11:31). Ele fez duas coisas que não deveria ter feito. Em primeiro lugar, levou consigo alguns familiares, quando Deus lhe dissera que não o fizesse. Em segundo, ao estabelecer-se em Hará, ali se deteve, não considerando que tinha um destino para chegar: *vai para a terra que te mostrarei.*

Em Gênesis 12:1-5, novamente Deus fala com Abraão dizendo-lhe que deveria prosseguir. A Bíblia diz que Abraão seguiu tal como o Senhor havia lhe ordenado. Sara, como era esperado, acompanhou-o. Assim sendo, Sara pela segunda vez, teve que deixar sua casa, seus familiares e tudo o que conhecia. Ela seguiu seu marido. Ambos seguiam com fé, atentos às promessas do Senhor.

Abraão e Sara estavam juntos nessa mudança em obediência a Deus. A Bíblia não relata nenhum deles reclamando ou questionando Deus. Deixar a terra natal não os desuniu, nem diminuiu o amor que sentiam um pelo outro.

A Bíblia também não indica que Sara quisesse voltar. O que lemos é que ela sempre demonstrou respeito e obediência ao seu marido.

Aonde quer que fosse Abraão, sua prosperidade aumentava, tornando-se assim, um homem muito rico. Nem as riquezas, nem sua posição influenciaram o compromisso mútuo de Abraão e Sara. Nos dias atuais, muitos casamentos se desfazem quando o marido ou a esposa conquistam maior instrução, ou melhor posição no trabalho. Podemos aprender com o compromisso que Sara tinha com seu marido.

A mentira de Abraão e Sara
Quando Abraão e Sara atravessaram a parte da região mais ao sul da terra que Deus lhes havia dado, houve uma grande escassez de alimentos, motivo esse que os fez decidir partir para o Egito. Sara era uma mulher muito bonita, e Abraão temeu dizer ao rei do Egito que ela era sua esposa. Ele temia que o rei o matasse e levasse Sara ao seu harém. Por essa razão, o casal traçou um plano.

Abraão disse ao rei que Sara era sua irmã, o que era verdade, porém, não totalmente. O rei levou Sara ao seu palácio com a intenção de possuí-la. Todavia, Deus disse ao rei para não tocá-la, pois ela era mulher de outro homem. Assim vemos como Deus os protegeu uma vez mais. Teria sido muito melhor se eles tivessem confiado completamente nele ao invés de fazerem seus próprios planos.

Pensamentos finais

Abraão e Sara pecaram do mesmo modo que nós. A Bíblia registra o seu fracasso e, no entanto, Deus ainda os usou grandemente. As pessoas muitas vezes acreditam que se cometerem um erro, será o fim; Deus nunca mais poderá usá-las, o que não é verdade! Se você pecou, confesse a Deus seu pecado, pois somente Ele fará as correções necessárias. A Palavra de Deus diz em 1 João 1:9: *Se confessarmos os nossos pecados, ele é fiel e justo para nos perdoar os pecados e nos purificar de toda injustiça.*

Deus pode e perdoará o seu pecado também, e a restaurará a um lugar de gozo e serviço em Seu reino.

Tópicos para discussão

1. Descreva as experiências na vida de Sara.
2. Qual foi o título especial que Sara recebeu?
3. Mencione duas lições importantes sobre Deus que podemos aprender com Sara.
4. Enumere dois pecados nas vidas de Abraão e Sara.
5. O erro de uma pessoa pode desqualificá-la para sempre para o serviço de Deus? Justifique.

Capítulo 4

Sara
Mãe das nações
Parte 2

No CAPÍTULO ANTERIOR analisamos as experiências da vida de Sara, sua obediência e lealdade a seu marido, e a mentira de Abraão e Sara. Aprendemos que o fato de Sara ter colaborado com aquela "meia verdade" não a desqualificou totalmente. Deus fez uma promessa a Sara, e manteve Sua palavra.

A esterilidade de Sara
Apesar de Abraão ter sido um homem próspero e, provavelmente, Sara nunca ter sentido falta de qualquer coisa que o dinheiro pudesse comprar, ainda assim, ela tinha uma grande tristeza. O casal vivia um longo e feliz casamento, mas não tinham filhos.

Deus prometera dar-lhes um filho e torná-lo uma grande nação. No entanto, os dias se multiplicaram em meses e os meses em anos. Abraão e Sara envelheceram e tornou-se fisicamente impossível para ela ter filhos.

Dez anos após Deus ter lhes prometido um filho, Sara se desesperou e elaborou outro plano. Às vezes, somos muito lentos para aprender de experiências passadas. Vimos no capítulo anterior como Abraão e Sara enganaram os egípcios para evitarem um possível problema. Com grande amor, Deus os livrou. Sara tramou, novamente, uma maneira de ter filhos que não estava nos planos de Deus. Você se surpreende pelo fato de Abraão aceitar fazer parte do plano tramado por Sara?

Mas antes de julgar duramente Abraão e Sara, precisamos analisar nossas próprias vidas. Quantas vezes tentamos ajudar Deus fazendo nossos próprios planos? Devemos permitir que Ele cumpra Suas promessas como lhe convém. Isso é bem melhor do que nos preocuparmos. O triste é que algumas de nós preferimos nos preocupar.

O plano de Sara era dar sua serva Hagar a Abraão, pois assim ela poderia ter um filho, ou seja, um filho que seria de Abraão. Sara pensava consigo mesma que essa seria a maneira de cumprir a promessa de Deus. Encontramos essa história em Gênesis 16:1-2,4,15-16:

> [1]Ora, Sarai, mulher de Abrão, não lhe dava filhos; tendo, porém, uma serva egípcia, por nome Hagar, [2]disse Sarai a Abrão: Eis que o SENHOR me tem impedido de dar à luz filhos; toma, pois, a minha serva, e assim me edificarei com filhos por meio dela. E Abrão anuiu ao conselho de Sarai. [...] [4]Ele a possuiu, e ela concebeu. Vendo ela que havia concebido, foi sua

senhora por ela desprezada. [...] ¹⁵Hagar deu à luz um filho a Abrão; e Abrão, a seu filho que lhe dera Hagar, chamou-lhe Ismael. ¹⁶Era Abrão de oitenta e seis anos, quando Hagar lhe deu à luz Ismael.

O plano de Sara não fazia parte do plano divino. Deus apareceu novamente a Abraão e Sara. Ele mudou o nome de ambos e reafirmou Sua promessa de que lhes daria um filho. Especificamente, Deus lhes disse que daria um filho a Abraão por meio de Sara. No tempo certo, Deus cumpriu Sua promessa, conforme lemos em Gênesis 21:1-5:

> ¹Visitou o SENHOR a Sara, como lhe dissera, e o SENHOR cumpriu o que lhe havia prometido. ²Sara concebeu e deu à luz um filho a Abraão na sua velhice, no tempo determinado, de que Deus lhe falara. ³Ao filho que lhe nasceu, que Sara lhe dera à luz, pôs Abraão o nome de Isaque. ⁴Abraão circuncidou a seu filho Isaque, quando este era de oito dias, segundo Deus lhe havia ordenado. ⁵Tinha Abraão cem anos, quando lhe nasceu Isaque, seu filho.

Por meio do nascimento milagroso de Isaque, os judeus começaram a ser denominados como povo escolhido por Deus.

O que aconteceu com Sara depois do nascimento de Isaque? A Bíblia não nos dá muitos detalhes, mas narra um acontecimento em Gênesis 21. No dia que Isaque foi desmamado, Abraão deu uma grande festa. Durante a festa, Ismael, filho de Abraão e Hagar zombou de Isaque. Sara, viu o que estava acontecendo e pediu a Abraão para expulsar Ismael e Hagar. Abraão sentiu-se muito incomodado, mas Deus falou com ele, de acordo com o que lemos em Gênesis 21:12-13:

> ¹²Disse, porém, Deus a Abraão: Não te pareça isso mal por causa do moço e por causa da tua serva; atende a Sara em tudo o que ela te disser; porque por Isaque será chamada a tua descendência. ¹³Mas também do filho da serva farei uma grande nação, por ser ele teu descendente.

Em geral, Deus não diria a um marido para seguir as instruções da esposa. Mesmo neste caso, Abraão mandou Ismael embora porque Deus mandou, não porque Sara lhe pediu. Certamente as esposas podem compartilhar suas ideias e sentimentos com seus maridos, mas como cabeça do lar, o marido é aquele que toma as decisões alicerçadas naquilo que Deus quer que ele faça.

A morte de Sara

A Bíblia diz que Sara viveu 127 anos. Ela é a única mulher cuja idade está registrada nas Escrituras. Abraão viveu mais 38 anos após a morte de Sara. Em Gênesis 15:15, o Senhor prometeu a Abraão uma *ditosa velhice,* — prova significativa da fidelidade de Deus. A devoção a Deus foi recompensada com longevidade.

Sara e Abraão viveram por muitos anos como nômades. Contudo, quando Sara faleceu, Abraão comprou um pedaço de terra para enterrá-la, ao invés de colocar seu corpo em um lugar que ela poderia ser facilmente esquecida. Abraão comprou uma caverna em Macpela, onde a sepultou.

Abraão viveu 175 anos, conforme está descrito em Gênesis 25. Seus filhos o sepultaram próximo a Sara, na mesma caverna. Mesmo na morte, podemos vê-los novamente juntos depois de uma vida repleta de acontecimentos.

Sara é citada como um exemplo pelos escritores do Novo Testamento

Paulo usa Hagar, Sara e seus filhos como um exemplo para mostrar que a lei e a graça não podem existir simultaneamente, no livro de Gálatas 4:21-31. O filho de Hagar havia nascido naturalmente; ele representa a intenção de obter a salvação baseada nas obras da lei. Isaque havia nascido porque era o filho da promessa de Deus. Ele representa a salvação obtida pela graça e promessa de Deus. Paulo descreve o contraste entre a lei e a graça. A lei nos prende aos nossos próprios limites, mas a graça nos liberta, dando espaço para Deus trabalhar.

O apóstolo Paulo também usa Sara como um exemplo de obediência e submissão de uma mulher casada a seu marido. Ele escreve em 1 Pedro 3:5-6: *Pois foi assim também que a si mesmas se ataviaram, outrora, as santas mulheres que esperavam em Deus, estando submissas a seu próprio marido, como fazia Sara, que obedeceu a Abraão...*

O dicionário Houaiss define submissão como: disposição para obedecer, para aceitar uma situação de subordinação. Como mulheres casadas, estamos dispostas a aceitar e seguir a liderança e autoridade de nossos maridos, pois desse modo estaremos aceitando e seguindo a liderança do Senhor. Muitas mulheres recusam-se a seguir o ensinamento bíblico acerca da submissão. Algumas pensam que se assim o fizerem, se tornam inferiores a seus maridos.

Sara, contudo, não perdeu sua individualidade. Fisicamente ela era uma linda mulher, e, de igual modo, voluntariosa e determinada. No entanto, em lugar algum das Escrituras encontramos qualquer relato de que ela desobedeceu a seu marido.

Algumas mulheres podem considerar difícil obedecer a seus maridos, por serem cristãs e seus maridos não adorarem o verdadeiro Deus. Podem existir situações em que a obediência ao marido pode significar opor-se à Palavra de Deus. Seja como for, no entanto, a Bíblia usa Sara como um exemplo às mulheres, e faríamos bem se prestássemos atenção em seu exemplo de submissão e obediência.

Pensamentos finais

Se você está casada ou planejando casar-se, pare um momento para avaliar seu relacionamento com seu marido ou noivo. Você está disposta a seguir seus comandos? *As mulheres sejam submissas ao seu próprio marido, como ao Senhor; porque o marido é o cabeça da mulher, como também Cristo é o cabeça da igreja...* (Efésios 5:22-23a).

Se você precisa da ajuda de Deus na área da submissão, peça-lhe para dar-lhe a fé que você precisa para confiar em Suas promessas, quaisquer que sejam as circunstâncias.

Tópicos para discussão

1. Por que Sara achou necessário elaborar seu próprio plano para ter filhos?

2. Apesar de seu plano, como Deus mostrou a Sara Sua misericórdia?
3. Por que você acha que Abraão concordou com o plano de Sara?
4. Qual foi o acontecimento singular na morte de Sara?
5. De que maneira, os apóstolos Paulo e Pedro usaram a vida de Sara como exemplo?

Capítulo 5

Hagar
Vítima das circunstâncias

HAGAR FOI A SERVA QUE deu à luz a um filho de Abraão a pedido de Sara. Porém, este não era o plano de Deus, e causou ciúmes e amargura na vida de todos. Quando Sara ordenou que Hagar coabitasse com Abraão, a jovem escrava fez o que lhe havia sido ordenado. É pouco provável que ela tivesse escolhas. Ela era uma vítima das circunstâncias.

Ela não é a única. Muitas de nós também nos encontramos perante situações confusas e problemáticas. Às vezes, nos envolvemos em problemas mesmo sendo tão inocentes quanto Hagar. Nossos problemas podem não ser os mesmos dela; todavia, são igualmente verdadeiros. Acredito que ao estudarmos a vida de Hagar seremos encorajadas pela grande misericórdia e cuidado amoroso demonstrados por Deus em seu tempo de necessidade.

Experiências de Hagar

A Bíblia não nos relata muito sobre Hagar, que era somente uma escrava. Nada sabemos sobre seu passado ou família, exceto que era uma serva egípcia da esposa de Abraão (Gênesis 16:1). Podemos supor que ela era uma escrava que Abraão comprou para Sara quando estiveram no Egito.

Como serva de Sara, esta tinha direito legais sobre Hagar para fazer o que bem lhe agradasse. Como Sara não podia conceber filhos, deu sua serva Hagar ao seu marido para que pudesse ter filhos em seu lugar. Este era um costume compatível com os princípios morais da época.

Porém, esse não era o critério moral de Deus, nem era essa Sua vontade para Abraão e Sara. Quando Sara notou que Hagar estava grávida, sentiu ciúmes. Sara queixou-se ao seu marido, que disse-lhe para fazer o que achasse melhor com sua serva Hagar.

Hagar foge de Sara

Com a permissão de Abraão, Sara tratou duramente sua serva Hagar. A situação da escrava era tão difícil que um dia ela fugiu para o deserto. Lemos sobre este acontecimento em Gênesis 16:6-11:

> [6]Respondeu Abrão a Sarai: A tua serva está nas tuas mãos, procede segundo melhor te parecer. Sarai humilhou-a, e ela fugiu de sua presença. [7]Tendo-a achado o Anjo do SENHOR junto a uma fonte de água no deserto, junto à fonte no caminho de Sur, [8]disse-lhe: Hagar, serva de Sarai, donde vens e para onde vais? Ela respondeu: Fujo da presença de Sarai, minha senhora.

⁹Então, lhe disse o Anjo do Senhor: Volta para a tua senhora e humilha-te sob suas mãos. ¹⁰Disse-lhe mais o Anjo do Senhor: Multiplicarei sobremodo a tua descendência, de maneira que, por numerosa, não será contada. ¹¹Disse-lhe ainda o Anjo do Senhor: Concebeste e darás à luz um filho, a quem chamarás Ismael, porque o Senhor te acudiu na tua aflição.

A fuga de Hagar era compreensível, porém não aceitável aos olhos de Deus. A maneira como Sara tratou Hagar foi incorreta, mas dois erros não fazem um acerto. O anjo do Senhor disse a Hagar para retornar e ser submissa a sua senhora. Imagine como deve ter sido difícil para Hagar ouvir essas palavras.

Ao lermos o restante da passagem, vemos que Hagar obedeceu ao que o anjo do Senhor lhe disse. Talvez, como eu, você esteja imaginando como Hagar encontrou coragem para retornar. O próprio Deus deu-lhe a força para fazer o que era correto. Em Gênesis 16:13 Hagar disse: *Tu és Deus que vê.*

Como Hagar, também devemos aprender a receber força de Deus. Sabemos que por experiência pessoal, Deus nos concede grande conforto, segurança, esperança e fortalecimento. Ele vê nossos corações e conhece nossas necessidades em qualquer circunstância. Ao percebermos como Deus nos vê e nos conhece, nossa fé pode crescer: Jesus disse, *Bem-aventurados os limpos de coração, porque verão a Deus* (Mateus 5:8). A história de Hagar é um testemunho deste versículo.

Após sua experiência com o anjo do Senhor no deserto, Hagar retornou a Sara e teve o filho de Abraão e ele o chamou de Ismael. A Bíblia diz que Abraão tinha 86 anos quando Ismael nasceu e 100 anos quando Isaque nasceu.

Isso significa que durante 14 anos, Sara teve que ver o filho de seu marido nascido de outra mulher. Por essa razão, não é tão difícil entender a tensão provocada entre Abraão, Sara, Hagar e Ismael.

Hagar e Ismael são expulsos

Finalmente, Sara deu à luz a Isaque. Os problemas tornaram-se ainda maiores! Ismael zombou de Isaque na festa em que era celebrado o desmame do menino. Para Sara, este foi o limite, e não podendo aguentar mais aquela situação, pediu que Abraão expulsasse Hagar.

Pela segunda vez, Hagar encontrou-se no deserto. No entanto, ela não foi por vontade própria, mas sim porque havia sido expulsa, como Gênesis 21:14-19 relata:

> [14]Levantou-se, pois, Abraão de madrugada, tomou pão e um odre de água, pô-los às costas de Hagar, deu-lhe o menino e a despediu. Ela saiu, andando errante pelo deserto de Berseba. [15]Tendo-se acabado a água do odre, colocou ela o menino debaixo de um dos arbustos [16]e, afastando-se, foi sentar-se defronte, à distância de um tiro de arco; porque dizia: Assim, não verei morrer o menino; e, sentando-se em frente dele, levantou a voz e chorou. [17]Deus, porém, ouviu a voz do menino; e o Anjo de Deus chamou do céu a Hagar e lhe disse: Que tens, Hagar? Não temas, porque Deus ouviu a voz do menino, daí onde está. [18]Ergue-te, levanta o rapaz,

segura-o pela mão, porque eu farei dele um grande povo. ¹⁹Abrindo-lhe Deus os olhos, viu ela um poço de água, e, indo a ele, encheu de água o odre, e deu de beber ao rapaz.

Que quadro tão terrível! Hagar e seu filho morrendo de sede! Mas Deus foi tão misericordioso que não se esqueceu de Hagar — uma vítima das circunstâncias. De igual modo, não se esqueceu de Ismael. Sendo sua mãe uma vítima inocente, Ismael também o era — talvez mais ainda —, porque ele não teve escolhas em seu nascimento. Contudo, Deus manteve Sua promessa e fez dos descendentes de Ismael uma grande nação — as nações árabes de hoje.

A promessa de Deus de fazer dos descendentes de Abraão uma grande nação também foi cumprida. Assim como podemos encontrar muitas pessoas da raça judia em quase todos os países do mundo; também, podemos encontrar aqueles que pertencem às nações árabes. Portanto, os mesmos ciúmes e conflitos do começo da história dessas duas nações são evidentes até o dia de hoje em conflitos no Oriente Médio.

Lições da vida de Hagar
Podemos aprender muito com a vida de Hagar. Em primeiro lugar, devemos aprender a nos protegermos contra as tentações, mesmo quando elas são forçadas sobre nós. Para os costumes daquela época e cultura, pode ter sido considerado uma honra para uma escrava ser entregue ao seu amo para dar-lhe filhos. A Bíblia pouco relata sobre os antecedentes de Hagar. Não sabemos se ela acreditava e adorava o Deus verdadeiro, por

conseguinte, não podemos afirmar que Hagar compreendia se a ordem de Sara sobre ela era correta ou não. Nem sabemos se Hagar poderia recusar o que lhe fora ordenado, mas, isso não muda o fato da imoralidade ser pecado diante de Deus.

Em segundo, Hagar nos mostra a insensatez de tomar decisões precipitadas. Ela não deveria ter fugido na primeira vez. Cada vez que tentamos controlar nossas próprias ações e adiantarmo-nos a Deus, podemos ter certeza que só encontraremos mais problemas à frente.

Olhando pelo lado positivo, a vida de Hagar revela o cuidado e a preocupação que Deus demonstra aos necessitados e humildes. Hagar também nos ensina que podemos encontrar refúgio em Deus em meio às mais adversas situações da vida.

Assim como vimos na vida de Sara, a história de Hagar nos lembra o quanto Deus é soberano. Ele mostra Seus planos e sempre cumpre o que promete.

Pensamentos finais

Espero que este estudo tenha sido fonte de conforto e ajuda, quaisquer que sejam suas circunstâncias. Talvez você não conheça Deus, e se pergunte como pode conversar com Ele e contar-lhe seus problemas. A Bíblia diz no livro de Romanos 10:13: *Porque: Todo aquele que invocar o nome do Senhor será salvo.*

Se você, pela fé pedir a Deus por salvação, Ele ouvirá, pois enviou Seu único Filho, o Senhor Jesus Cristo para morrer na cruz por seus pecados. Ele também o ressuscitou dentre os mortos no terceiro dia. Com certeza com este imenso amor, Deus se revelará a você. Confie nele ainda hoje!

Para os cristãos é difícil confiar em Deus quando as circunstâncias estão fora do controle. Podemos encontrar o segredo de poder confiar em Deus — não importa as situações, somente ao percebermos que Deus está no controle. Ele sabe o que acontece em nossas vidas. Nada o surpreende. Quando aceitamos o que Deus permite acontecer em nossas vidas, podemos dizer como Davi: *O caminho de Deus é perfeito* (Salmo 18:30).

Vemos essa verdade confirmada na afirmação do apóstolo Paulo: *Sabemos que todas as coisas cooperam para o bem daqueles que amam a Deus, daqueles que são chamados segundo o seu propósito* (Romanos 8:28).

Tópicos para discussão

1. Por que a atitude de Sara ao oferecer sua escrava para coabitar com Abraão era incorreta?
2. Quais as qualidades de caráter que Hagar demonstrou ao ser confrontada pelo anjo do Senhor?
3. Descreva a situação entre Sara e Hagar, no lar em que viviam.
4. Que consequências ainda podemos ver como resultado do nascimento de Ismael?
5. Cite dois ensinamentos sobre Deus que podemos aprender com a vida de Hagar.

Capítulo 6

A mulher de Ló

Vítima da desobediência

Deus é justo, e por essa razão, Ele relata o exemplo de mulheres boas e más em Sua Palavra. Neste capítulo, aprenderemos como exemplos negativos e positivos podem nos ensinar a viver de uma maneira melhor.

Experiências da mulher de Ló

Ao olharmos para a história da mulher de Ló, a minha oração é que sintamos o peso do significado das palavras contidas em um dos versículos mais curtos da Bíblia. Jesus disse: *Lembrai-vos da mulher de Ló* (Lucas 17:32).

Esta mulher é mencionada duas vezes na Bíblia, e nem sequer sabemos seu nome. As passagens na Bíblia referem-se a ela simplesmente como "a mulher de Ló". Por todo o curso da história, ela é lembrada como uma solene advertência às mulheres de todas as partes.

Ló era sobrinho de Abraão, anteriormente chamado Abrão — um homem muito rico, que compartilhou suas riquezas com seu sobrinho. Também foi um homem que viveu em retidão diante de Deus. À medida que os rebanhos de ambos cresciam e se multiplicavam, houve várias discussões entre seus pastores, então, Abrão, tratou o problema com seu sobrinho Ló. Gênesis 13:8-9 relata:

> 8Disse Abrão a Ló: Não haja contenda entre mim e ti e entre os meus pastores e os teus pastores, porque somos parentes chegados. 9Acaso, não está diante de ti toda a terra? Peço-te que te apartes de mim; se fores para a esquerda, irei para a direita; se fores para a direita, irei para a esquerda.

A Bíblia relata que Ló olhou ao seu redor e tomou a terra que parecia melhor para seus rebanhos. A terra que ele escolheu estava cercada por uma cidade muito corrupta e cheia de maldade chamada Sodoma. Motivado por seu egoísmo, Ló mudou-se para Sodoma.

A família de Ló

Os homens de Sodoma eram extremamente perversos e pecadores contra o Senhor. Ló não somente se mudou para aquela localidade, mas também, em pouco tempo, se tornou um cidadão de Sodoma. Sabemos que ele era um homem honrado e respeitado na comunidade porque sentava-se à porta da cidade, sendo este um lugar de proeminência.

Não encontramos na Bíblia relatos mais específicos sobre os antecedentes da mulher de Ló, mas, a impressão que temos, é que ela desfrutava das riquezas e da posição de seu marido na cidade, e alguém que se apegou aos bens materiais.

A maldade dos sodomitas

Continuando com a história verídica de Ló e sua família, lemos em Gênesis 19:1,3:

> ¹Ao anoitecer, vieram os dois anjos a Sodoma, a cuja entrada estava Ló assentado; este, quando os viu, levantou-se e, indo ao seu encontro, prostrou-se, rosto em terra. [...] ³Instou-lhes muito, e foram e entraram em casa dele; deu-lhes um banquete, fez assar uns pães asmos, e eles comeram.

Neste texto, vemos que dois anjos que pareciam homens comuns foram visitar Ló. Ele levou-os à sua casa e preparou-lhes uma refeição. Supomos, então, que sua esposa participou na preparação da comida.

Os sodomitas eram tão perversos que queriam que Ló entregasse os dois homens para praticar com eles sua perversidade sexual. Com a intenção de proteger seus hóspedes, Ló ofereceu suas filhas aos sodomitas para que satisfizessem seus desejos sexuais. Esta atitude nos mostra como o fato de viver em Sodoma havia afetado Ló e sua família. A Bíblia continua dizendo que quando os homens da cidade estavam a ponto de arrombar a porta da casa de Ló, os anjos realizaram um milagre, cegando instantaneamente os homens que estavam à porta.

Diante de tanta confusão, eles não puderam achar a porta, e a família de Ló permaneceu em segurança.

Libertos pela graça de Deus

No livro de Gênesis 19:12-16 continua o relato da proteção angelical assegurada a Ló e sua família:

> [12]Então, disseram os homens a Ló: Tens aqui alguém mais dos teus? Genro, e teus filhos, e tuas filhas, todos quantos tens na cidade, faze-os sair deste lugar; [13]pois vamos destruir este lugar, porque o seu clamor se tem aumentado, chegando até à presença do Senhor; e o Senhor nos enviou a destruí-lo. [14]Então, saiu Ló e falou a seus genros, aos que estavam para casar com suas filhas e disse: Levantai-vos, saí deste lugar, porque o Senhor há de destruir a cidade. Acharam, porém, que ele gracejava com eles. [15]Ao amanhecer, apertaram os anjos com Ló, dizendo: Levanta-te, toma tua mulher e tuas duas filhas, que aqui se encontram, para que não pereças no castigo da cidade. [16]Como, porém, se demorasse, pegaram-no os homens pela mão, a ele, a sua mulher e as duas filhas, sendo-lhe o Senhor misericordioso, e o tiraram, e o puseram fora da cidade.

Deus, em Sua bondade, deu a toda família de Ló a oportunidade de escapar, porém, muitos de seus familiares não quiseram escutá-lo. Todos os membros da família foram destruídos junto com a cidade de Sodoma, com exceção de sua mulher e suas duas filhas que estavam em casa com Ló.

Lembrai-vos da mulher de Ló

Jesus disse para nos lembrarmos da mulher de Ló. Mas o que devemos lembrar sobre ela? Um dos aspectos é a consequência da desobediência. Podemos encontrar a explicação em Gênesis 19:17,24-26:

> ¹⁷Havendo-os levado fora, disse um deles: Livra-te, salva a tua vida; não olhes para trás, nem pares em toda a campina; foge para o monte, para que não pereças. [...] ²⁴Então, fez o Senhor chover enxofre e fogo, da parte do Senhor, sobre Sodoma e Gomorra. ²⁵E subverteu aquelas cidades, e toda a campina, e todos os moradores das cidades, e o que nascia na terra. ²⁶E a mulher de Ló olhou para trás e converteu-se numa estátua de sal.

A mulher de Ló já estava bem distante de Sodoma com seu marido e suas duas filhas quando se lembrou do que estavam deixando para trás, e virou-se em direção à cidade. Ela não prestou atenção à advertência dos anjos. Os desejos egoístas e sua incredulidade roubaram-lhe a razão e pagou sua desobediência com a própria vida.

Pensamentos finais

Certamente as filhas na família de Ló sabiam da atitude de sua mãe. Elas perceberam que a mãe não acreditara naquilo que os anjos e seu esposo haviam dito que aconteceria. As duas filhas presenciaram a desobediência da mãe e testemunharam as trágicas consequências. Hoje, também, alguém está observando nossas ações e atitudes. Devemos viver nossas vidas com pleno cuidado e bom testemunho.

Deus abençoou o seu lar com bens materiais, casa agradável, boa família e uma vida feliz e segura? Você estaria disposta a obedecer a Deus se Ele lhe pedisse para partir ou para fazer algo que atingisse seu conforto? Você está disposta a desistir do que Deus lhe pedir a fim de obedecê-lo?

Esta advertência também nos é dada hoje: *Lembrai-vos da mulher de Ló.*

Tópicos para discussão
1. Em que lugares a mulher de Ló é mencionada na Bíblia?
2. Quais as duas razões que a motivaram a olhar para trás?
3. Que lições podemos aprender com esta mulher?
4. Enumere três coisas que para você seria difícil de desistir. Por quê?
5. O que sua família considera de maior importância para você?

Capítulo 7

Rebeca
Mulher manipuladora

O casamento de Rebeca com Isaque pode ser descrito como *feito nos céus*. Encontramos sua história no capítulo 24 de Gênesis. Apesar do começo tão bonito que ela e Isaque tiveram, o relacionamento de ambos e a sua vida familiar desmoronou por completo. Rebeca nunca aprendeu como administrar adequadamente o seu lar.

Podemos aprender muito com a vida de Rebeca, mesmo sendo ela um exemplo daquilo que *não* devemos fazer. Sua vida teve muitos problemas que devemos tentar evitar.

Abraão envia seu servo

A primeira parte da história de Rebeca nos conta como ela e Isaque — o filho que Deus prometeu a Abraão e Sara — se conheceram. Abraão deixou sua terra natal para seguir a direção divina ao local que Deus prometera a ele e seus descendentes. Após a morte de Sara, Abraão negou-se a sepultá-la entre as pessoas daquela terra. Comprou um local para fazer o sepultamento. De igual modo, quando chegou o momento de encontrar uma esposa para Isaque, Abraão se opôs que seu filho se casasse com a filha dos idólatras daquela terra.

Por essa razão, Abraão enviou o servo que mais confiava para encontrar uma esposa para seu filho Isaque. Ao encontrar os familiares de Abraão, o servo explicou-lhes o propósito de seu regresso à terra natal. Gênesis 24:42-47 relata sobre o encontro do servo e Rebeca e como foi até a casa do irmão de Abraão:

> ⁴²Hoje, pois, cheguei à fonte e disse comigo: ó SENHOR, Deus de meu senhor Abraão, se me levas a bom termo a jornada em que sigo, ⁴³eis-me agora junto à fonte de água; a moça que sair para tirar água, a quem eu disser: dá-me um pouco de água do teu cântaro, ⁴⁴e ela me responder: Bebe, e também tirarei água para os teus camelos, seja essa a mulher que o SENHOR designou para o filho de meu senhor. ⁴⁵Considerava ainda eu assim, no meu íntimo, quando saiu Rebeca trazendo o seu cântaro ao ombro, desceu à fonte e tirou água. E eu lhe disse: peço-te que me dês de beber. ⁴⁶Ela se apressou e, baixando o cântaro do ombro, disse: Bebe, e também darei de beber aos teus camelos. Bebi, e ela deu de beber aos camelos. ⁴⁷Daí lhe perguntei: de quem és filha? Ela respondeu: Filha de Betuel, filho de Naor e Milca. Então, lhe pus o pendente no nariz e as pulseiras nas mãos.

O servo imediatamente reconheceu que a mão de Deus o havia guiado ao encontro de Rebeca. Ela era parenta de Abraão, exatamente da família que ele viera procurar. Ele prostrou-se e adorou ao Senhor Deus. Os familiares de Rebeca também reconheceram que o servo estava sendo guiado por Deus e disseram que ele poderia levá-la se ela assim desejasse. Encontramos a clara resposta de Rebeca em Gênesis 24:58: *Chamaram, pois, a Rebeca e lhe perguntaram: Queres ir com este homem? Ela respondeu: Irei.*

Rebeca juntou seus pertences e os servos dados a ela e partiu com o servo de Abraão para um lugar desconhecido e para se tornar esposa de um homem que não conhecia. Ao responder *"sim, quero"*, Rebeca expressou seu desejo de obedecer a Deus. A pergunta que cada uma de nós deve responder é a seguinte: "Estou pronta para seguir a Deus onde Ele me guiar quando Sua direção estiver claramente definida?"

Rebeca e Isaque se conhecem

Gênesis 24:63-67 relata o que aconteceu quando Isaque e Rebeca se conheceram:

> 63Saíra Isaque a meditar no campo, ao cair da tarde; erguendo os olhos, viu, e eis que vinham camelos. 64Também Rebeca levantou os olhos, e, vendo a Isaque, apeou do camelo, 65e perguntou ao servo: Quem é aquele homem que vem pelo campo ao nosso encontro? É o meu senhor, respondeu. Então, tomou ela o véu e se cobriu. 66O servo contou a Isaque todas as coisas que havia feito. 67Isaque conduziu-a até à tenda

de Sara, mãe dele, e tomou a Rebeca, e esta lhe foi por mulher. Ele a amou; assim, foi Isaque consolado depois da morte de sua mãe.

A vida matrimonial de Rebeca

O amor de Rebeca e Isaque era um sentimento mútuo, eles casaram-se e desfrutaram das bênçãos de Deus sobre suas vidas. Porém, apesar de estarem casados por 20 anos, ainda não tinham filhos. Isaque orou pedindo um filho e Deus respondeu suas orações dando-lhes meninos gêmeos. Mesmo antes do nascimento dos gêmeos, Rebeca sentia uma grande luta interior. Ela orou ao Senhor sobre isso e Deus lhe avisou que ela estava grávida de gêmeos. A profecia de Deus a respeito dos gêmeos, dada antes do nascimento deles é encontrada em Gênesis 25:23: *Respondeu-lhe o Senhor: Duas nações há no teu ventre, dois povos, nascidos de ti, se dividirão: um povo será mais forte que o outro, e o mais velho servirá ao mais moço.*

A Bíblia relata mais sobre os gêmeos em Gênesis 25:27-28:

[27]Cresceram os meninos. Esaú saiu perito caçador, homem do campo; Jacó, porém, homem pacato, habitava em tendas. [28]Isaque amava a Esaú, porque se saboreava de sua caça; Rebeca, porém, amava a Jacó.

À medida que Esaú e Jacó iam crescendo, lutavam continuamente entre si. Um dia Esaú voltou do campo para casa fraco e com fome. Como ele estava tão faminto naquele momento, vendeu seu direito de herança como filho primogênito a Jacó em troca de um ensopado de lentilhas. Esta atitude permitiu que Jacó tivesse direito à maior porção da herança e a uma maior bênção espiritual.

Ao envelhecer e perder sua visão, Isaque decidiu que era o tempo de dar sua bênção ao seu filho mais velho. Rebeca percebeu o que estava para acontecer e queria que Jacó, seu filho favorito, recebesse a bênção em lugar de Esaú. Ela convenceu Jacó a enganar seu pai e ainda o ajudou a fazê-lo. Foi assim que Jacó recebeu a bênção de Isaque, no lugar de Esaú.

Quando Esaú descobriu o que tinha acontecido, ficou muito furioso e quis matar Jacó. Para salvar sua vida, Rebeca enviou Jacó à casa do irmão dela — Labão. Jacó viveu e trabalhou na casa do tio durante 20 anos. Quando finalmente regressou ao seu lugar, sua mãe Rebeca já havia morrido. Por causa de sua fraude, Rebeca nunca mais reviu seu filho favorito.

Lições da vida de Rebeca

O que aconteceu na casa de Isaque e Rebeca? Quando começaram a errar? Após um começo tão bonito, uma perfeita combinação de Deus, eles deveriam ter vivido felizes para sempre. O que podemos aprender com a vida de Rebeca?

Em primeiro lugar, lembre-se da completa fé em Deus que Rebeca mostrou quando disse ao servo de Abraão: *Sim, quero*. Ela estava disposta a ir a uma terra desconhecida para ser esposa de um homem desconhecido. Nós temos esse mesmo tipo de fé em Deus?

Rebeca, no entanto, esqueceu-se da soberania divina, pois Deus lhe dissera que o seu filho mais velho deveria servir ao mais novo. Ela deveria ter confiado em Deus e esperado Ele agir. Ao invés de ter esperado, ela decidiu fazer tudo à sua própria maneira. É muito fácil para nós pensarmos que precisamos ajudar a Deus. Acreditamos que podemos planejar a vida para facilitar o trabalho divino. Tal pensamento não é sensato, porque agindo assim, cometeremos sempre os mesmo erros.

Outra lição importante da vida de Rebeca foi que o injusto favoritismo causou sérios transtornos em sua família. A divisão causada pelo favoritismo de um filho sobre outro foi devastadora. Precisamos examinar nossos próprios lares e relacionamentos. Frequentemente nossa atitude com relação aos nossos filhos influenciam nossos relacionamentos com eles e com o cônjuge.

Pensamentos finais

Rebeca era uma linda mulher e com muitas virtudes. Ela era inteligente, amável, ágil em seu pensar, com grande iniciativa e voluntariosa. Entretanto, Rebeca permitiu que o amor por seu filho mais novo a tornasse uma mulher "fraudulenta", traindo seu próprio marido.

Não devemos seguir o mau exemplo de Rebeca, pelo contrário, devemos permitir que Deus controle nossa personalidade por meio de Seu Espírito.

Nós podemos confiar que Deus cumprirá Sua perfeita vontade em nossas vidas e na vida de nossos filhos. O livro de Provérbios 14:1 afirma: *A mulher sábia edifica a sua casa, mas a insensata, com as próprias mãos, a derriba.*

Estamos edificando ou destruindo nossos lares?

Tópicos para discussão

1. Relacione duas boas qualidades de Rebeca que podemos tentar imitar em nossas vidas.
2. Enumere dois defeitos de Rebeca que devemos evitar.
3. Se você tem filhos (ou ensina crianças), mencione três metas espirituais que você estabeleceu para eles.
4. O que você já fez para certificar-se do cumprimento dessas metas?
5. Descreva os acontecimentos que prejudicaram o casamento de Rebeca.

Capítulo 8

Lia
Esposa leal

Você alguma vez enfrentou uma situação em que foi vítima inocente das circunstâncias? Você não tentou se envolver em tal situação, não teve culpa, mas mesmo assim foi envolvida no problema! Neste capítulo estudaremos a vida de Lia, uma mulher que se encontrou em tal situação.

Experiências de Lia

Lia era a filha mais velha de Labão, um pastor de ovelhas que vivia em Hará. Seu pai enganou Jacó, o homem que amava sua irmã mais nova Raquel. Labão entregou Lia como esposa no lugar daquela que Jacó esperava receber na noite de núpcias. Esse costume da cultura do país determinava que a irmã mais velha casar-se-ia primeiro.

Ao analisar a vida de Lia, aprenderemos como podemos fazer o que é correto, mesmo quando algo injusto foi cometido contra nós. Lia também nos mostra o exemplo de uma esposa leal apesar das circunstâncias desfavoráveis em seu lar.

Jacó chega à casa de Labão

Jacó fugia de Deus, mas no caminho de sua casa para a terra de seu tio Labão, teve um sonho. Jacó deu o nome do lugar onde sonhou de Betel, que significa "Casa de Deus". O Eterno prometeu a Jacó que onde quer que fosse, ele seria protegido e retornaria em segurança à sua casa. Jacó prometeu servir ao Senhor e dar-lhe a décima parte de tudo o que Deus lhe concedesse.

Depois de sair de Betel, finalmente Jacó chegou à casa de seu tio Labão. No caminho, ele encontrou sua prima Raquel cuidando das ovelhas. Foi amor à primeira vista! Quando Raquel percebeu que Jacó era seu parente, ela correu à sua casa e contou ao seu pai sobre a chegada do jovem.

Após Jacó ter contado a Labão tudo o que lhe tinha acontecido, seu tio o recebeu calorosamente. Jacó quis trabalhar para seu tio, e ambos concordaram que ele trabalharia durante sete anos para receber Raquel como sua esposa.

Diferenças entre Raquel e Lia

As diferenças entre as duas irmãs são relatadas em Gênesis 29:16-18:

> [16]Ora, Labão tinha duas filhas: Lia, a mais velha, e Raquel, a mais moça. [17]Lia tinha os olhos baços, porém

Raquel era formosa de porte e de semblante. ¹⁸Jacó amava a Raquel e disse: Sete anos te servirei por tua filha mais moça, Raquel.

A Bíblia não descreve o problema nos olhos de Lia. Mas, é evidente que havia uma grande diferença física entre as duas irmãs. Jacó sentiu-se atraído por Raquel.

Jacó trabalha para casar-se com Raquel

Jacó não somente sentiu-se atraído por Raquel, mas também sentiu profundo amor por ela, conforme lemos em Gênesis 29:20: *Assim, por amor a Raquel, serviu Jacó sete anos; e estes lhe pareceram como poucos dias, pelo muito que a amava.*

Ao final dos sete anos, Jacó lembrou seu tio da promessa que ele lhe havia feito. O casamento foi preparado. E como era costume, a noiva foi levada aos aposentos do noivo em um quarto completamente escuro e silencioso. Jacó não percebeu até a manhã seguinte que ele tinha sido enganado por Labão, que lhe deu Lia no lugar de Raquel.

Labão desculpou-se dizendo que não poderia entregar sua filha mais nova em casamento antes da mais velha. Isso era verdade de acordo com o costume local, porém não fazia parte do acordo estabelecido previamente por estes dois homens. Lia estava casada com um homem que amava sua irmã. A Bíblia relata que após Jacó ter convivido uma semana com Lia, recebeu também Raquel, mas, somente após prometer trabalhar por mais sete anos para seu tio Labão.

Lia

Uma situação perversa

Não posso imaginar uma situação pior do que essa. A Bíblia não traz detalhes sobre todos os problemas naquele lar, mas descreve um deles em Gênesis 29:30-31:

> ³⁰E coabitaram. Mas Jacó amava mais a Raquel do que a Lia; e continuou servindo a Labão por outros sete anos. ³¹Vendo o SENHOR que Lia era desprezada, fê-la fecunda; ao passo que Raquel era estéril.

Deus abençoou Lia com filhos. Raquel teve que ouvir o choro dos filhos de sua irmã enquanto ela não tinha nenhum.

Como Lia não era tão amada quanto Raquel, talvez tenha passado mais tempo buscando a presença do Senhor para fortalecer-se. A Bíblia declara que Lia sentiu o cuidado de Deus no nascimento de cada um de seus filhos. Raquel teve o amor de Jacó, mas uma coisa é evidente na vida de Lia: apesar das circunstâncias, ela foi uma esposa verdadeira e fiel. Lia não voltou suas costas a Jacó e nem desistiu de tentar ganhar o seu amor.

A atitude de adoração de Lia perante o Senhor se revela nos nomes que ela deu aos seus filhos, como está descrito em Gênesis 29:32-35:

> ³²Concebeu, pois, Lia e deu à luz um filho, a quem chamou Rúben, pois disse: O SENHOR atendeu à minha aflição. Por isso, agora me amará meu marido. ³³Concebeu outra vez, e deu à luz um filho, e disse: Soube o SENHOR que era preterida e me deu mais este; chamou-lhe, pois, Simeão. ³⁴Outra vez concebeu Lia, e

deu à luz um filho, e disse: Agora, desta vez, se unirá mais a mim meu marido, porque lhe dei à luz três filhos; por isso, lhe chamou Levi. ³⁵De novo concebeu e deu à luz um filho; então, disse: Esta vez louvarei o Senhor. E por isso lhe chamou Judá; e cessou de dar à luz.

Mais adiante em Gênesis capítulo 30, vemos que Raquel estava com tanto ciúme dos filhos de Lia, que entregou Jacó a sua criada Bila para que pudesse ter filhos. Bila deu à luz a mais dois filhos.

Então, Lia também deu sua criada Zilpa a Jacó, e ela teve mais dois filhos. Depois Lia deu à luz a mais dois filhos e uma filha, a qual colocou o nome de Diná, que é a primeira filha cujo nome é mencionado na Bíblia no momento do nascimento.

Por fim, Raquel teve seu primeiro filho, dando-lhe o nome de José. Ao dar à luz ao seu segundo filho, chamado Benjamin, ela morreu. Sua morte foi o primeiro registro na Bíblia como consequência de um parto.

Lia é abençoada por Deus

O que aconteceu com Lia? A Bíblia não nos dá muitos detalhes, mas sabemos que ela gerou e criou seis filhos que foram os fundadores de metade das 12 tribos de Israel. Depois da morte de Raquel, Lia finalmente teve lugar de única esposa de Jacó. O Senhor abençoou Lia continuamente. Do seu filho Judá veio a linha messiânica do rei Davi, da qual nasceu Jesus. Outro filho de Lia deu origem à tribo sacerdotal de Levi, da qual Moisés e Arão eram descendentes.

Pensamentos finais

Quando penso em Lia, creio que ela foi um grande exemplo de mulher que mostrou fidelidade a Deus, quando morava na casa de seu pai e depois de casada. Nós não lemos nenhuma queixa ou amargura a respeito de seu aspecto físico ou pela situação de seu casamento, exceto quando ela entregou a Jacó sua criada. Lia parece haver feito sempre o que era correto, e Deus a abençoou.

Este é um bom momento para examinarmos nossas vidas. Aceitemos o desafio de Lia para nos contentarmos com nossas circunstâncias, não importam quais sejam.

Tópicos para discussão

1. Descreva as circunstâncias de Lia.
2. Como a Bíblia descreve as diferenças entre Lia e sua irmã?
3. De onde você acha que Lia e Raquel tiveram a ideia de entregar suas criadas a Jacó para terem filhos? O que isso nos ensina a respeito de sermos bons exemplos para nossos filhos?
4. De que maneira Deus abençoou Lia?
5. Você acha que Jacó, em algum momento, amou Lia?

Capítulo 9

Diná
Atraída pelo mundo

As mulheres que fazem parte deste livro de estudos, em sua maioria, representam um bom exemplo a seguir. Todavia, existem algumas que cometeram erros de julgamento ou simplesmente foram rebeldes. Elas nos ensinam o que não devemos fazer.

Diná, filha de Jacó e Lia, é uma delas. Ela era parte de uma família com a qual Deus havia feito uma aliança para abençoá-los. Seus irmãos foram os ancestrais das 12 tribos de Israel.

Por que Diná é um exemplo negativo?

Durante o período que Diná e o resto de sua família viajaram de Padá-Arã, para a cidade de Siquém em Canaã, Jacó comprou umas terras de Hamor, o príncipe de Siquém. Após terem se estabelecido, Diná decidiu ver como era a vida em Siquém. Esta atração e curiosidade causaram muitos problemas e angústia. A verdadeira história se encontra em Gênesis 34:1-2.

> ¹Ora, Diná, filha que Lia dera à luz a Jacó, saiu para ver as filhas da terra. ²Viu-a Siquém, filho do heveu Hamor, que era príncipe daquela terra, e, tomando-a, a possuiu e assim a humilhou.

Tenho certeza de que Diná deixou sua casa para visitar as filhas daquela terra, por uma curiosidade natural. Ela era a única mulher em uma família de 11 irmãos; ela não usou bom senso ao ir sozinha e sem proteção a uma cidade desconhecida.

Quando Diná apareceu sozinha em Siquém, tornou-se um grande alvo para os homens da cidade. A Bíblia revela que o filho de Hamor quando a viu, *tomando-a, a possuiu e a humilhou*. Alguns eruditos creem que as palavras "tomando-a", na linguagem hebraica do Antigo Testamento, quer dizer que ela fora violentada e estuprada.

Seja o que for, o príncipe de Siquém a desonrou. A Bíblia não nos diz se Diná resistiu ou tentou escapar. Quando seu irmão José passou por uma situação semelhante no Egito, ele correu, tendo que abandonar seu manto para trás quando a mulher de Potifar tentou seduzi-lo.

Gênesis 34:3-8 descreve como a família de Diná reagiu quando soube o que acontecera com ela:

> ³Sua alma se apegou a Diná, filha de Jacó, e amou a jovem, e falou-lhe ao coração. ⁴Então, disse Siquém

a Hamor, seu pai: Consegue-me esta jovem para esposa. ⁵Quando soube Jacó que Diná, sua filha, fora violada por Siquém, estavam os seus filhos no campo com o gado; calou-se, pois, até que voltassem. ⁶E saiu Hamor, pai de Siquém, para falar com Jacó. ⁷Vindo os filhos de Jacó do campo e ouvindo o que acontecera, indignaram-se e muito se iraram, pois Siquém praticara um desatino em Israel, violentando a filha de Jacó, o que se não devia fazer. ⁸Disse-lhes Hamor: A alma de meu filho Siquém está enamorada fortemente de vossa filha; peço-vos que lha deis por esposa.

Apesar de estar muito triste, parece que Jacó queria solucionar as coisas sem causar mais problemas. Mas os irmãos de Diná se enfureceram. Eles acharam que a irmã deles havia sido tratada como uma prostituta. No meio do relato, a Bíblia acrescenta que o homem que seduziu Diná sentiu-se atraído por ela o suficiente para querê-la como esposa.

Os irmãos de Diná, porém, fizeram um acordo com os homens daquele país. Eles disseram que Diná não poderia casar-se com um homem que não era circuncidado. Os homens da cidade juntaram-se e avaliaram as riquezas da família de Jacó. Eles decidiram pela circuncisão se esta era a condição para casar-se com as mulheres daquela família. Sendo assim, *todo homem foi circuncidado, dos que saíam pela porta da sua cidade* (Gênesis 34:24).

Os homens de Siquém mudaram seu aspecto exterior, não para serem puros diante de Deus ou para se identificarem com o povo de Deus, mas sim para poder tomar as esposas dos israelitas. Atualmente, muitos homens e mulheres agem da mesma forma. Vão à igreja, aperfeiçoam o vocabulário, param com seus maus hábitos, tudo para poderem casar-se, mas nunca se arrependem verdadeiramente de seus pecados. Devemos advertir nossos amigos e filhos deste perigo, para que não caiam na armadilha de um casamento com um não-cristão.

A ira dos irmãos de Diná

A Bíblia continua dizendo que mesmo após todos os homens terem sido circuncidados, os irmãos de Diná continuaram irados e insatisfeitos. Encontramos o desfecho da história em Gênesis 34:24-27:

> [24]E deram ouvidos a Hamor e a Siquém, seu filho, todos os que saíam da porta da cidade; e todo homem foi circuncidado, dos que saíam pela porta da sua cidade. [25]Ao terceiro dia, quando os homens sentiam mais forte a dor, dois filhos de Jacó, Simeão e Levi, irmãos de Diná, tomaram cada um a sua espada, entraram inesperadamente na cidade e mataram os homens todos. [26]Passaram também ao fio da espada a Hamor e a seu filho Siquém; tomaram a Diná da casa de Siquém e saíram. [27]Sobrevieram os filhos de Jacó aos mortos e saquearam a cidade, porque sua irmã fora violada.

A visita de Diná àquela cidade, não somente lhe custou sua virgindade, mas também a vida de muitas pessoas de Siquém. Ela foi desonrada como se fosse uma prostituta, e no final, o homem que a violentou foi morto. A história termina de forma cruel e sangrenta, mas se torna muito claro que os israelitas valorizam muito a castidade de suas mulheres.

No capítulo seguinte de Gênesis, lemos que Deus disse a para Jacó juntar sua família e levá-la a Betel para adorá-lo. Apesar do nome de Diná não ser mencionado, podemos pressupor que ela foi com sua família. Por meio dessa tragédia, eles aprenderam uma lição valiosa.

Lições que podemos aprender com a vida de Diná

O que podemos aprender deste fato? Primeiro, precisamos nos conscientizar de que não está errado sentir curiosidade sobre as coisas do mundo ao nosso redor. Deus nos deu mente para pensar, e deseja que a usemos. Porém, é incorreto nos colocarmos em perigo ou a outras pessoas só para satisfazer nossa curiosidade. Será que Diná pediu autorização ao seu pai para fazer tal visita? Ela pediu para um dos seus irmãos acompanhá-la? Não sabemos!

Mas, sabemos que se fizermos algo contra a Palavra de Deus, isso poderá nos causar problemas e possivelmente algum tipo de desastre. Em 1 João 2:15-17, encontramos uma advertência contra o amor às coisas do mundo. Aqui está esse mandamento:

> [15]Não ameis o mundo nem as coisas que há no mundo. Se alguém amar o mundo, o amor do Pai não está nele; [16]porque tudo que há no mundo, a concupiscência da carne, a concupiscência dos olhos e a soberba da vida, não procede do Pai, mas procede do mundo. [17]Ora, o mundo passa, bem como a sua concupiscência;

aquele, porém, que faz a vontade de Deus permanece eternamente.

Outra lição que aprendemos com Diná; que Deus é cheio de amor e misericórdia. Após a tragédia, Diná e sua família retornaram para Betel, onde antes Deus havia se encontrado com Jacó. Juntos, eles adoraram a Deus naquele lugar. O livro de 1 João 1:9 declara que: Se confessarmos os nossos pecados, *ele é fiel e justo para nos perdoar os pecados e nos purificar de toda injustiça.*

É necessário aprendermos como pedir a Deus para perdoar-nos, e aceitar a Sua oferta de perdão; para seguirmos em frente com nossas vidas. Não precisamos estar continuamente sendo derrotados pelos erros do passado.

Pensamentos finais

As mulheres, frequentemente, cometem grandes erros relacionados ao casamento. Cientes de que a pessoa com quem querem se casar não é um verdadeiro cristão, pensam que após o casamento tudo pode melhorar. Elas argumentam que "ele irá à igreja comigo depois que nos casarmos", ou "ele irá parar de beber tanto e de viver em festas depois que estivermos casados". Pensando assim, correm o risco de estar casando-se com um não-cristão ao invés de escolher obedecer à Palavra de Deus. Que tragédia trazem para suas vidas!

Talvez, você tenha agido com a mesma insensatez de Diná, e agora enfrenta uma situação problemática. Se assim for, lembre-se que Deus dá uma segunda chance. Você acha que sua situação não é passível de mudanças? O nosso Deus é o Deus do impossível! Ele pode mudar uma vida cercada de prejuízos, soprando paz, liberdade e uma nova esperança em seu interior. Volte-se a Deus hoje, pedindo-lhe para receber a purificação e a ajuda que você necessita. Reconheça seu pecado e peça perdão. Tendo Deus dado Seu único Filho para morrer por seu pecado, não dará Ele liberalmente a ajuda que você precisa? Com certeza, Ele o fará!

Tópicos para discussão
1. Quais os erros que Diná cometeu?
2. Quais as consequências de sua curiosidade?
3. Como os irmãos de Diná reagiram aos acontecimentos que a cercaram?
4. Qual a importância do retorno da família a Betel?
5. Qual é a esperança para aqueles que se envolvem em confusões geradas por eles mesmos?

Capítulo 10

Miriã
Julgada por ciúmes

Quais as qualidades que vêm à sua mente quando você pensa em um líder? Uma mulher cristã pode ocupar posição de liderança? Entre as respostas às perguntas das características que compõem um líder, podemos dizer: uma pessoa encarregada de cuidar das coisas em tempo de crise; motivar outros para que façam o melhor; é ágil em pensar; e decidir; ou alguém com visão.

As mulheres podem ser boas líderes? Na Bíblia, Deus nos dá vários exemplos de mulheres que ocuparam posições de liderança. Miriã foi uma delas.

A infância de Miriã

Miriã teve um irmão mais velho chamado Arão, e um irmão mais novo chamado Moisés. Moisés foi o homem escolhido por Deus para conduzir a nação de Israel da escravidão no Egito à terra que Ele havia prometido. Miriã foi uma líder dinâmica e profetisa. Ela teve ciúmes de seu irmão Moisés e, lamentavelmente, sua vida demonstrou à nação de Israel como este sentimento causa sofrimento.

A Bíblia relata sobre a infância de Miriã. Sua mãe pediu para que ela cuidasse de seu irmão Moisés quando era um bebê. Ela o colocou em um cesto de junco no rio para protegê-lo de Faraó, o rei que havia ordenado que todos os bebês hebreus do sexo masculino fossem mortos. Sendo apenas uma menina, Miriã demonstrou as características de liderança em uma situação difícil. O livro de Êxodo 2:4-10 relata este fato:

> [4]A irmã do menino ficou de longe, para observar o que lhe haveria de suceder. [5]Desceu a filha de Faraó para se banhar no rio, e as suas donzelas passeavam pela beira do rio; vendo ela o cesto no carriçal, enviou a sua criada e o tomou. [6]Abrindo-o, viu a criança; e eis que o menino chorava. Teve compaixão dele e disse: Este é menino dos hebreus. [7]Então, disse sua irmã à filha de Faraó: Queres que eu vá chamar uma das hebreias que sirva de ama e te crie a criança? [8]Respondeu-lhe a filha de Faraó: Vai. Saiu, pois, a moça e chamou a mãe do menino. [9]Então, lhe disse a filha de Faraó: Leva este menino e cria-mo; pagar-te-ei o teu salário. A mulher tomou o menino e o criou. [10]Sendo o menino já grande, ela o trouxe à filha de Faraó, da qual passou ele a ser filho. Esta lhe chamou Moisés e disse: Porque das águas o tirei.

Miriã vinha de um lar temente a Deus. Imagine como sua mãe lhe havia explicado que Deus protegeria seu pequeno irmão. Sem dúvida, Miriã teve senso de responsabilidade em tenra idade. Ela sabia que sua família estava em perigo, pois estavam escondendo seu irmão de Faraó. Mesmo estando em uma situação difícil, Miriã atuou no momento certo, com calma, pensando rápido e falando com sabedoria. Ela nem sequer identificou sua mãe à princesa.

Nada mais se falou sobre Miriã por muitos anos até seu irmão Moisés liderar o povo israelita para fora do Egito. Sabemos que Miriã viveu no Egito como uma escrava, e sua vida deve ter sido muito dura, assim como a dos demais israelitas sob o domínio de Faraó.

Miriã: A profetisa

A próxima vez em que Miriã é citada está registrada no livro de Êxodo 15:20. Ela é identificada como a irmã de Arão e também como profetisa, uma posição de responsabilidade dada por Deus.

Após Moisés ter conduzido os filhos de Israel para fora do Egito, seu irmão Arão, foi designado como um sumo sacerdote, representando as pessoas perante Deus. Também dá a impressão de que Miriã participava da liderança. Suas responsabilidades incluíam a música. Hoje, ela poderia ser chamada de "líder de louvor". Depois que os israelitas atravessaram o Mar Vermelho por terra seca, e o exército egípcio se afogou, Miriã liderou as mulheres em uma canção de adoração a Deus, registrada no livro de Êxodo 15:20-21:

²⁰A profetisa Miriã, irmã de Arão, tomou um tamborim, e todas as mulheres saíram atrás dela com tamborins e com danças. ²¹E Miriã lhes respondia: Cantai ao Senhor, porque gloriosamente triunfou e precipitou no mar o cavalo e o seu cavaleiro.

O talento de Miriã era o canto e ela o usou. Ela elevava o espírito do povo, muitas vezes, enquanto caminhavam pelo deserto, liderando-os em canções de louvor. É bom adquirirmos o hábito de usarmos nossos dons para lembrar uns aos outros da fidelidade de Deus para cada um de nós. O livro de Hebreus 10:24-25 ressalta:

> ²⁴Consideremo-nos também uns aos outros, para nos estimularmos ao amor e às boas obras. ²⁵Não deixemos de congregar-nos, como é costume de alguns; antes, façamos admoestações e tanto mais quanto vedes que o Dia se aproxima.

O ciúme de Miriã

Enquanto Moisés vivia em terra estrangeira, casou-se com uma mulher daquele país. Ela não era israelita e por essa razão Miriã e Arão se rebelaram contra Moisés. Eles desafiaram a posição de liderança que Deus tinha dado a ele. No livro de Números 12:2, os irmãos perguntaram: *E disseram: Porventura, tem falado o Senhor somente por Moisés? Não tem falado também por nós? O Senhor o ouviu.*

Não encontramos nenhuma referência de que Moisés se irritou e respondeu asperamente aos seus irmãos mais velhos. Na verdade, as Escrituras descrevem Moisés da seguinte maneira: *Era o varão Moisés mui manso, mais do que todos os homens que havia sobre a terra* (Números 12:3).

O julgamento de Miriã

É claro que Deus ouviu o que eles disseram. Em resposta ao desafio à autoridade de Moisés, o Senhor chamou Miriã, Arão e Moisés. Deus aproximou-se deles em uma nuvem. Devido ao ciúme de Miriã e sua má vontade em seguir o líder que o Eterno escolhera, Ele permitiu que Miriã fosse afetada com a doença mais temida daquela época — a lepra. Moisés rogou a Deus para que sua irmã fosse curada, apesar do que ela dissera contra ele. Deus respondeu aquela oração, mas não sem antes assegurar-se de que Miriã se conscientizara do quanto tinha sido rebelde. O livro de Números 12:15 relata o seguinte: *Assim, Miriã foi detida fora do arraial por sete dias; e o povo não partiu enquanto Miriã não foi recolhida.*

Deste relato vemos como Deus escutou e viu as queixas de Miriã e Arão. Deus os respondeu pessoalmente, fazendo-lhes entender claramente que não somente haviam errado, mas também pecado. Moisés era o líder escolhido por Deus.

Como deve ter sido humilhante para Miriã ter ficado isolada fora do acampamento por sete dias. Ela teve tempo para pensar, examinar seu coração e pedir perdão a Deus por seu ciúme e rebelião.

Após sete dias, quando ela já estava curada da lepra, as Escrituras não mencionam mais Miriã, nem o tempo de serviço prestado aos israelitas. Acredita-se que Miriã morreu logo após este incidente, antes dos israelitas entrarem na Terra Prometida.

Pensamentos finais

O maior exemplo de líder que Deus nos deu foi Seu Filho, o Senhor Jesus Cristo. Além de Ele ter sido um líder, também demonstrou o perfeito exemplo de como servir. Jesus disse em Mateus 20:27: *quem quiser ser o primeiro entre vós será vosso servo.*

O que isto significa para nós? Deus nos deu uma tarefa que devemos executar para Ele. Estamos fazendo com alegria como deveríamos? Estamos com inveja do trabalho de outra pessoa? Desejamos mais do que Deus tem nos dado? É importante aprender a contentar-se com os talentos que recebemos e usá--los para Deus, sem nos compararmos com outras pessoas e seus talentos, nem como estão servindo ao Senhor.

Tópicos para discussão

1. Quais as qualidades de liderança evidentes na vida de Miriã, enquanto era apenas uma criança?
2. Descreva a atitude de Miriã de acordo com o livro de Números 12:2.
3. Quais foram as características de liderança que Moisés mostrou quando foi criticado?
4. Qual a descrição de Jesus sobre um verdadeiro líder, em Mateus 20:25-28?
5. Mencione dois bons exemplos que Miriã e Moisés nos deixaram.

Capítulo 11

A filha de Faraó
Instrumento de Deus

Na maioria das vezes, pensamos que Deus usa somente grandes mulheres de fé como Maria, Sara ou Ester. Porém, a Bíblia nos ensina claramente que Deus pode escolher qualquer pessoa ou qualquer coisa e usá-las para que Seu plano perfeito seja cumprido. A filha de Faraó é um bom exemplo desta verdade.

Antecedentes da filha de faraó
Ela era uma mulher egípcia que não adorava o Deus verdadeiro. Como os outros egípcios, provavelmente adorava Rá, o deus do sol, e muitos outros ídolos. Seu pai governava o Egito e não tinha qualquer respeito ou amor ao Deus dos hebreus, de Abraão, Isaque e Jacó.

A filha de Faraó

A Bíblia não cita seu nome. Ela é simplesmente citada como a "filha de Faraó", possivelmente porque ela era a sua única filha.

A triste situação dos hebreus no Egito

Os israelitas, o povo escolhido por Deus, eram escravos no Egito e viviam subjugados pela crueldade daqueles senhores, no entanto, multiplicavam-se tão rapidamente que o Faraó sentiu-se ameaçado. Ele temia que os hebreus pudessem se tornar uma grande nação, e assim, poderiam tentar destituí-lo de seu governo ou talvez, aliar-se a um exército invasor e lutar contra os egípcios. Para prevenir tal acontecimento, ele criou uma lei ordenando a matança de todos os bebês meninos nascidos de mulheres israelitas.

Esta foi uma lei terrível, e trouxe muita tristeza. Porém, uma família demonstrou fé e confiança em Deus quando o seu bebê menino nasceu. Eles recusaram-se a permitir que o bebê fosse morto. A Bíblia diz que o esconderam durante três meses.

Como Deus usou a filha de Faraó

Êxodo 2:3-6 relata como o poderoso Deus usou a filha de Faraó para cumprir Seu propósito eterno:

> ³Não podendo, porém, escondê-lo por mais tempo, tomou um cesto de junco, calafetou-o com betume e piche e, pondo nele o menino, largou-o no carriçal à beira do rio. ⁴A irmã do menino ficou de longe, para observar o que lhe haveria de suceder. ⁵Desceu a filha de Faraó para se banhar no rio, e as suas donzelas passeavam pela beira do rio; vendo ela o cesto no

carriçal, enviou a sua criada e o tomou. ⁶Abrindo-o, viu a criança; e eis que o menino chorava. Teve compaixão dele e disse: Este é menino dos hebreus.

Uma lição que nós, os que cremos em Cristo, esquecemos facilmente, mas que precisamos desesperadamente recordar é o fato de Deus ser Soberano. Deveríamos viver com este pensamento em nossas mentes: Deus está no controle em todo o tempo. Ele tem um plano e um propósito para cada um de nós. Salmo 135:5-6 diz: *Com efeito, eu sei que o* SENHOR *é grande e que o nosso Deus está acima de todos os deuses. Tudo quanto aprouve ao* SENHOR, *ele o fez, nos céus e na terra, no mar e em todos os abismos.*

Ao ver as lágrimas do bebê Moisés, a filha do Faraó se compadeceu. Agindo assim, ela estava sendo usada por Deus, apesar de não saber disso. Seu carinho, amor e preocupação com o bebê contrastam profundamente com a crueldade de seu pai.

Esta princesa egípcia arriscou sua própria vida por um bebê hebreu a quem seu pai, o Faraó, havia sentenciado à morte. Ela demonstrou ter um caráter forte ao desafiar a ordem paterna. O capítulo 1 do livro de Romanos explica que as leis de Deus são evidentes para toda a humanidade, portanto, ela compreendia o quão cruel e injusto era assassinar um bebê inocente que ela encontrara no cesto.

A soberana providência de Deus

Quando a princesa decidiu salvar a vida do bebê, aceitou a oferta da irmã do menino em conseguir alguém que cuidasse dele. A princesa gostou da ideia, e a própria mãe de Moisés foi escolhida e paga para cuidar do seu filho para a filha do Faraó. Mais uma vez podemos ver o controle de Deus em todas as circunstâncias.

A Bíblia diz em Êxodo 2:10: *Sendo o menino já grande, ela o trouxe à filha de Faraó, da qual passou ele a ser filho. Esta lhe chamou Moisés e disse: Porque das águas o tirei.*

O Novo Testamento confirma que Deus usou a filha do Faraó para prover educação e treinamento a Moisés. Essa preparação demonstrou ser muito útil quando Moisés liderou os israelitas para fora do Egito. Os versículos em Atos 7:21-22 dizem: *quando foi exposto, a filha de Faraó o recolheu e criou como seu próprio filho. E Moisés foi educado em toda a ciência dos egípcios e era poderoso em palavras e obras.*

Moisés é adotado pela filha do Faraó

Estes versículos indicam que a filha do Faraó adotou Moisés e cuidou dele como se fosse seu próprio filho. Ela deu-lhe um nome e todo o conhecimento, educação e riqueza que estavam em seu alcance. Sem dúvida, ela também lhe deu muito carinho durante os anos em que ele cresceu sob seus cuidados.

Deve ter sido muito difícil para a princesa quando Moisés se negou a ser reconhecido como seu filho. Ele retornou para os israelitas e foi o instrumento humano que os redimiu da servidão.

A Bíblia não relata se a princesa alguma vez voltou a ver seu filho adotivo. Porém, nós podemos louvar ao Senhor por ela ter contribuído na preparação de Moisés para o serviço de Deus.

Deus preparou um Salvador para você

Do mesmo modo que Deus, em Sua soberania, controlou as circunstâncias para que Moisés redimisse os israelitas da escravidão egípcia, Ele deu Jesus Cristo como um Salvador para você. Jesus morreu na cruz por seus pecados, e se você confiar nele, Ele o perdoará e libertará da escravidão espiritual. Se você quer ter alegria, paz e também libertar-se da escravidão espiritual, reconheça que você é pecador, creia e receba o Senhor Jesus Cristo como seu Salvador.

Pensamentos finais

Talvez você já tenha confiado em Jesus, mas está vivendo sob circunstâncias difíceis, tal como os pais de Moisés. Talvez, como na história que acabamos de estudar, Deus tenha colocado em seu caminho uma pessoa que a tem ajudado, porém, não crê no verdadeiro Deus. Peça a Ele ajuda para ser bom testemunho para essa pessoa. É um consolo reconhecer que o nosso Pai Celestial está no controle de todas as coisas. No livro de 1 Crônicas 29:10-12, lemos claramente essa verdade: *Pelo que Davi louvou ao Senhor perante a congregação toda e disse: Bendito és tu, Senhor, Deus de Israel, nosso pai, de eternidade em eternidade. Teu, Senhor, é o poder, a grandeza, a honra, a vitória e a majestade; porque teu é tudo quanto há nos céus e na terra; teu, Senhor, é o reino, e tu te exaltaste por chefe sobre todos. Riquezas e glória vêm de ti, tu dominas sobre tudo, na tua mão há força e poder; contigo está o engrandecer e a tudo dar força.*

A filha de Faraó

Tópicos para discussão
1. Quais eram as características da personalidade da filha do Faraó?
2. De que modo a vida da princesa mostrou diferença entre a lei de Deus e a lei dos homens?
3. Quais eram as qualidades da família de Moisés?
4. Mencione três formas em que Deus usou a filha do Faraó na vida de Moisés.
5. Descreva um momento específico em sua vida no qual você vivenciou a soberania de Deus.

Capítulo 12

Raabe
Meretriz transformada

Muitas mulheres viveram experiências e acontecimentos no passado que provocaram problemas em sua vida atual. Pode ter sido uma infância muito difícil, um marido que abandonou o lar, fracasso no trabalho ou a morte de um ente querido. Se essas mulheres que enfrentaram experiências dolorosas permitirem que a amargura e o rancor brotem em seus corações, tanto o crescimento como o desenvolvimento espiritual poderão ocorrer com mais lentidão ou cessarão por completo.

A Palavra de Deus relata a história de Raabe como ilustração de uma vida totalmente transformada. Após ela ter confiado no Deus de Israel, todo seu passado foi perdoado, e fisicamente destruído. Pela fé, Raabe partiu para uma vida vitoriosa.

Raabe faz sua escolha

A história de Raabe está descrita no livro de Josué 2. Antes de conquistar a terra que Deus prometera ao Seu povo, Josué enviou dois espiões para explorarem a cidade de Jericó. Estes homens encontraram abrigo em uma casa nas muralhas da cidade onde a prostituta Raabe vivia. A Bíblia não nos diz o porquê dos espiões terem ido à sua casa, mas relata que ela os protegeu, escondendo-os no terraço.

Entre o tempo que os espiões chegaram à casa de Raabe e o tempo que o rei de Jericó ouviu sobre a presença deles na cidade, Raabe deve ter feito sua confissão de fé no verdadeiro Deus na presença destes espiões. Ela sabia perfeitamente o que havia acontecido ao povo de Deus depois que saíram do Egito. Ela confiou no Deus de Israel e provou sua fé arriscando sua vida para ajudar os espiões que eram inimigos de Jericó.

Raabe demonstra a fé através de suas obras

Apesar de os emissários estarem em território inimigo, eles compartilharam sua fé com Raabe. Deus honrou a coragem deles e usou Raabe para ajudá-los de duas formas:
- Ela salvou a vida dos espiões.
- Ela os encorajou em sua fé contando-lhes sobre o que sabia sobre a reputação do povo de Deus.

Josué 2:9,24, descreve como essa notícia se espalhou e encorajou o próprio Josué:

> ⁹e lhes disse: Bem sei que o SENHOR vos deu esta terra, e que o pavor que infundis caiu sobre nós, e que todos os moradores da terra estão desmaiados. [...] ²⁴e

disseram a Josué: Certamente, o SENHOR nos deu toda esta terra nas nossas mãos, e todos os seus moradores estão desmaiados diante de nós.

Raabe foi salva por sua fé no verdadeiro Deus; no entanto, ela demonstrou sua fé ao salvar a vida dos espiões. O Novo Testamento menciona a fé desta mulher em Tiago 2:25-26: *De igual modo, não foi também justificada por obras a meretriz Raabe, quando acolheu os emissários e os fez partir por outro caminho? Porque, assim como o corpo sem espírito é morto, assim também a fé sem obras é morta.*

No livro de Hebreus 11 encontramos os heróis da fé e o testemunho de Raabe no versículo 31: *Pela fé, Raabe, a meretriz, não foi destruída com os desobedientes, porque acolheu com paz aos espias.*

A recompensa imediata de Raabe

Em troca por sua ajuda aos espiões, Raabe pediu para que não a matassem nem a sua família. Os emissários prometeram atendê-la. Raabe os auxiliou para que escapassem dos muros da cidade, ajudando-os a descer com uma corda pela janela, os espiões a aconselharam a amarrar uma corda vermelha em sua janela e prometeram que quem estivesse em sua casa seria protegido. Josué 6:21-25 descreve o que aconteceu quando ocorreu a batalha em Jericó:

²¹Tudo quanto na cidade havia destruíram totalmente
a fio de espada, tanto homens como mulheres,
tanto meninos como velhos, também bois, ovelhas e

jumentos. ²²Então, disse Josué aos dois homens que espiaram a terra: Entrai na casa da mulher prostituta e tirai-a de lá com tudo quanto tiver, como lhe jurastes. ²³Então, entraram os jovens, os espias, e tiraram Raabe, e seu pai, e sua mãe, e seus irmãos, e tudo quanto tinha; tiraram também toda a sua parentela e os acamparam fora do arraial de Israel. ²⁴Porém a cidade e tudo quanto havia nela, queimaram-no; tão-somente a prata, o ouro e os utensílios de bronze e de ferro deram para o tesouro da Casa do Senhor. ²⁵Mas Josué conservou com vida a prostituta Raabe, e a casa de seu pai, e tudo quanto tinha; e habitou no meio de Israel até ao dia de hoje, porquanto escondera os mensageiros que Josué enviara a espiar Jericó.

Pensamentos finais

A fé desta mulher e a sua vida completamente mudada deveriam fazer-nos pensar em nossas próprias vidas. Sua fé deve ter sido tão verdadeira que toda sua família acreditou em sua história. Todos os seus parentes estavam com ela quando as muralhas de Jericó ruíram. Raabe perdeu todos seus amigos e tornou-se uma estrangeira no acampamento israelita, mas Deus honrou sua fé. Fisicamente, a vida de Raabe foi poupada. Espiritualmente, suas obras provaram sua fé, e Deus a declarou justificada, conforme lemos em Tiago 2:25. Apesar disso, o nome de Raabe está incluído na lista genealógica de Jesus Cristo (Mateus 1:5).

A vida de Raabe é um lembrete da continua graça de Deus. Deus não espera até que sejamos perfeitas para nos usar. Ele nos aceita tal como somos, sem se importar com o nosso passado. Quando declaramos a nossa fé, Deus executa o Seu plano.

Tópicos para discussão
1. Enumere três modos específicos em que Deus usou a vida de Raabe.
2. Que virtudes da vida de Raabe você desejaria ter em sua vida?
3. Como a vida de Raabe e suas circunstâncias foram alteradas?
4. De que maneira Deus mudou a sua vida desde que você aceitou Jesus Cristo como seu Salvador?
5. Como você demonstra em sua vida o poder do perdão de Deus?

Capítulo 13

Acsa
Uma noiva sábia

O NOME ACSA PODE SER desconhecido para muitas pessoas, porém, ela possuía muitas qualidades importantes da mulher virtuosa de Provérbios 31, que era louvada por suas habilidades nos negócios e sua dedicação à família. Acsa era filha de Calebe, e seu marido Otoniel, tornou-se um dos juízes de Israel (Juízes 3:8-11).

Antecedentes

Pouco tempo antes dos israelitas entrarem na terra que Deus lhes havia prometido, o líder deles, Moisés, enviou 12 espiões para que verificassem a terra. Calebe foi um dos espias. Ao retornarem, disseram que a terra manava leite e mel, e trouxeram com eles alguns frutos para que fossem provados. Porém, dez deles informaram que os habitantes daquela terra eram muito poderosos para serem enfrentados. Apesar disso, Calebe e seu amigo Josué, foram corajosos o suficiente, pois tinham fé na promessa de Deus, e encorajaram os israelitas a conquistar a terra que Deus lhes prometera.

Aqueles que não acreditaram na promessa de Deus, morreram no deserto entre o Egito e a Terra Prometida. Por meio de sua fé em Deus, Calebe e Josué, sobreviveram e tomaram posse da terra prometida por Deus (Números 26:65). Mais tarde, quando a terra foi dividida entre os povos, Calebe tornou-se o príncipe da tribo de Judá (Números 34:18-19). Hebrom foi-lhe dado como herança (Josué 14:13).

Calebe é o pai da mulher que estamos estudando neste capítulo. Ele era um homem com fé inabalável no Deus de Israel. Sem dúvida, frequentemente, Acsa ouviu várias coisas sobre os milagres que Deus fizera para o Seu povo quando deixaram o Egito e, como Ele os sustentou e os protegeu no deserto.

A importância da história de Acsa

A história de Acsa é muito curta, porém, importante o suficiente para Deus tê-la incluído em dois dos livros do Antigo Testamento: Josué e Juízes. A história de Acsa começa quando ela estava na idade para se casar, conforme está escrito em Josué 15:16-19 e Juízes 1:12-15:

> [16]Disse Calebe: A quem derrotar Quiriate-Sefer e a tomar, darei minha filha Acsa por mulher. [17]Tomou-a, pois, Otniel, filho de Quenaz, irmão de Calebe; este lhe deu a filha Acsa por mulher. [18]Esta, quando se foi a Otniel, insistiu com ele para que pedisse um campo ao pai dela; e

ela apeou do jumento; então, Calebe lhe perguntou: Que desejas? ¹⁹Respondeu ela: Dá-me um presente; deste-me terra seca, dá-me também fontes de água. Então, lhe deu as fontes superiores e as fontes inferiores.

Por Calebe ser um homem de Deus, é improvável acreditar que ele deu deliberadamente à sua filha uma terra pobre. Talvez, ele não tenha examinado a terra pessoalmente e tenha aceitado o relato de seu servo sobre a condição daquele lugar. Em todo caso, *a terra do sul* (possivelmente conhecida atualmente como Neguebe) era árida e estéril. A terra sem provisão de água suficiente era considerada praticamente sem uso. Acsa pediu somente água, pois sem isso, a terra que ela recebera teria pouca utilidade.

Uma mulher prudente e sábia

Nessa breve história, encontramos uma noiva que não se conformava com uma vida de miséria. Como mulher interessada pelo bem-estar de sua família, ela convenceu seu marido da necessidade de algo mais que um pedaço de terra seca no deserto dado por seu pai.

Apesar de Acsa ter tido discernimento para lidar com a situação, ela não assumiu esta responsabilidade sozinha. Ela respeitou seu marido e pediu-lhe que fosse falar com seu pai sobre o assunto. Por alguma razão desconhecida, ele estava relutante em pedir. Acsa, como uma filha amada prestes a deixar sua casa, tomou a liberdade em solicitar a seu pai o que desejava.

Calebe reconheceu que o pedido de sua filha era justo, e atendeu-a, concedendo o que pedira e um pouco mais. Ela pediu por fontes de água, o que naturalmente incluía os campos onde as fontes se localizavam. Seu pai, não somente lhe deu as fontes em locais altos, mas as que estavam em locais baixos também.

Bênçãos espirituais

As fontes superiores e inferiores de água que Calebe deu a sua filha são usadas como exemplos das ricas bênçãos de Deus sobre nós. Nosso Pai celestial nos promete conceder os desejos de nossos corações. No entanto, Ele vai além e nos dá muito mais do que podemos imaginar. *Ora, àquele que é poderoso para fazer infinitamente mais do que tudo quanto pedimos ou pensamos, conforme o seu poder que opera em nós* (Efésios 3:20).

A provisão de Deus é inesgotável, e Ele tem prazer em tornar Seus filhos felizes. E como Seus filhos, precisamos aprender que podemos nos achegar a Ele corajosamente em oração, apresentando-lhe nossas necessidades e desejos. A Bíblia nos apresenta alguns versículos para nos lembrar da generosa provisão de Deus para nossas necessidades, quer sejam espirituais ou materiais:

- *Bendito o Deus e Pai de nosso Senhor Jesus Cristo, que nos tem abençoado com toda sorte de bênção espiritual nas regiões celestiais em Cristo* (Efésios 1:3).
- *Porque o SENHOR Deus é sol e escudo; o SENHOR dá graça e glória; nenhum bem sonega aos que andam retamente* (Salmo 84:11).
- *Toda boa dádiva e todo dom perfeito são lá do alto, descendo do Pai das luzes, em quem não pode existir variação ou sombra de mudança* (Tiago 1:17).

Pensamentos finais

Talvez você esteja preocupada por alguma necessidade em sua família. Acredito que a história de Acsa está incluída na Bíblia para nos lembrar como é forte o amor de um pai. Calebe deu à sua filha o que ela pedira — e mais. Do mesmo modo, nosso Pai celestial se preocupa conosco. Ele não se agrada com o sofrimento em nossas vidas, antes deseja nos dar coisas boas.

Porém, a Bíblia estabelece condições para que possamos receber as bênçãos de Deus:

- O Salmo 66:18 nos adverte: *Se eu no coração contemplara a vaidade, o Senhor não me teria ouvido.*
- Tiago 4:2-3 explica que não recebemos o que pedimos porque não pedimos a Deus. Ou, quando pedimos, não recebemos porque pedimos por motivos equivocados, desejando usar a bênção divina para satisfazer nossa necessidade pessoal ao invés de a usarmos para glória de Deus.
- Em cada um dos Evangelhos, lemos a história sobre o Senhor Jesus quando orou no jardim do Getsêmani. Ao orar ao Seu Pai, Ele disse: *... Todavia, não seja como eu quero, e sim como tu queres.*

Se confessarmos nossos pecados e orarmos com nossos corações limpos e motivos justos, pedindo sempre para que a vontade de Deus seja feita, Ele ouvirá nossas orações e responderá da melhor maneira para nós.

Faça uma lista de todas as coisas que Deus fez por você na semana, mês ou ano anterior. Não esqueça de incluir as respostas de orações. Se você é casada, revise esta lista com seu marido e depois, orem juntos agradecendo ao Senhor por tudo o que Ele tem feito. Você pode se surpreender ao ver o quanto o Senhor já fez em sua vida!

Tópicos para discussão
1. Descreva a casa de Acsa antes e depois de seu casamento.
2. Quais as qualidades listadas em Provérbios 31 que você pode ver na vida de Acsa?
3. Como ela demonstrou sua sabedoria prática?
4. De que maneiras Calebe e nosso Pai Celestial são semelhantes?
5. Dê duas razões pelas quais você acha que a história de Acsa foi incluída na Bíblia.

Capítulo 14

Débora
Líder abençoada por Deus

Débora foi uma mulher que se tornou juíza em Israel. Ela tornou-se conhecida por todo Israel por sua sabedoria e por ser conselheira espiritual. Porém, Débora chegou a ser muito mais que uma conselheira que liderou os israelitas em uma batalha vitoriosa contra seus inimigos.

O tempo dos juízes

Débora viveu durante uma época muito difícil na história de Israel — depois da morte de Josué e antes que a nação tivesse seu primeiro rei — Deus escolheu Josué, depois da morte de Moisés, para liderar os israelitas à Terra Prometida. Porém, eles desenvolveram um triste padrão de conduta: rebelião contra Deus, derrota nas mãos de seus inimigos, e, clamor de arrependimento a Deus. Como respostas aos seus clamores, Deus levantaria um juiz para libertá-los e dar-lhes vitória sobre seus inimigos. Após um período de paz e prosperidade, o ciclo se repetiu: rebelião, derrota, arrependimento, libertação e paz.

É importante entendermos o que a Bíblia diz a respeito dos juízes para que possamos apreciar bem as lições que podemos aprender de Débora. Juízes 2:16,18 explica:

> ¹⁶Suscitou o Senhor juízes, que os livraram da mão dos que os pilharam. [...] ¹⁸Quando o Senhor lhes suscitava juízes, o Senhor era com o juiz e os livrava da mão dos seus inimigos, todos os dias daquele juiz; porquanto o Senhor se compadecia deles ante os seus gemidos, por causa dos que os apertavam e oprimiam.

Débora foi a quinta juíza dos israelitas. As pessoas sabiam que Débora havia sido designada e abençoada por Deus. Ela tinha muita fé em Deus e acreditava que Ele resgataria o Seu povo se o honrassem.

Débora, a juíza

A história de Débora se encontra nos capítulos 4 e 5 no livro de Juízes. Novamente, o povo de Israel havia se rebelado contra o Senhor. Por causa da rebelião, eles viveram 20 anos de opressão sob o governo inimigo.

A Palavra de Deus nos dá pouca informação a respeito de Débora. O livro de Juízes 4:4 nos revela a única informação pessoal que temos sobre ela, dizendo que era casada com Lapidote, era profetisa e *liderava Israel naquela época*.

Ao ler Juízes 4:5-9,13,16, tenha em mente que Débora era juíza, esposa e profetisa, que revelava aos homens a vontade de Deus.

⁵Ela atendia debaixo da palmeira de Débora, entre Ramá e Betel, na região montanhosa de Efraim; e os filhos de Israel subiam a ela a juízo. ⁶Mandou ela chamar a Baraque, filho de Abinoão, de Quedes de Naftali, e disse-lhe: Porventura, o SENHOR, Deus de Israel, não deu ordem, dizendo: Vai, e leva gente ao monte Tabor, e toma contigo dez mil homens dos filhos de Naftali e dos filhos de Zebulom? ⁷E farei ir a ti para o ribeiro Quisom a Sísera, comandante do exército de Jabim, com os seus carros e as suas tropas; e o darei nas tuas mãos. ⁸Então, lhe disse Baraque: Se fores comigo, irei; porém, se não fores comigo, não irei. ⁹Ela respondeu: Certamente, irei contigo, porém não será tua a honra da investida que empreendes; pois às mãos de uma mulher o SENHOR entregará a Sísera. E saiu Débora e se foi com Baraque para Quedes. [...] ¹³Sísera convocou todos os seus carros, novecentos carros de ferro, e todo o povo que estava com ele, de Harosete-Hagoim para o ribeiro Quisom. [...] ¹⁶Mas Baraque perseguiu os carros e os exércitos até Harosete-Hagoim; e todo o exército de Sísera caiu a fio de espada, sem escapar nem sequer um.

A história é concluída com o assassinato de Sísera nas mãos de uma mulher chamada Jael. Deus deu ao Seu povo uma grande vitória. Tudo o que Débora havia profetizado fora cumprido. Por causa disso, sabemos que ela foi uma verdadeira profetisa de Deus. Uma prova de que o profeta ou profetisa era escolhido de Deus, era quando se cumpriam as palavras que profetizavam.

Requisitos de um profeta de Deus

Hoje em dia existem muitas pessoas que dizem ser profetas de Deus. A Palavra de Deus nos dá orientações para que possamos reconhecer quem é um verdadeiro profeta e quem não é. Em Deuteronômio, Deus deu muitas leis para Seu povo que deveriam seguir ao entrarem na Terra Prometida. Deuteronômio 18:21-22 diz o seguinte sobre profetas:

> [21]Se disseres no teu coração: Como conhecerei a palavra que o Senhor não falou? [22]Sabe que, quando esse profeta falar em nome do Senhor, e a palavra dele se não cumprir, nem suceder, como profetizou, esta é palavra que o Senhor não disse; com soberba, a falou o tal profeta; não tenhas temor dele.

O livro de Deuteronômio 13:1-3 nos dá outras diretrizes: mesmo que as previsões do profeta *venham a acontecer*, mas, se este tenta liderar o povo para longe das Escrituras, não é um verdadeiro profeta:

> [1]Se aparecer entre vocês um profeta ou alguém que faz predições por meio de sonhos e lhes anunciar um sinal miraculoso ou um prodígio, [2]e se o sinal ou prodígio de

que ele falou acontecer, e ele disser: 'Vamos seguir outros deuses que vocês não conhecem e vamos adorá-los', ³não deem ouvidos às palavras daquele profeta ou sonhador. O Senhor, o seu Deus, está pondo vocês à prova para ver se o amam de todo coração e de toda alma.

Qualquer um que disser ser um profeta de Deus deve prová--lo através de suas profecias cumpridas. Mesmo assim, o restante de seus ensinamentos devem ser examinados. Se suas profecias não se cumprirem ou se ele tentar conduzir o povo contra Deus, Ele nos adverte que tal pessoa é um falso profeta.

A reação de Débora à vitória

Débora reagiu à vitória que Deus lhe dera cantando um bonito dueto com Baraque. Em Juízes 5, lemos que eles deram toda adoração ao Senhor por ter salvado Israel. Mesmo após a vitória, Débora permaneceu fiel a Deus, ela não se vangloriou com a vitória, mas sim, continuou a guiar os filhos de Israel de acordo com as leis do Senhor. Juízes 5:32 relata: *E a terra ficou em paz quarenta anos.*

Débora aceitou a incumbência que Deus lhe dera e seu dom de liderança. Ela foi uma juíza escolhida por Deus e, após a tremenda vitória, continuou cumprindo suas responsabilidades.

Algumas vezes, Deus permite que usemos nossos dons para realizar uma tarefa para Ele. Podemos nos orgulhar de nossas habilidades ou pensar: *já fiz minha parte, agora vou deixar um pouco para outras pessoas trabalharem.* Nenhuma dessas atitudes está correta, porque devemos continuar usando os dons que Deus nos concedeu.

Débora

Pensamentos finais

Débora sabia que Deus seria aquele que daria a vitória, assim, ela confiou nele para fazê-lo. Desta forma, ela podia declarar a vitória com confiança. Do mesmo modo, devemos ler as promessas de Deus em Sua Palavra e então proclamar vitória sobre o inimigo de nossas vidas.

A batalha de Débora era contra inimigos humanos. Atualmente, os cristãos enfrentam uma batalha espiritual contra o orgulho, pensamentos luxuriosos e outros pecados. Existe alguma área na sua vida espiritual em que você precisa clamar por vitória, assim como fizeram Débora e Baraque contra os inimigos de Israel? A Palavra de Deus ensina como podemos ter vitória sobre o pecado. Devemos reivindicar as promessas de Deus. Como fazemos isso?

- CONHECER as promessas de Deus. Devemos ler ou ouvir a Palavra de Deus regularmente. Se não conhecemos as promessas de Deus, como podemos clamá-las?
- ACREDITAR que Deus fará o que prometeu.
- AGRADECER a Deus por Suas promessas ao falarmos com Ele em oração.

O livro de 1 Coríntios 15:57 declara: *Graças a Deus, que nos dá a vitória por intermédio de nosso Senhor Jesus Cristo.* Deus promete vitória para que possamos depender dele e agradecê-lo antecipadamente.

Deus é a solução para os problemas em nossas vidas. Devemos acreditar nas palavras do Salmo 18:2-3 que nos fala acerca da segurança e dependência em Deus, nosso libertador: *O SENHOR é a minha rocha, a minha cidadela, o meu libertador; o meu Deus, o meu rochedo em que me refugio; o meu escudo, a força da minha salvação, o meu baluarte. Invoco ao* SENHOR, *digno de ser louvado, e serei salvo dos meus inimigos.*

Tópicos para discussão
1. Enumere três qualidades encontradas na vida de Débora.
2. Quantas predições de Débora se concretizaram? Que importância teve?
3. Descreva o plano de batalha.
4. A quem foi atribuída a vitória?
5. Em sua vida, como você pode clamar por vitória em sua batalha espiritual?

Capítulo 15

Dalila

Ela traiu por dinheiro

DALILA APARECE BREVEMENTE nas Escrituras. A Bíblia não registra nada a respeito de seus pais, e muito pouco sobre seus antecedentes. Sabemos que ela vinha do vale de Soreque, que se estende a oeste de Jerusalém, no país dos filisteus.

É impossível estudar a vida de Dalila sem mencionar seu envolvimento com Sansão, um homem de Deus que se apaixonou por ela. Dalila aceitou o dinheiro que os filisteus lhe ofereceram para traí-lo. Os dois tinham caráter completamente diferente.

Sansão
Sansão era filho de pais israelitas, piedosos. Desde seu nascimento, Deus abençoou Sansão com uma força descomunal porque tanto ele como seus pais mantiveram seus votos a

Deus. Este voto está registrado no livro de Números 6:2-12, o qual inclui nunca cortar seu cabelo. Sansão se tornou um juiz em Israel durante o tempo que os filisteus foram seus inimigos. Sansão julgou Israel durante 20 anos.

Sansão foi um homem abençoado por Deus com grande força física, porém, moralmente, ele era fraco. Ele venceu batalhas militares e lutou com um leão, e venceu. Mas, não podia controlar seus próprios desejos ou resistir aos encantos de uma mulher.

Dalila: seu caráter

Dalila foi uma mulher enganadora que se aproveitou de sua beleza. Em seu relacionamento com Sansão, ela usou seu charme, suas capacidades mentais, sua atitude dominante e sua ambição por um único propósito — dinheiro.

Dalila recebeu uma oferta de 1.100 peças de prata de cada um dos líderes filisteus para descobrir o segredo da força de Sansão. Esta foi uma enorme tentação. Talvez você que se lembre de que Judas Iscariotes recebeu apenas 30 peças de prata para trair o único Filho de Deus, Jesus Cristo. Que contraste: o Filho de Deus, de infinito valor, foi traído por muito pouco, ao passo que Sansão foi traído por muito mais.

Sabemos que Deus não teria incluído esta história em sua Palavra se dela não pudéssemos aprender várias lições ou princípios valiosos. O livro de Juízes 16:4-5 destaca o seguinte sobre Sansão:

> [4]Depois disto, aconteceu que se afeiçoou a uma mulher do vale de Soreque, a qual se chamava Dalila. [5]Então, os príncipes dos filisteus subiram a ela e lhe disseram:

Persuade-o e vê em que consiste a sua grande força e com que poderíamos dominá-lo e amarrá-lo, para assim o subjugarmos; e te daremos cada um mil e cem siclos de prata.

Lembre-se de que Sansão nesse momento era um líder de Israel, e os filisteus eram seus inimigos. Nas lições anteriores, aprendemos que Deus ordenou aos homens israelitas a não se casarem com mulheres de países vizinhos. Sansão, porém, gostava muito das mulheres filisteias. Os filisteus sabiam que a única forma de derrotá-lo seria através de sua fraqueza. Dessa forma, eles concordaram em pagar Dalila para descobrir o segredo da força de Sansão. Dalila usou todo seu charme para atrair o amor de Sansão.

Dalila: sua persistência

A Bíblia revela que antes de Dalila descobrir a verdade sobre a força de Sansão, teve suas intenções fracassadas por três vezes porque Sansão contou-lhe mentiras. Mas, ela foi persistente e implorou para que ele lhe contasse o seu segredo. O livro de Juízes 16:15-20 relata o que aconteceu depois da quarta vez que ela o indagou:

> [15]Então, ela lhe disse: Como dizes que me amas, se não está comigo o teu coração? Já três vezes zombaste de mim e ainda não me declaraste em que consiste a tua grande força. [16]Importunando-o ela todos os dias com as suas palavras e molestando-o, apoderou-se da alma dele uma impaciência de matar. [17]Descobriu-lhe

todo o coração e lhe disse: Nunca subiu navalha à minha cabeça, porque sou nazireu de Deus, desde o ventre de minha mãe; se vier a ser rapado, ir-se-á de mim a minha força, e me enfraquecerei e serei como qualquer outro homem. [18]Vendo, pois, Dalila que já ele lhe descobrira todo o coração, mandou chamar os príncipes dos filisteus, dizendo: Subi mais esta vez, porque, agora, me descobriu ele todo o coração. Então, os príncipes dos filisteus subiram a ter com ela e trouxeram com eles o dinheiro. [19]Então, Dalila fez dormir Sansão nos joelhos dela e, tendo chamado um homem, mandou rapar-lhe as sete tranças da cabeça; passou ela a subjugá-lo; e retirou-se dele a sua força. [20]E disse ela: Os filisteus vêm sobre ti, Sansão! Tendo ele despertado do seu sono, disse consigo mesmo: Sairei ainda esta vez como dantes e me livrarei; porque ele não sabia ainda que já o Senhor se tinha retirado dele.

Dalila nunca mais foi citada na Bíblia. Podemos concluir que após receber o dinheiro, desapareceu.

Uma advertência

O que podemos aprender com esta trágica história? Dalila se destaca como uma eterna advertência aos homens para que se cuidem do perigo de uma encantadora, mas, malvada e intrigante mulher. No livro de Provérbios, seu autor, o rei Salomão, nos dá muitas advertências com relação aos métodos usados por esse tipo de mulher. Por exemplo, leia Provérbios 7:4-5, 21-23, 25-27:

⁴Dize à Sabedoria: Tu és minha irmã; e ao Entendimento chama teu parente; ⁵para te guardarem da mulher alheia, da estranha que lisonjeia com palavras. [...] ²¹Seduziu-o com as suas muitas palavras, com as lisonjas dos seus lábios o arrastou. ²²E ele num instante a segue, como o boi que vai ao matadouro; como o cervo que corre para a rede, ²³até que a flecha lhe atravesse o coração; como a ave que se apressa para o laço, sem saber que isto lhe custará a vida. [...] ²⁵não se desvie o teu coração para os caminhos dela, e não andes perdido nas suas veredas; ²⁶porque a muitos feriu e derribou; e são muitos os que por ela foram mortos. ²⁷A sua casa é caminho para a sepultura e desce para as câmaras da morte. Muitas foram as suas vítimas; os que matou são uma grande multidão. A casa dela é um caminho que desce para a sepultura, para as moradas da morte.

Essas palavras de Deus são muito poderosas. As mulheres ocupam uma posição única ao orientar as crianças, sejam como mães, tias, avós ou professoras. Os homens jovens precisam saber como evitar cair em uma armadilha como Sansão caiu. As mulheres jovens, também precisam ser instruídas para que usem sua beleza e encanto como Deus deseja, ao invés de tentar os homens.

Lembre-se, com Deus não se brinca. Sansão não cumpriu o princípio de não se casar com uma mulher das nações pagãs vizinhas. Esse mesmo princípio se repete no Novo Testamento em 2 Coríntios 6:14: *Não vos ponhais em jugo desigual com os incrédulos; porquanto que sociedade pode haver entre a justiça e a iniquidade? Ou que comunhão, da luz com as trevas?*

Sansão, a princípio temente a Deus, se uniu com uma incrédula. Se Sansão tivesse se casado com uma israelita, como seus pais desejavam, a tragédia de Dalila nunca teria acontecido. No entanto, por meio de seu casamento, se uniu a uma nação ímpia e pagou pelo pecado com sua vida.

Pensamentos finais

A história de Dalila nos lembra que mesmo as pessoas escolhidas por Deus podem ser enganadas. Precisamos renovar continuamente nosso compromisso com Deus. Talvez a parte mais triste da história seja que Sansão não percebeu que Deus o havia abandonado. Considere sua própria situação. Você tem se rendido totalmente a Jesus Cristo? Você está consciente da presença dele em sua vida? Se não, receba-o como seu Salvador, e entregue sua vida a Deus para que Ele possa usá-la para a glória dele.

Tópicos para discussão

1. Enumere duas forças e fraquezas do caráter de Sansão, respectivamente.
2. Enumere duas forças e fraquezas do caráter de Dalila, respectivamente.
3. O que a Bíblia diz a respeito da mulher enganosa?
4. Qual o princípio da Palavra de Deus que Sansão violou?
5. O que você pode fazer na sua própria família para prevenir um casamento com uma pessoa incrédula?

Capítulo 16

Noemi

A sogra sábia

Noemi foi uma mulher israelita que viveu mais de mil anos antes do nascimento de Cristo. Sua história, junto à de sua nora moabita, Rute, está registrada no livro de Rute. Este livro no Antigo Testamento nos dá muita informação a respeito da cultura e do estilo de vida das pessoas daquele tempo.

Noemi: sua vida e família

Noemi vivia com seu marido na pequena cidade de Belém em Judá, uma província da nação de Israel. Nessa época, Israel era governada por juízes escolhidos por Deus para liderar os israelitas. Ocorreu uma grande escassez de alimentos em Judá, e por essa razão, o marido de Noemi levou-a com seus dois filhos à terra de Moabe, um país vizinho, onde as pessoas que lá viviam, não adoravam ao Deus verdadeiro.

A vida de Noemi não foi fácil em Moabe. Ela teve que abandonar sua terra natal e viver em um país estrangeiro. Era uma mulher que amava sinceramente a Deus e seu povo; respeitava as leis e tradições. Mas, agora, ela estava longe de tudo isso. Se você já teve que se mudar e adaptar-se a um novo lugar, pode identificar-se com a experiência que Noemi teve. Se isso não tivesse sido desafio suficiente, seu marido e filhos morreram. Lemos a história em Rute 1:3-5:

> ³Morreu Elimeleque, marido de Noemi; e ficou ela com seus dois filhos, ⁴os quais casaram com mulheres moabitas; era o nome de uma Orfa, e o nome da outra, Rute; e ficaram ali quase dez anos. ⁵Morreram também ambos, Malom e Quiliom, ficando, assim, a mulher desamparada de seus dois filhos e de seu marido.

A vida de Noemi foi cheia de dor. Ela não somente teve que prover seu próprio sustento, mas tinha as duas noras que também ficaram viúvas. Talvez elas se consolassem mutuamente, mas Orfa e Rute eram moabitas, e não compartilhavam da mesma fé de Noemi em Deus.

Noemi retorna a Belém

Após a morte de seus filhos, Noemi ouviu que a grande escassez de comida em Judá tinha terminado. Por não existirem mais motivos para permanecer em Moabe, ela decidiu retornar a Belém. Suas duas noras a acompanharam. No caminho, Noemi parou e implorou para que retornassem aos seus lares.

É evidente que essas mulheres eram muito mais apegadas à sogra do que ao seu próprio povo. Creio que isso demonstra que Noemi era uma mulher piedosa e boa sogra. Suas noras estavam dispostas a abandonar seu país e irem para a terra de Noemi, que testemunhava claramente para ambas, sobre o Deus que servia.

Segundo a lei, um homem poderia casar-se com a viúva de seu irmão se essa não tivesse filhos. Desse modo, a viúva poderia prover um herdeiro para a família. Noemi sabia que estava em idade avançada para gerar mais filhos, para prover esposos para suas noras. Esta sogra não tinha meios de providenciar maridos ou famílias para elas. Se elas ficassem em Moabe, talvez pudessem casar-se e ter filhos. Mesmo amando-as, ela instou para retornassem aos seus lares porque lhe era impossível prover suas necessidades.

Vemos a sabedoria de Noemi quando ela insistiu para que Orfa e Rute ficassem em Moabe, pois sabia muito bem o que significava ser estrangeira em uma terra desconhecida. Ela tivera essa mesma experiência quando se mudou para Moabe. Sabia também que se suas noras lá permanecessem, ela ficaria sozinha. Mas, o seu amor para com elas era maior que suas próprias necessidades, e ela desejava o melhor para ambas. Deve ter sido uma situação bem triste nesse dia no caminho para Belém, como está relatado em Rute 1:8,14,16-18:

> [8]...disse-lhes Noemi: Ide, voltai cada uma à casa de sua mãe; e o SENHOR use convosco de benevolência, como vós usastes com os que morreram e comigo. [...] [14]Então, de novo, choraram em voz alta; Orfa,

com um beijo, se despediu de sua sogra, porém Rute se apegou a ela. [...] ¹⁶Disse, porém, Rute: Não me instes para que te deixe e me obrigue a não seguir-te; porque, aonde quer que fores, irei eu e, onde quer que pousares, ali pousarei eu; o teu povo é o meu povo, o teu Deus é o meu Deus. ¹⁷Onde quer que morreres, morrerei eu e aí serei sepultada; faça-me o Senhor o que bem lhe aprouver, se outra coisa que não seja a morte me separar de ti. [...] ¹⁸Vendo, pois, Noemi que de todo estava resolvida a acompanhá-la, deixou de insistir com ela.

Rute 1:19-21 descreve os acontecimentos de seu retorno:

¹⁹Então, ambas se foram, até que chegaram a Belém; sucedeu que, ao chegarem ali, toda a cidade se comoveu por causa delas, e as mulheres diziam: Não é esta Noemi? ²⁰Porém ela lhes dizia: Não me chameis Noemi; chamai-me Mara, porque grande amargura me tem dado o Todo-Poderoso. ²¹Ditosa eu parti, porém o Senhor me fez voltar pobre; por que, pois, me chamareis Noemi, visto que o Senhor se manifestou contra mim e o Todo-Poderoso me tem afligido?

As pessoas de Belém estavam surpresas com as diferenças em Noemi, em seu retorno. Imagine como deve ter sido difícil para Rute escutar todas as coisas que falavam sobre sua sogra. Novamente Noemi demonstrou sua sabedoria. Ela admitiu ser uma mulher diferente. Ela não tentou esconder nada. Não lemos palavras de criticismo, somente o reconhecimento da mudança que ocorrera em sua vida.

A vida em Belém

Noemi e Rute estabeleceram-se em Belém. Elas eram muito pobres. Rute, mais jovem, foi trabalhar nos campos. Noemi deu sábios conselhos à sua nora.

Estudaremos mais sobre Rute no próximo capítulo. Graças ao bom relacionamento que existia entre Noemi e Rute, como sogra e nora, Noemi pôde guiar Rute a dar os passos apropriados para obter um marido conforme a lei dos judeus. Este marido, de nome Boaz, era da família do esposo de Noemi, assim, ele poderia cumprir a obrigação familiar com Rute.

Imagine a felicidade de Noemi quando se tornou avó! Ela pensava que havia perdido toda sua família, mas, através de Rute e Boaz, sua vida estava novamente plena.

Rute e Boaz deram o nome ao seu filho de Obede. Obede teve um filho chamado Jessé, que foi pai do rei Davi. Assim, vemos a genealogia no primeiro capítulo de Mateus. Encontramos Rute, uma mulher moabita, não somente na linhagem de Davi, mas também na linhagem da qual Jesus, o Messias, vem.

Noemi é um belo exemplo para as mulheres de hoje. Ela foi uma sogra amorosa e sábia que cuidou de suas noras. Tenho certeza que Noemi também cuidou de seu neto, e lhe ensinou muitas verdades sobre Deus — que sempre havia sido tão bom para ela.

Pensamentos finais

Que tipo de relacionamento você tem com sua sogra ou nora? Se não é casada, como é seu relacionamento com sua mãe? É um relacionamento de comunicação amorosa, aberta? Você mostra um testemunho vivo de sua fé pessoal em Jesus Cristo como seu Salvador? Como cristãos, devemos amar o nosso próximo e demonstrar-lhes amor. Se o amor não está presente, peça a Deus por cura e restauração em seus relacionamentos familiares. Este amor está descrito em 1 João 4:7-8:

> [7]Amados, amemo-nos uns aos outros, porque o amor procede de Deus; e todo aquele que ama é nascido de Deus e conhece a Deus. [8]Aquele que não ama não conhece a Deus, pois Deus é amor.

Tópicos para discussão

1. Descreva dois problemas difíceis que Noemi enfrentou.
2. Por que Noemi disse para suas noras retornarem a Moabe?
3. Por que o relacionamento de Rute e Noemi foi tão intenso?
4. Qual a qualidade de Noemi que você mais admira?
5. Que alegrias vieram fazer parte da vida de Noemi?

Capítulo 17

Rute
A mulher que fez escolhas sábias
Parte 1

No capítulo anterior estudamos a vida de Noemi, uma sogra muito sábia. Neste estudo e no próximo, veremos a vida de Rute, a nora de Noemi, e as escolhas que ela fez em sua vida.

O casamento de Rute

No Antigo Testamento, um livro completo está dedicado à vida de Rute. Mais importante ainda, no Novo Testamento, Mateus incluiu Rute na genealogia de Jesus Cristo. Vamos pedir a Deus que nos ajude a aprender com Rute a fazer escolhas certas. As más escolhas parece que as fazemos sem muito esforço!

Não nos consta que Elimeleque escolhesse as noivas para seus filhos antes de sua morte. A Bíblia simplesmente relata que seus filhos escolheram esposas moabitas. Fazendo isso, eles desobedeceram diretamente à lei de Deus contra casar-se com pessoas dos povos pagãos. Deuteronômio 7:3 diz:

> ³...nem contrairás matrimônio com os filhos dessas nações; não darás tuas filhas a seus filhos, nem tomarás suas filhas para teus filhos;

A Bíblia revela que Rute tornou-se esposa de Malom, que era o filho mais velho de Noemi e Elimeleque. Não sabemos quanta influência esta família de judeus teve na vida de Rute. Em Rute 1:4, lemos que a família de Noemi viveu em Moabe por quase dez anos. Tempo mais do que suficiente para que Rute escutasse e aceitasse o que seu esposo e sua família lhe haviam contado sobre o Deus vivo e verdadeiro que adoravam.

A viuvez de Rute

Em Rute 1:3-5, lemos que Elimeleque, o marido de Noemi morreu. Depois, Malom, o marido de Rute morreu também. Rute tornou-se uma jovem viúva. Essa situação deixou-a sem condições econômicas para sustentar-se. Ela tornou-se pobre — situação comum para uma viúva daqueles dias. Ninguém jamais a teria acusado se ela tivesse se tornado insatisfeita ou decidido ficar em Moabe, com sua própria família.

Rute, porém, não fez isso. Ela decidiu acompanhar sua sogra Noemi. Conforme estudamos anteriormente, sabemos que Noemi também era viúva. Noemi, porém, estava muito amargurada. Apesar de sua amargura, existia um laço de amor entre as duas mulheres. Esse amor aproximou Rute de Noemi quando elas regressavam à cidade de Belém. Lemos as palavras de Rute para Noemi, em Rute 1:16-17:

> [16]Disse, porém, Rute: Não me instes para que te deixe e me obrigue a não seguir-te; porque, aonde quer que fores, irei eu e, onde quer que pousares, ali pousarei eu; o teu povo é o meu povo, o teu Deus é o meu Deus. [17]Onde quer que morreres, morrerei eu e aí serei sepultada; faça-me o Senhor o que bem lhe aprouver, se outra coisa que não seja a morte me separar de ti.

Noemi havia perdido seu marido e seus dois filhos, porém, ainda tinha duas noras: Orfa e Rute. As três viúvas se preparavam para deixar Moabe e ir para a terra natal de Noemi. Quando chegou o tempo de partirem, Orfa voltou a viver com sua família e seus amigos pagãos. O raciocínio humano indica que ficar em Moabe parecia ser a decisão mais prática e lógica. Isto torna ainda mais surpreendente a decisão de Rute em ficar com Noemi.

Rute nos dá um bonito exemplo de devoção pura e sem egoísmo. Hoje vemos relações familiares tensas, lares destruídos e vidas sem amor. É muito reconfortante encontrar esta pequena e maravilhosa história de amor, de relacionamento saudável, e, decisões certas baseadas na Palavra de Deus.

Rute escolhe o Deus verdadeiro

Outra escolha certa que Rute fez, foi servir ao Deus vivo e verdadeiro. Apesar de seu passado pagão, ela tornou-se uma adoradora dedicada do Deus verdadeiro. Não nos é relatado quando, onde ou sob que circunstâncias isso aconteceu. Entretanto, sabemos que durante o caminho a Belém, Rute deixou evidente sua fé em Deus. Ela decidiu firmemente seguir ao Senhor, e identificar-se completamente com Seu povo, quando disse a Noemi: *...o teu povo é o meu povo, o teu Deus é o meu Deus...* (Rute 1:16). Aqui podemos perguntar-nos: "É correta a minha decisão de servir ao Deus vivo e verdadeiro? Os outros percebem que eu o sirvo?

Decisões importantes

Rute tomou decisões importantes para o direcionamento de sua vida e tornou-se uma serva do Deus verdadeiro. Ela também fez outras boas decisões, conforme estudaremos no próximo capítulo. Porém, vamos ver primeiro o que Deus disse sobre decidir corretamente.

Confiando em Deus

Às vezes, é difícil ter a autoconfiança para reconhecer que fizemos a escolha correta. Primeiro, *devemos* saber que existe um Deus vivo e verdadeiro e que podemos conhecê-lo pessoalmente.

Quem é o Deus verdadeiro? Moisés teve a tarefa de convencer os israelitas que tinha sido Deus que o havia enviado para libertá-los da escravidão no Egito. Moisés perguntou a Deus o que ele deveria dizer para convencê-los. Deus disse a Moisés exatamente o que ele precisava dizer. Lemos a resposta de Deus no livro de Êxodo 3:14: *Disse Deus a Moisés: 'Eu Sou O Que Sou. Disse mais: Assim dirás aos filhos de Israel: Eu Sou me enviou a vós outros.* Este versículo nos ensina que Deus existe por si mesmo e em si mesmo, sem precisar qualquer outro ser para sustê-lo.

Minha fé é fortalecida ao saber que Deus não tem que provar Seu poder ou Sua capacidade. Ele simplesmente diz: Eu Sou. Ele é Deus porque é Deus, e não precisa de nenhuma outra razão, dando-nos a confiança em Sua presença, a qual nunca nos pode ser retirada ou questionada.

Pensamentos finais

Quando escolhemos ter um relacionamento pessoal com o Deus verdadeiro, todas as outras decisões podem ser respondidas através da oração, buscando Seu conselho por meio de Sua Palavra, e também, através das circunstâncias e pessoas em nossas vidas. Se quisermos conhecer o Senhor e Sua vontade para nossas vidas plenamente, devemos investir tempo com Deus e Sua Palavra. Dessa maneira, poderemos confiar nele e em nossas decisões.

Salmo 1:1-4 apresenta a pessoa que, diligentemente, busca a Deus:

> ¹Bem-aventurado o homem que não anda no conselho dos ímpios, não se detém no caminho dos pecadores, nem se assenta na roda dos escarnecedores. ²Antes, o seu prazer está na lei do Senhor, e na sua lei medita de dia e de noite. ³Ele é como árvore plantada junto a corrente de águas, que, no devido tempo, dá o seu fruto, e cuja folhagem não murcha; e tudo quanto ele faz será bem sucedido. ⁴Os ímpios não são assim; são, porém, como a palha que o vento dispersa.

Perceba a diferença. Uma pessoa é próspera; a outra é como palha que o vento leva. A diferença está no tempo dedicado a

Deus em oração e na tomada de decisões baseadas na obediência à Santa Palavra.

Rute foi um exemplo de pessoa abençoada por Deus. Ela escolheu investir seu tempo com as pessoas certas ao unir-se à sua sogra e à nação escolhida por Deus. Sem dúvida, sua decisão mais importante foi a de servir ao Deus verdadeiro, de acordo com os mandamentos escritos em Sua Palavra. No próximo capítulo, veremos mais sobre a sua obediência à Palavra de Deus quando ela chegou a Judá.

Pense por um momento em si mesma. Você está diante de decisões grandes ou pequenas? Aceite-as como uma oportunidade de fazer escolhas certas. A mais importante decisão a ser feita é servir ao Deus vivo e verdadeiro. Peça a Deus que se revele a você e disponha-se a aceitar o que Ele revela sobre Si mesmo através de Sua Palavra. Jesus pagou por nossos pecados ao morrer na cruz; aceite esse pagamento você também. Em seguida, dependa dele para que Ele possa ajudá-la a tomar outras decisões que precisa fazer.

No livro de Salmos encontramos versículos que falam da prontidão de Deus em nos ensinar e nos guiar quando olhamos para Ele.

- *Instruir-te-ei e te ensinarei o caminho que deve seguir; e, sob as minhas vistas, te darei conselho* (Salmo 32:8).
- *O Senhor firma os passos do homem bom e no seu caminho se compraz; se cair, não ficará prostrado, porque o Senhor o segura pela mão* (Salmo 37:23-24).
- *Lâmpada para os meus pés é a tua palavra, e luz, para os meus caminhos* (Salmo 119:105).

Tópicos para discussão

1. Por que foi incomum a decisão de Rute permanecer ao lado de sua sogra?
2. Mencione três dificuldades que Rute teve de enfrentar.
3. Que decisões ou escolhas você está enfrentando em sua vida?
4. Qual é a mais importante decisão que você fará?
5. Enumere três métodos que a ajudem a tomar decisões sábias.

Capítulo 18

Rute
A mulher que fez escolhas sábias
Parte 2

Ao estudarmos a primeira parte da vida de Rute, vimos que ela escolheu acertadamente sua família, o Deus vivo e verdadeiro e as pessoas certas. Ao continuar nosso estudo, veremos mais três decisões que ela fez: o campo, o conselho, e o momento certo.

As instruções de Deus

Quando Rute e Noemi retornaram a Belém, estavam viúvas e sem meios próprios de sustento. De qualquer modo, na lei do Antigo Testamento, Deus proveu meios para que ambas obtivessem alimentos. Deus deu instruções aos proprietários de terras em Deuteronômio 24:19: *Quando, no teu campo, segares a messe e, nele, esqueceres um feixe de espigas, não voltarás a tomá-lo; para o estrangeiro, para o órfão e para a viúva será; para que o* Senhor, *teu Deus, te abençoe em toda obra das tuas mãos.*

Noemi conhecia as leis de Deus e por isso as ensinou à sua nora. Rute pediu a Noemi que a deixasse ir juntar as espigas que caíam atrás dos ceifeiros. Noemi deu-lhe permissão, e então, Rute foi trabalhar. Ela foi a um campo de propriedade de um homem chamado Boaz, membro da família de seu sogro. Lemos em Rute 2:5-6,8,10-12:

> ⁵Depois, perguntou Boaz ao servo encarregado dos segadores: De quem é esta moça? ⁶Respondeu-lhe o servo: Esta é a moça moabita que veio com Noemi da terra de Moabe. [...] ⁸Então, disse Boaz a Rute: Ouve, filha minha, não vás colher em outro campo, nem tampouco passes daqui; porém aqui ficarás com as minhas servas. [...] ¹⁰Então, ela, inclinando-se, rosto em terra, lhe disse: Como é que me favoreces e fazes caso de mim, sendo eu estrangeira? ¹¹Respondeu Boaz e lhe disse: Bem me contaram tudo quanto fizeste a tua sogra, depois da morte de teu marido, e como deixaste a teu pai, e a tua mãe, e a terra onde nasceste e vieste para um povo que dantes não conhecias. ¹²O Senhor retribua o teu feito, e seja cumprida a tua recompensa do Senhor, Deus de Israel, sob cujas asas vieste buscar refúgio.

A provisão de Deus

Esta é uma maravilhosa história sobre a provisão de Deus para Rute e Noemi, guiando Rute ao campo de um parente de seu marido. Rute foi exemplo de humildade ao se prostrar diante

Boaz. Ele a reconheceu e a elogiou por sua lealdade a Noemi. A maneira como tratamos as pessoas e as escolhas que fazemos são um testemunho aos outros — positivo ou negativo.

A história não termina aqui. Boaz disse a Rute para colher somente em sua lavoura, e também, para ela comer e beber com suas servas. Ele deixou-lhe comida suficiente e também para que pudesse levar para Noemi. Ele disse também às suas servas para que deixassem cair grãos para que Rute pudesse colhê-los.

Rute deve ter ficado muito emocionada naquela primeira noite quando, ao chegar a sua casa, contou a Noemi tudo que havia acontecido. Sem dúvidas, Noemi estava maravilhada, e perguntou-lhe o nome do homem que fora tão generoso. Rute informou sua sogra que o nome dele era Boaz. A história continua em Rute 2:20-23:

> [20]Então, Noemi disse a sua nora: Bendito seja ele do SENHOR, que ainda não tem deixado a sua benevolência nem para com os vivos nem para com os mortos. Disse-lhe mais Noemi: Esse homem é nosso parente chegado e um dentre os nossos resgatadores. [21]Continuou Rute, a moabita: Também ainda me disse: Com os meus servos ficarás, até que acabem toda a sega que tenho. [22]Disse Noemi a sua nora, Rute: Bom será, filha minha, que saias com as servas dele, para que, noutro campo, não te molestem. [23]Assim, passou ela à companhia das servas de Boaz, para colher, até que a sega da cevada e do trigo se acabou; e ficou com a sua sogra.

Como Rute informou sua sogra sobre o que havia acontecido, Noemi sentiu-se animada ao ver a mão de Deus abençoando outra vez a sua vida. Ela começou a louvar a Deus imediatamente. Cada uma de nós deve estar atenta para dar graças a Deus por Sua bondade em nossas vidas.

O futuro de Rute

Noemi explicou a Rute, com cuidado e sabedoria, os passos que ela deveria dar para ter um esposo que a sustentaria pelo resto de sua vida. O esposo que deveria buscar era Boaz.

Na continuidade desta história, vemos como Rute seguiu passo a passo, os conselhos de sua sogra. Porém, ela não tinha qualquer obrigação de segui-lo; além de tudo, era uma mulher adulta. Ela fora casada, e vivera sua própria vida. O amor, a devoção, o respeito entre essas duas mulheres virtuosas, permitiu que Rute tomasse a decisão correta, ou seja, a de seguir o conselho de Noemi.

Esta história de amor na Palavra de Deus é para todas as pessoas, em todos os lugares. A história demonstra a consequência de seguir um bom conselho, e esperar pelo momento certo. Ela traz Rute ao tempo e local em que Boaz pudesse resgatá-la. O resgate é o processo de "readquirir", era um procedimento do Antigo Testamento para continuar a linhagem familiar.

Neste ponto, o conflito entra em cena. Boaz não era o primeiro na linhagem para resgatar Rute. As Escrituras afirmam que Boaz procurou seu parente mais próximo e explicou-lhe a situação. De acordo com o costume, os dois se encontraram com os líderes da cidade. O primeiro parente mais próximo era incapaz de resgatar as propriedades de Elimeleque e seus filhos.

Desse modo, ele cedeu seu direito a Boaz, que possuía condições de resgatá-los, e Rute poderia se tornar sua esposa.

Rute seguiu os conselhos que lhe foram dados, apesar do costume entre seu povo ser diferente. Somente por seu conhecimento da Palavra de Deus, Noemi pôde dar tantos conselhos sábios a Rute. Quando damos ou recebemos conselhos, devemos ter cuidado que este coincida com a Palavra de Deus. Para podermos fazer isso, devemos conhecer bem a Bíblia. Depois, seguindo-a, tomaremos as decisões corretas para nós e seremos capazes de ajudar outras pessoas também.

Rute deve ter imaginado o que iria acontecer quando se aproximou de Boaz. Certamente, ela apreciou a gentileza dele, e por ser um homem mais velho do que ela, sem dúvidas o respeitava. Ao mesmo tempo, ela deve ter sentindo medo de como tudo iria terminar. Talvez, pensasse não estar fazendo a coisa certa. Apesar de seus sentimentos, ela seguiu os conselhos de Noemi.

Deus abençoou o casamento de Rute e Boaz, dando-lhes um filho chamado Obede. Em Mateus, quando lemos a genealogia do Messias, encontramos Boaz, Rute e Obede. Que honra fora concedida a Rute, a moabita. De fato, ela foi uma mulher que soube fazer escolhas certas.

Pensamentos finais

O princípio da redenção instituído por Deus, ainda hoje segue vigente de modo pessoal. Jesus Cristo nos redimiu pagando o preço de nosso pecado. Romanos 6:23 diz: *...porque o salário do pecado é a morte, mas o dom gratuito de Deus é a vida eterna em Cristo Jesus, nosso Senhor.*

Rute teve que aceitar o resgate oferecido por Boaz, assim como cada uma de nós deve aceitar a redenção oferecida por Deus, para que isto nos beneficie. Você já fez isto? Se ainda não o fez, admita ser pecadora, e não poder pagar seu pecado por si mesma. Creia que Jesus sacrificou-se por seu pecado, e aceite-o como Salvador.

Tópicos para discussão
1. Como Rute sabia que tinha que ir atrás dos ceifeiros para colher espigas?
2. Mencione duas características que Rute demonstrou no seu relacionamento com Noemi e Boaz.
3. Enumere três características de Boaz.
4. Como a vida de Noemi mudou depois que saiu de Moabe?
5. Com suas palavras descreva o relacionamento entre Rute e Noemi.

Capítulo 19

Ana
Mulher de oração

ANA É RECONHECIDA COMO uma mulher de oração. O que é oração? Oração é a comunicação entre uma pessoa e Deus. A oração pode ser feita em voz alta ou silenciosamente. Oração também é escutar a Deus, louvá-lo por quem Ele é, e por tudo que Ele tem feito; é pedir perdão por nossos pecados e apresentar pedidos em nosso favor e em favor de outros. Na oração expressamos sentimentos tais como: dor, frustração, decepção ou alegria, prazer e agradecimento. Oração é simplesmente compartilhar tudo e qualquer coisa com Deus. A oração implica em termos fé em Deus quando falamos com Ele.

Podemos ler sobre oração e aprender muito com orações de outras pessoas, mas o mais importante é orar. Quando falamos com Deus em oração, nós o vemos responsivo, e Ele se torna real para nós. Ana teve essa experiência com Deus em sua vida.

Ana: mulher e esposa

Ana foi mãe do profeta Samuel. Ela é uma das mulheres mais conhecidas da Bíblia porque orou a Deus pedindo-lhe um filho.

Ela foi uma das mulheres de Elcana. Sua outra esposa, Penina, tinha vários filhos, mas Ana não os tinha. Penina provocava muito a vida de Ana pois esta era estéril e não podia dar filhos a Elcana.

A Bíblia relata que Elcana amava Ana mais do que amava Penina. Em 1 Samuel, descobrimos que ambos eram um casal que amava e temia a Deus. Sabiam que era necessário ter um relacionamento pessoal com Deus para que suas orações fossem ouvidas.

Esse mesmo relacionamento pessoal é obtido, hoje, através da fé em Jesus Cristo que morreu na cruz para pagar nossos pecados. Lemos em 1 Timóteo 2:5: *Porquanto há um só Deus e um só mediador entre Deus e os homens, Cristo Jesus, homem.*

Cada ano Elcana e suas esposas viajavam do monte onde viviam até a cidade de Siló para oferecer sacrifícios de acordo com a lei do Antigo Testamento. Durante essas viagens, Penina atormentava Ana constantemente. Entretanto, Elcana amava Ana. Como ela não tinha filhos, ele lhe oferecia uma porção dupla do banquete que ocorria depois do sacrifício, todos os anos.

Ana se sentia muito pressionada. Algumas de nós, também experimentamos certos tipos de pressões. O mais importante é como lidamos com as pressões. A Bíblia não nos diz que

Ana tentou vingar-se de Penina. Nada indica que Ana estava brava com seu marido por ter outra esposa. Não encontramos nenhum registro de que ela culpava Deus por sua esterilidade. Ela continuou com suas responsabilidades de esposa. Devido ao fato de chorar muito e não comer, seu marido sabia que ela estava muito infeliz e perguntou-lhe: *Não te sou eu melhor do que dez filhos?* (1 Samuel 1:8).

A fervorosa oração de Ana

O que Ana fez em sua angústia? Ela abriu seu coração a Deus por meio de uma oração silenciosa. Não podia expressar com palavras seus sentimentos mais íntimos, mas mesmo assim, ela orou. Então, como se não fosse suficiente a dor que sentia, o sacerdote Eli, interpretou mal seu comportamento e acusou-a de estar embriagada. Lemos a história em 1 Samuel 1:12-18:

> [12]Demorando-se ela no orar perante o SENHOR, passou Eli a observar-lhe o movimento dos lábios, [13]porquanto Ana só no coração falava; seus lábios se moviam, porém não se lhe ouvia voz nenhuma; por isso, Eli a teve por embriagada [14]e lhe disse: Até quando estarás tu embriagada? Aparta de ti esse vinho! [15]Porém Ana respondeu: Não, senhor meu! Eu sou mulher atribulada de espírito; não bebi nem vinho nem bebida forte; porém venho derramando a minha alma perante o SENHOR. [16]Não tenhas, pois, a tua serva por filha de Belial; porque pelo excesso da minha ansiedade e da minha aflição é que tenho falado até agora. [17]Então, lhe respondeu Eli: Vai-te em paz, e o Deus de Israel te

conceda a petição que lhe fizeste. ¹⁸E disse ela: Ache a tua serva mercê diante de ti. Assim, a mulher se foi seu caminho e comeu, e o seu semblante já não era triste.

Ana é um exemplo de fé, pois após orar, acreditou. Ela confiava tanto em Deus que mudou completamente e alegrou-se. Oramos com esse tipo de fé? Apesar de orarmos, frequentemente nos preocupamos.

Jesus disse aos seus discípulos em Mateus 6:30-33:

> ³⁰Ora, se Deus veste assim a erva do campo, que hoje existe e amanhã é lançada no forno, quanto mais a vós outros, homens de pequena fé? ³¹Portanto, não vos inquieteis, dizendo: Que comeremos? Que beberemos? Ou: Com que nos vestiremos? ³²Porque os gentios é que procuram todas estas coisas; pois vosso Pai celeste sabe que necessitais de todas elas; ³³buscai, pois, em primeiro lugar, o seu reino e a sua justiça, e todas estas coisas vos serão acrescentadas.

Deus respondeu a oração de Ana! Ela concebeu e deu à luz a um filho. Ela o chamou Samuel, que significa *do Senhor o pedi* (1 Samuel 1:20). Cada vez que Ana falava o nome de seu filho, ela recordava o que Deus havia feito por ela.

Ana mantém sua promessa

Ana prometeu dedicar seu filho ao Senhor. Depois que ele nasceu, Ana ficou com ele até o desmame, provavelmente até aos três anos. Então, ela retornou à casa de Deus e deixou seu filho com o sacerdote Eli, onde o menino trabalhou para o Senhor. Aqui estão as palavras que Ana falou ao sacerdote Eli, conforme lemos em 1 Samuel 1:26-28:

> ²⁶E disse ela: Ah! Meu senhor, tão certo como vives, eu sou aquela mulher que aqui esteve contigo, orando ao Senhor. ²⁷Por este menino orava eu; e o Senhor me concedeu a petição que eu lhe fizera. ²⁸Pelo que também o trago como devolvido ao Senhor, por todos os dias que viver; pois do Senhor o pedi. E eles adoraram ali o Senhor.

Mais uma vez, observe a fé que Ana demonstrou. Ela confiou completamente que Deus cuidaria de seu filho. Você consegue imaginar como deve ter sido difícil para ela deixar Samuel? A Bíblia relata que Ana o via somente uma vez por ano, quando ia à casa de Deus para adorá-lo. Todos os anos ela fazia uma pequena túnica e levava para ele. Depois de cada visita, ela tinha que retornar para sua casa outra vez. Mas mesmo assim, ela manteve sua promessa a Deus. O Senhor foi bondoso com Ana, e ela engravidou e deu à luz três filhos e duas filhas (1 Samuel 2:21).

Lições da vida de Ana

O que podemos aprender com Ana? Podemos perceber o valor de dedicarmos nossos filhos a Deus. Pense no tempo em que Ana deve ter empregado ensinando ternamente Samuel durante sua infância. Ela provavelmente o ensinou sobre Deus, o valor da oração, como ele fora o fruto de resposta de oração, e que ele havia nascido para servir ao Senhor. Devemos pedir a Deus que nos ajude a sermos influência divina nas vidas de nossos filhos.

A história de Ana nos ensina outra lição: não podemos subestimar as feridas e danos que nossas palavras podem causar a outros. Com frequência, somos rápidos em falar palavras duras ou sem pensar. As palavras de Penina causaram muita dor na vida de Ana. Tiago 3:5 diz: *Assim, também a língua, pequeno órgão, se gaba de grandes cousas. Vede como uma põe em brasas tão grande selva!*

Ana também foi mal interpretada pelo sacerdote Eli. É fácil julgar as pessoas incorretamente por suas ações. Ana nos ensina como nos defender com humildade. Ela não se irou contra Eli, mas sim, respeitou sua posição, e explicou-lhe o que estava sentindo e quais eram seus motivos.

Pensamentos finais

Ana é um maravilhoso exemplo de mulher que confiou a Deus seu problema. Ela também foi uma mãe piedosa que orou por seu filho e consagrou-o totalmente a Deus. Ela experimentou a confiança do Salmo 34:19: *Muitas são as aflições do justo, mas o* Senhor *de todas o livra.*

Tópicos para discussão

1. Mencione três maneiras em que Ana foi um bom exemplo sobre como viver sob pressões.
2. Enumere três palavras que descrevem a oração de Ana.
3. Como você descreveria sua vida de oração?
4. Você se lembra de uma ocasião em que alguém a feriu com palavras? Qual foi sua reação?
5. De que modo Ana foi um exemplo de mãe virtuosa?

Capítulo 20

Mical
Primeira esposa de Davi

Depois da era dos juízes, as pessoas de Israel reivindicaram um rei, apesar de não ser o que Deus tinha planejado para eles. O primeiro rei de Israel foi Saul.

O rei Saul foi o pai de Mical. Seu irmão Jônatas era o melhor amigo de Davi. Talvez Mical tenha conhecido Davi quando ele visitou Jônatas.

O casamento de Mical com Davi

A irmã mais velha de Mical, chamada Merabe, havia sido prometida como esposa de Davi por Saul, como recompensa por sua luta contra os filisteus. A Bíblia diz que o rei Saul mudou de ideia quando se aproximou o momento de entregar Merabe em casamento. A história é narrada em 1 Samuel 18:14-15,17,19:

¹⁴Davi lograva bom êxito em todos os seus empreendimentos, pois o Senhor era com ele. ¹⁵Então, vendo Saul que Davi lograva bom êxito, tinha medo dele. [...] ¹⁷Disse Saul a Davi: Eis aqui Merabe, minha filha mais velha, que te darei por mulher; sê-me somente filho valente e guerreia as guerras do Senhor; porque Saul dizia consigo: Não seja contra ele a minha mão, e sim a dos filisteus. [...] ¹⁹Sucedeu, porém, que, ao tempo em que Merabe, filha de Saul, devia ser dada a Davi, foi dada por mulher a Adriel, meolatita.

Os israelitas estavam contentes com Davi por suas ações heróicas e entoavam-lhe louvores. Vendo isso, o rei Saul sentiu ciúmes de Davi, causando danos a todos. Ele tentou matar Davi várias vezes. Saul tentou matar Davi quando percebeu que sua filha Mical o amava, elaborando um plano contra Davi, dizendo que seu dote matrimonial consistia em 100 prepúcios de filisteus. Saul tinha certeza que Davi seria morto pelos filisteus quando cumprisse esta tarefa. A história continua em 1 Samuel 18:20-21,25,27,29:

²⁰Mas Mical, a outra filha de Saul, amava a Davi. Contaram-no a Saul, e isso lhe agradou. ²¹Disse Saul: Eu lha darei, para que ela lhe sirva de laço e para que a mão dos filisteus venha a ser contra ele. Pelo que Saul disse a Davi: Com esta segunda serás, hoje, meu genro. [...] ²⁵Então, disse Saul: Assim direis a Davi: O rei não deseja dote algum, mas cem prepúcios de filisteus, para tomar vingança dos inimigos do rei. Porquanto

Saul tentava fazer cair a Davi pelas mãos dos filisteus. [...] ²⁷dispôs-se Davi e partiu com os seus homens, e feriram dentre os filisteus duzentos homens; trouxe os seus prepúcios e os entregou todos ao rei, para que lhe fosse genro. Então, Saul lhe deu por mulher a sua filha Mical. [...] ²⁹Então, Saul temeu ainda mais a Davi e continuamente foi seu inimigo.

Mical salva a vida de Davi

O rei Saul continuou a conspirar contra Davi. A Bíblia não descreve a reação de Mical em relação ao ódio que seu pai sentia por seu marido, a quem ela amava, mas o ciúme de seu pai por seu marido colocou-a em uma situação difícil. Seu plano para salvar a vida de seu esposo, mostra seus sentimentos por Davi, conforme lemos em 1 Samuel 19:10-12:

> ¹⁰Procurou Saul encravar a Davi na parede, porém ele se desviou do seu golpe, indo a lança ferir a parede; então, fugiu Davi e escapou. ¹¹Porém Saul, naquela mesma noite, mandou mensageiros à casa de Davi, que o vigiassem, para ele o matar pela manhã; disto soube Davi por Mical, sua mulher, que lhe disse: Se não salvares a tua vida esta noite, amanhã serás morto. ¹²Então, Mical desceu Davi por uma janela; e ele se foi, fugiu e escapou.

Davi fugiu do rei Saul com a ajuda de Mical. Seu pai exigiu que Davi fosse vê-lo, mas Mical tomou "um ídolo do lar e o deitou na cama, pôs-lhe na cabeça uma almofada de pêlos de cabra e o cobriu com um manto", e disse ao rei que Davi estava doente. Então Saul ordenou aos seus homens que trouxessem Davi em sua cama até ele. Imagine a fúria do rei ao descobrir que fora enganado outra vez.

Sob circunstâncias normais, é incorreto desobedecer ao pai ou resistir à autoridade legítima. Porém, nesse caso, Mical demonstrou forte oposição ao seu pai, que se tornara insano em consequência de seu ódio por Davi. Ela demonstrou grande valentia ao salvar a vida de seu marido. Mesmo assim, conforme lemos em 1 Samuel, Davi foi forçado a viver exilado como um foragido.

Saul entrega Mical a outro homem

Com Davi fora de seu caminho — pelo menos por um tempo — o rei Saul fez todos os preparativos para que Mical fosse a esposa de Paltiel. Quando Davi retornou e tornou-se um rei, ele exigiu que Mical retornasse a ele. Lemos em 2 Samuel 3:15-16 que Paltiel chorou quando Mical foi tirada dele.

Mical despreza Davi

Quando Davi tornou-se rei, ele trouxe a arca da aliança de volta a Jerusalém. Ele escolheu 30 mil homens de Israel para buscarem a arca. Enquanto eles marchavam para Jerusalém, Davi alegrou-se de tal maneira que se pôs a dançar. O livro de 2 Samuel 6:14-17, 20-23 descreve a reação de Mical perante esta cena.

> [14]Davi dançava com todas as suas forças diante do Senhor; e estava cingido de uma estola sacerdotal de linho. [15]Assim, Davi, com todo o Israel, fez subir a arca

do Senhor, com júbilo e ao som de trombetas. ¹⁶Ao entrar a arca do Senhor na Cidade de Davi, Mical, filha de Saul, estava olhando pela janela e, vendo ao rei Davi, que ia saltando e dançando diante do Senhor, o desprezou no seu coração. ¹⁷Introduziram a arca do Senhor e puseram-na no seu lugar, na tenda que lhe armara Davi; e este trouxe holocaustos e ofertas pacíficas perante o Senhor. [...] ²⁰Voltando Davi para abençoar a sua casa, Mical, filha de Saul, saiu a encontrar-se com ele e lhe disse: Que bela figura fez o rei de Israel, descobrindo-se, hoje, aos olhos das servas de seus servos, como, sem pejo, se descobre um vadio qualquer! ²¹Disse, porém, Davi a Mical: Perante o Senhor, que me escolheu a mim antes do que a teu pai e a toda a sua casa, mandando-me que fosse chefe sobre o povo do Senhor, sobre Israel, perante o Senhor me tenho alegrado. ²²Ainda mais desprezível me farei e me humilharei aos meus olhos; quanto às servas, de quem falaste, delas serei honrado. ²³Mical, filha de Saul, não teve filhos, até ao dia da sua morte.

Estes versículos mostram o ressentimento de Mical. Talvez ela não entendesse o significado da arca da aliança ou o zelo de Davi pelo Senhor. Fosse qual fosse a relação de Mical com o Senhor, ela não deveria ter repreendido publicamente seu marido por suas ações. A Bíblia diz que no final, ela nunca teve filhos.

Podemos notar um grande contraste entre Mical quando a encontramos, pela primeira vez, e após alguns anos. No início, ela amava profundamente a Davi, e termina desprezando-o em seu coração.

O que houve de errado? O que podemos aprender com Mical? A lição mais óbvia é sobre a desarmonia, infelicidade e tragédia que acontece quando um casal não adora ao único e verdadeiro Deus juntos. As famílias e professores precisam ajudar os jovens a compreender este importante princípio.

O amor inicial de Mical por Davi não foi suficiente para garantir um matrimônio feliz. Com frequência as pessoas querem casar-se, apesar das crenças diferentes. Imaginam que o amor mútuo sustentará a união matrimonial. Mas, não é assim que funciona.

Mical não entendeu, nem mesmo tentou entender as ações de seu marido. Ela julgou a atitude dele como incorreta e repreendeu-o publicamente. Apesar de Davi ter-se explicado, Mical não pediu perdão. Muitas vezes, julgamos indevidamente as pessoas porque não compreendemos seus motivos.

Pensamentos finais

O verdadeiro amor de Deus compartilhado entre um homem e uma mulher produz harmonia e compreensão. Um lar cristão deve ser um lugar seguro e feliz, onde maridos amam verdadeiramente suas esposas, e esposas sinceramente respeitam seus maridos. Qual é a situação em seu lar?

Tópicos para discussão

1. Como Davi e Mical tornaram-se marido e mulher?
2. De que modo eles demonstraram amor um pelo outro?

3. Por que o amor entre eles não foi suficientemente forte para manter o lar feliz?
4. O que você acredita que Deus quer que aprendamos com esta história?
5. Descreva a situação de seu lar em termos de amor, respeito e compromisso com Deus e um pelo outro.

Capítulo 21

Abigail
Mulher pacificadora

A BÍBLIA NOS DÁ MUITOS exemplos de vida familiar, mas poucos são os que podemos chamar de famílias *ideais*. Algumas eram famílias com múltiplas esposas ou esposas estéreis. Outras tinham filhos desobedientes, problemas econômicos, enfermidades, morte ou maridos e esposas que não compartilhavam da mesma fé. Como muitos desses problemas são comuns na atualidade, chegamos a pensar que estas situações são *normais*. Mas não devemos aceitar como normal aquilo que podemos melhorar com a ajuda do Pai.

Deus em Sua bondade nos dá exemplos de mulheres que viveram estas situações na *vida real* de seus lares. Podemos ver que com a ajuda de Deus, elas mantiveram as suas casas em relativa paz, apesar dos problemas. Abigail era justamente este tipo de mulher.

Abigail

Antecedentes de Abigail

A história ocorre depois que Davi foi ungido como o escolhido de Deus para ser o próximo rei de Israel. Porém, o rei Saul ainda ocupava o trono e nutria um forte sentimento de ciúmes por Davi, e ainda tentava matá-lo.

Davi e seus homens perambulavam pelos campos protegendo os fazendeiros. Como recompensa, estes forneciam-lhes alimentos a eles e seus animais. Um dos fazendeiros que recebeu proteção de Davi era um homem muito rico chamado Nabal, o esposo de Abigail. Durante a temporada de tosquiar as ovelhas, Davi enviou alguns de seus homens à casa de Nabal para pedir alimento, mas este negou.

As circunstâncias de Abigail

O livro de 1 Samuel 25:2-3 nos dá uma visão sobre o lar de Abigail e Nabal:

> ²Havia um homem, em Maom, que tinha as suas possessões no Carmelo; homem abastado, tinha três mil ovelhas e mil cabras e estava tosquiando as suas ovelhas no Carmelo. ³Nabal era o nome deste homem, e Abigail, o de sua mulher; esta era sensata e formosa, porém o homem era duro e maligno em todo o seu trato. Era ele da casa de Calebe.

Nabal é descrito como alguém rude e mau. Era rico, embriagava-se constantemente. Através de outros versículos entenderemos que ele prestava culto a deuses falsos. É interessante notar que o nome Nabal significa "insensato". Ao lermos sua história percebemos que o seu nome o descrevia muito bem.

Por sua vez, Abigail é descrita como inteligente e bonita. Muitas mulheres se esmeram em parecer belas, descuidando suas mentes. Uma mulher formosa e com grande entendimento constitui uma das obras-primas de Deus.

Abigail e Davi

Davi e seus homens haviam sido bondosos com Nabal, e Davi enviou dez de seus homens em missão de paz, pedindo a Nabal o que lhes era devido. Quando este se negou a dar-lhes de comer, Davi decidiu matar Nabal e toda a sua gente. Um dos servos de Nabal escutou sobre o plano e contou para Abigail, rogando-lhe que fizesse algo. Perceba que o servo dirigiu-se a ela e não a seu mestre. Abigail agiu imediatamente. Sem dizer nada a seu esposo, levou pessoalmente a Davi e seus homens tanto suprimento quanto ela achou necessário para alimentá-los.

Quando a ira de Davi estava em seu auge, Abigail foi ao seu encontro, prostrou-se aos seus pés e presenteou-o com os alimentos. Com atitude de humildade, aceitou a culpa pelas ações de seu marido e explicou a Davi que a atitude insensata de Nabal era uma característica de sua personalidade. Abigail reconheceu que os homens de Davi haviam sido bons protetores, e rogou-lhe que poupasse a vida de seu marido e sua casa.

Abigail poderia ter sido tentada a permitir que Davi matasse Nabal, o que legalmente a livraria de um matrimônio infeliz. Imagine você com que frequência Abigail se desculpava do comportamento de seu marido. No entanto, ela se manteve fiel. Lemos em 1 Pedro 3:1,5 sobre o relacionamento entre maridos e mulheres:

> ¹Mulheres, sede vós, igualmente, submissas a vosso próprio marido, para que, se ele ainda não obedece à palavra, seja ganho, sem palavra alguma, por meio do procedimento de sua esposa, [...] ⁵Pois foi assim também que a si mesmas se ataviaram, outrora, as santas mulheres que esperavam em Deus, estando submissas a seu próprio marido,

A oferta de paz e a serenidade de Abigail aplacaram a ira de Davi. Ela não o censurou, mas usou palavras dóceis e sábias, lembrando-o de que Deus o escolhera para ser rei e que ele não deveria reagir com ira. Ela sabia que a vingança pertence a Deus. Davi também reconhecia, portanto se acalmou.

Lições da vida de Abigail

Apesar de estar casada com um homem rude e dado ao vício da embriaguez, Abigail não se amargurou. Não se queixou nem se lastimou de si mesma movida pelo ódio. Aceitou suas circunstâncias e com espírito de gratidão assumiu suas responsabilidades.

Abigail interveio no momento correto, e essa é uma das lições que podemos aprender de seu exemplo. Quando temos sabedoria para compartilhar, coragem para agir e ajuda para oferecer, não devemos ter dúvida em agir, independente dos riscos envolvidos. A missão de paz de Abigail teve êxito e uma vez cumprida, retornou para sua casa com seu esposo tolo e reassumiu sua difícil lida. Não tratou de abandoná-lo nem pedir o divórcio. Ela havia jurado viver com ele nos bons e maus momentos. Com certeza, sua vida incluía *maus momentos*.

A solução divina

A história de Abigail continua em 1 Samuel 25: 36-38:

> ³⁶Voltou Abigail a Nabal. Eis que ele fazia em casa um banquete, como banquete de rei; o seu coração estava alegre, e ele, já mui embriagado, pelo que não lhe referiu ela coisa alguma, nem pouco nem muito, até ao amanhecer. ³⁷Pela manhã, estando Nabal já livre do vinho, sua mulher lhe deu a entender aquelas coisas; e se amorteceu nele o coração, e ficou ele como pedra. ³⁸Passados uns dez dias, feriu o Senhor a Nabal, e este morreu.

Abigail demonstrou ter grande caráter e fé pela forma que confiou no tempo de Deus, com respeito à vida de seu marido. A Bíblia jamais menciona as tentativas de Abigail para mudar Nabal, nem qualquer tentativa de finalizar seu casamento. Ela sofria devido ao comportamento de seu marido, mas se manteve firme na sua condição de esposa, trabalhando para manter a paz.

Quando Davi soube da morte de Nabal, tomou Abigail por esposa. Deus não promete que sempre removerá nossos problemas, mas Ele promete estar conosco em nossos problemas. A solução de Deus para a difícil vida doméstica de Abigail veio em Seu tempo e Sua maneira. Possivelmente, Abigail sentiu a perda de seu marido a quem tinha sido fiel, porém, aceitou a soberania de Deus.

Pensamentos finais

Abigail era uma mulher pacificadora. A paz pode ser descrita de muitas maneiras. No momento de sua salvação, os cristãos recebem a paz com Deus. *Justificados, pois, mediante a fé, temos paz com Deus por meio de nosso Senhor Jesus Cristo* (Romanos 5:1).

Em nosso andar diário, podemos experimentar a paz de Deus. *Não andeis ansiosos de coisa alguma; em tudo, porém, sejam conhecidas, diante de Deus, as vossas petições, pela oração e pela súplica, com ações de graças. E a paz de Deus, que excede todo o entendimento, guardará o vosso coração e a vossa mente em Cristo Jesus* (Filipenses 4:6-7).

Paz mental — a capacidade de dormir sem preocupar-se, é um testemunho aos que nos cercam, de que o Príncipe da Paz trabalha e habita em nosso interior.

Antes de partir da terra, Jesus disse a Seus discípulos: *Deixo-vos a paz, a minha paz vos dou; não vo-la dou como a dá o mundo. Não se turbe o vosso coração, nem se atemorize* (João 14:27).

Você tem paz em sua vida? O seu lar é um lugar de paz? Você tenta manter a paz na sua família? Outros a consideram uma pacificadora?

De que modo você pode ser uma mulher de paz como Abigail? Deus nos dá a resposta em Isaías 26:3-4:

> ³Tu, SENHOR, conservarás em perfeita paz aquele cujo propósito é firme; porque ele confia em ti. ⁴Confiai

no Senhor perpetuamente, porque o Senhor Deus é uma rocha eterna;

Tópicos para discussão
1. Descreva o matrimônio de Abigail.
2. De que maneira Abigail demonstrou a santidade descrita em 1 Pedro 3:1-6.
3. Mencione três características da personalidade de Abigail.
4. Que características ela demonstrou nos momentos de crise?
5. Como você pode ser uma mulher que promove a paz?

Capítulo 22

Bate-Seba
A mãe do rei Salomão

Israel guerreava, porém, o rei Davi não estava à frente de seus comandados na batalha, como era sua obrigação. Nessa época, ele já tinha reinado por 12 anos e decidira permanecer em casa ao invés de ir à guerra. Por não estar onde devia, ele pecou.

Bate-Seba era a esposa de Urias, um hitita, fiel soldado do exército do rei Davi. Urias estava lutando por Israel. O relato verídico está em 2 Samuel 11:1-5:

> ¹Decorrido um ano, no tempo em que os reis costumam sair para a guerra, enviou Davi a Joabe, e seus servos, com ele, e a todo o Israel, que destruíram os filhos de Amom e sitiaram Rabá; porém Davi ficou em Jerusalém. ²Uma tarde,

levantou-se Davi do seu leito e andava passeando no terraço da casa real; daí viu uma mulher que estava tomando banho; era ela mui formosa. ³Davi mandou perguntar quem era. Disseram-lhe: É Bate-Seba, filha de Eliã e mulher de Urias, o heteu. ⁴Então, enviou Davi mensageiros que a trouxessem; ela veio, e ele se deitou com ela. Tendo-se ela purificado da sua imundícia, voltou para sua casa. ⁵A mulher concebeu e mandou dizer a Davi: Estou grávida.

Pensemos cuidadosamente no relato deste texto. Davi estava em Jerusalém ao invés de estar no campo de batalha. Bate-Seba estava se banhando em seu terraço. A maior parte dos terraços nos países do Oriente Médio é plana, e com frequência, muitas atividades, tais como comer, receber visitas e dormir, ocorrem nesta área das casas. Mas, a maioria das pessoas certamente *não* se banha publicamente em seus terraços. Davi encontrava-se no terraço de seu palácio. E provavelmente, o teto era mais alto em seu palácio. Desta posição vantajosa, Davi olhou para baixo e a viu. Bate-Seba era uma mulher formosa, e apesar de Davi saber que ela era casada, mandou que a trouxessem até ele e cometeu adultério.

A responsabilidade de Bate-Seba

Quando Davi foi confrontado com seu pecado, ele aceitou toda a culpa. Mas, e Bate-Seba não era responsável? Em primeiro lugar, por que ela se banhava em público? Ela não demonstrou qualquer recato exibindo-se nua e num terraço onde podia ser vista por diversas pessoas de outras casas.

Se Bate-Seba tivesse sido uma esposa fiel e uma mulher de fortes convicções, talvez Davi e ela nunca tivessem tido esta mancha de pecado em suas histórias. Mas já que ocorreu o que a Bíblia registra, vejamos o que quer nos ensinar o Senhor acerca das consequências do pecado.

A reação de Davi

Quando Davi soube que Bate-Seba estava grávida, tramou um plano para ocultar seu pecado. Davi ordenou que o marido dela regressasse do campo de batalha à sua casa. Davi supôs que este dormiria com sua esposa. Desta forma, quando soubesse que Bate-Seba estava grávida, pareceria óbvio que era resultado da visita de seu esposo. Esta lhe pareceu uma boa ideia, mas o livro de 2 Samuel 11:9-11 relata o que realmente ocorreu:

> [9]Porém Urias se deitou à porta da casa real, com todos os servos do seu senhor, e não desceu para sua casa. [10]Fizeram-no saber a Davi, dizendo: Urias não desceu a sua casa. Então, disse Davi a Urias: Não vens tu de uma jornada? Por que não desceste a tua casa? [11]Respondeu Urias a Davi: A arca, Israel e Judá ficam em tendas; Joabe, meu senhor, e os servos de meu senhor estão acampados ao ar livre; e hei de eu entrar na minha casa, para comer e beber e para me deitar com minha mulher? Tão certo como tu vives e como vive a tua alma, não farei tal coisa.

Novamente, poderíamos perguntar acerca da responsabilidade de Bate-Seba. A Bíblia relata que seu marido dormiu na porta do palácio ao invés de dormir com ela. Com certeza, Bate-Seba sabia que Urias estava ali. A Bíblia não descreve se Bate-Seba foi vê-lo ou o informou de seus atos com o rei Davi, nem de sua gravidez. Ela não confessou o que aconteceu enquanto Urias estava no campo de batalha.

O plano de Davi não funcionou porque Urias era um soldado fiel. Recusou o prazer de comer e dormir em sua própria casa enquanto houvesse soldados no campo de batalha. Davi teve que pensar num plano alternativo. Enviou uma mensagem ao capitão de seu exército e lhe ordenou que colocassem Urias na frente da linha de batalha. Aos outros soldados, ordenou-lhes que se retirassem, deixando assim Urias, para que fosse assassinado. Este malévolo plano teve êxito e Urias morreu na frente de batalha. Davi praticou um ato de maldade após o outro. Primeiro, cometeu adultério, depois assassinato para encobri-lo.

As consequências

A continuidade deste acontecimento está relatada no livro de 2 Samuel 11:26-27:

> [26]Ouvindo, pois, a mulher de Urias que seu marido era morto, ela o pranteou. [27]Passado o luto, Davi mandou buscá-la e a trouxe para o palácio; tornou-se ela sua mulher e lhe deu à luz um filho. Porém isto que Davi fizera foi mau aos olhos do SENHOR.

Agora que tudo havia passado, Davi tinha o que queria; Bate-Seba era sua esposa. O bebê nasceu e não havia sinal de vergonha diante da opinião pública. Mas Deus enviou o profeta

Natã para que confrontasse Davi. Natã ouviu a confissão do grande pecado de Davi e assegurou-lhe que o Senhor o havia perdoado. Natã também informou a Davi que a criança morreria. Esta profecia se cumpriu ao morrer o bebê sete dias depois.

O pesar e a tristeza de Davi e Bate-Seba pela morte desta criança deve ter sido intenso. Sem dúvida, a morte do filho os tornou conscientes das consequências desse pecado. Contudo, Deus usou este sentimento de pesar para ajudar outros cujas perdas nada têm a ver com pecado. Não há palavras que apaguem a dor pela perda de um ente querido, mas nesta história encontramos palavras que trazem alívio às pessoas cujos bebês ou crianças de pouca idade tenham morrido. Davi disse: *Porém, agora que é morta, por que jejuaria eu? Poderei eu fazê-la voltar? Eu irei a ela, porém ela não voltará para mim* (2 Samuel 12:23). Davi sabia que veria a seu filho outra vez na ressurreição.

A morte física não constitui o final da existência; há vida após a morte, e quanto a isso podemos ter certeza. Aqueles que confiaram em Jesus Cristo como Salvador e aceitaram o que Ele fez por nossos pecados, podem ter a mesma segurança que Davi teve, pois também veremos novamente os nossos queridos.

A reação de Bate-Seba

Qual foi a reação de Bate-Seba com respeito à morte de seu filho? Derramou lágrimas de arrependimento? Aparentemente sim, porque a Bíblia descreve que Davi a consolou e que ela concebeu e deu à luz a outro filho chamado Salomão, cujo nome significa *pacificador*. Este menino poderia ter sido filho de qualquer uma das esposas de Davi, mas foi dado a Bate-Seba.

O rei Salomão sucedeu a Davi como governante de Israel. Salomão foi um rei sábio. Não encontramos muitos outros relatos sobre Bate-Seba, mas imaginamos que ela criou seu filho Salomão com cuidado, guiando-o nos caminhos do Senhor. A evidência de sua boa criação pode ser encontrada no livro de Provérbios. Neste livro, Salomão nos dá conselhos sobre como criar os filhos, de igual modo, fala também acerca do relacionamento entre o homem e a mulher.

Bate-Seba é mencionada na genealogia do Messias no Evangelho de Mateus 1:6 que diz, *Jessé gerou ao rei Davi; e o rei Davi, a Salomão, da que fora mulher de Urias.*

Deus perdoou a ambos, mas note como o nome dela é citado na genealogia. Bate-Seba é lembrada como a mulher de Urias e não de Davi.

Pensamentos finais

Bate-Seba aceitou o perdão de Deus e não permitiu que um pecado arruinasse toda sua vida. Aprendeu com seu erro e continuou com o trabalho de criar a sua família.

Às vezes, é difícil crer e aceitar o perdão de Deus e de perdoarmos a nós mesmos. As mulheres, especialmente, têm a tendência de remoer o passado. Agindo dessa forma, nos privamos de crescer espiritualmente. E nos tornamos infelizes e miseráveis. Com frequência temos o sentimento de baixa autoestima e carregamos fardos de culpas que nunca se esperava que carregássemos.

Devemos aprender com o exemplo de Davi e Bate-Seba a sermos felizes com o perdão de Deus. No Salmo 32:1,2, lemos as palavras de Davi escritas depois de haver confessado seus pecados e experimentado o perdão de Deus:

¹Bem-aventurado aquele cuja iniquidade é perdoada, cujo pecado é coberto. ²Bem-aventurado o homem a quem o Senhor não atribui iniquidade e em cujo espírito não há dolo.

Não arruíne sua vida carregando um fardo de pecado e culpa. Com um espírito de humildade, peça a Deus para perdoar seus pecados. Seja específica ao orar, não faça uma oração genérica do tipo, Se pequei, perdoa-me. Melhor é que antes de ir dormir, repasse o ocorrido durante o dia. Pergunte a si mesma se há pecado em suas ações, palavras, atitudes ou pensamentos. Mencione-os a Deus e peça-lhe perdão. Peça a Deus que a ajude a recordar os pecados que possa ter esquecido ou ignorado. A seguir, clame a promessa de Deus que nos é dada em 1 João 1:9: *Se confessarmos os nossos pecados, ele é fiel e justo para nos perdoar os pecados e nos purificar de toda injustiça.*

Tópicos para discussão
1. Em que circunstâncias Davi viu Bate-Seba pela primeira vez?
2. Qual a responsabilidade de Bate-Seba nesse incidente?
3. Davi tramou dois planos para tentar esconder seu pecado. Como e por que fracassaram os projetos de Davi?
4. Quais as consequências que Davi e Bate-Seba tiveram que enfrentar?
5. O que podemos aprender sobre o perdão de Deus nesta história?

Capítulo 23

Duas mães prostitutas
O verdadeiro amor de mãe

As MULHERES, COM FREQUÊNCIA enfrentam situações que exigem sabedoria maior do que aquela que possuem. Precisamos da sabedoria divina para ajudar-nos a compreender outras pessoas corretamente.

Deus concedeu sabedoria ao rei Salomão

Esta história nos dá o que provavelmente seja o mais claro exemplo na Bíblia de como Deus pode conceder sabedoria. No livro de 1 Reis encontramos o relato do período em que Salomão tornou-se rei, temeu a Deus e o serviu. Deus estava satisfeito e disse a Salomão que lhe daria qualquer coisa que desejasse. A conversa entre Deus e o jovem rei encontra-se relatada em 1 Reis 3:5,9-10:

> ⁵Em Gibeão, apareceu o Senhor a Salomão, de noite, em sonhos. Disse-lhe Deus: Pede-me o que queres que eu te dê. [...] ⁹Dá, pois, ao teu servo coração compreensivo para julgar a teu povo, para que prudentemente discirna entre o bem e o mal; pois quem poderia julgar a este grande povo? ¹⁰Estas palavras agradaram ao Senhor, por haver Salomão pedido tal coisa.

A Bíblia diz que Salomão pediu a Deus que lhe desse um coração compreensivo para ser capaz de discernir. Essa é a verdadeira sabedoria. Deus, certamente ficou tão contente com o pedido de Salomão que não somente lhe concedeu sabedoria, mas também lhe deu muitas riquezas.

Duas mulheres apelam diante do rei

Em 1 Reis 3:16-22, depois dessa conversa entre Deus e Salomão, nos deparamos com a história de duas prostitutas que eram mães, cuja história estudaremos agora.

> ¹⁶Então, vieram duas prostitutas ao rei e se puseram perante ele. ¹⁷Disse-lhe uma das mulheres: Ah! Senhor meu, eu e esta mulher moramos na mesma casa, onde dei à luz um filho. ¹⁸No terceiro dia, depois do meu parto, também esta mulher teve um filho. Estávamos juntas; nenhuma outra pessoa se achava conosco na casa; somente nós ambas estávamos ali. ¹⁹De noite, morreu o filho desta mulher, porquanto se deitara sobre ele. ²⁰Levantou-se à meia-noite, e, enquanto dormia a

tua serva, tirou-me a meu filho do meu lado, e o deitou nos seus braços; e a seu filho morto deitou-o nos meus. ²¹Levantando-me de madrugada para dar de mamar a meu filho, eis que estava morto; mas, reparando nele pela manhã, eis que não era o filho que eu dera à luz. ²²Então, disse a outra mulher: Não, mas o vivo é meu filho; o teu é o morto. Porém esta disse: Não, o morto é teu filho; o meu é o vivo. Assim falaram perante o rei. ²³Então, disse o rei: Esta diz: Este que vive é meu filho, e teu filho é o morto; e esta outra diz: Não, o morto é teu filho, e o meu filho é o vivo.

É difícil imaginar o aspecto destas duas mulheres na frente do rei Salomão. Eram prostitutas, rejeitadas pela sociedade. Normalmente não lhes era dada a permissão para estar perante o rei. No entanto, ali estavam ambas, declarando ser a mãe do bebê.

Certamente Salomão recordou-se das promessas de Deus. Se houvesse algum momento de sua vida que necessitasse de sabedoria e coração compreensivo, o momento era este. A única evidência que possuía era a palavra das duas mulheres, sem outras testemunhas da troca dos bebês.

Por alguma razão estranha, a mulher cujo filho morrera estava ansiosa em ficar com a criança que estava viva. Ter um filho era uma evidência de sua vida pecaminosa. A morte de sua criança poderia ter sido uma forma simples de esconder seu pecado. Qualquer que fosse a razão, as duas mães seguiam discutindo na frente do rei e seus instintos maternais foram aparecendo com clareza.

Duas mães prostitutas

A solução do rei

Lendo a continuação em 1 Reis 3:24-28, vemos como Deus concedeu a Salomão a sabedoria necessária para solucionar este problema.

> [24]Disse mais o rei: Trazei-me uma espada. Trouxeram uma espada diante do rei. [25]Disse o rei: Dividi em duas partes o menino vivo e dai metade a uma e metade a outra. [26]Então, a mulher cujo filho era o vivo falou ao rei (porque o amor materno se aguçou por seu filho) e disse: Ah! Senhor meu, dai-lhe o menino vivo e por modo nenhum o mateis. Porém a outra dizia: Nem meu nem teu; seja dividido. [27]Então, respondeu o rei: Dai à primeira o menino vivo; não o mateis, porque esta é sua mãe.
> [28]Todo o Israel ouviu a sentença que o rei havia proferido; e todos tiveram profundo respeito ao rei, porque viram que havia nele a sabedoria de Deus, para fazer justiça.

O rei Salomão reconheceu a verdadeira mãe pelas palavras pronunciadas; cada uma demonstrou a sua verdadeira identidade. A fama sobre a sabedoria do rei Salomão se espalhou por Israel. Esta breve história é usada frequentemente para exemplificar a sabedoria de Salomão. É, também, um dos exemplos mais comoventes onde é posto à prova o amor de mãe.

Não sabemos o que ocorreu com as duas mulheres depois da decisão do rei; a Bíblia guarda silêncio. Não posso deixar de perguntar-me: Por que razão Deus não nos contou mais? Talvez porque a lição que se pretende que aprendamos é sobre a fidelidade de Deus para com Salomão ao conceder-lhe a sabedoria que havia prometido, ao invés daquilo que aconteceu às mulheres.

Pensamentos finais

Deus já colocou você em uma posição de liderança? Você alguma vez pediu-lhe por sabedoria? Talvez você tenha filhos pequenos. Ao longo do dia você necessita de um coração atento para distinguir entre o que está certo ou errado. Se você tem filhos adolescentes, como eu, certamente necessita pedir sabedoria a Deus!

Em Tiago 1:5-6 Deus promete dar sabedoria:

> [5]Se, porém, algum de vós necessita de sabedoria, peça-a a Deus, que a todos dá liberalmente e nada lhes impropera; e ser-lhe-á concedida. [6]Peça-a, porém, com fé, em nada duvidando; pois o que duvida é semelhante à onda do mar, impelida e agitada pelo vento.

Por que a Bíblia diz que precisamos pedir sabedoria, crendo que a receberemos? A resposta é que o entendimento verdadeiro procede de Deus e se reflete em nossas vidas somente ao vivermos de maneira aceitável a Ele. O rei Salomão escreveu no livro de Provérbios 9:10 que *O temor do Senhor é o princípio da sabedoria*. A palavra *temor* usada neste versículo significa reverência em nosso relacionamento com Ele. A Bíblia nos diz que precisamos depender de Deus, e colocar nossa confiança nele. Salomão assim o fez. Falou com Deus e obteve grande sabedoria da parte dele.

É provável que pessoas que não conheçam ao Senhor como seu Salvador possam buscar em nós, mulheres cristãs, respostas às suas perguntas e problemas. Se buscarmos a sabedoria divina, tal como Salomão, podemos testificar perante outros que Deus pode solucionar os problemas da vida.

Se você não tem fé pessoal em Deus, não pode esperar pela sabedoria divina. Para ter esse relacionamento, é preciso crer no Senhor Jesus Cristo e aceitar sua morte na cruz como pagamento por seus pecados. O livro de Efésios 2:8-9 nos explica assim:

> [8]Porque pela graça sois salvos, mediante a fé; e isto não vem de vós; é dom de Deus; [9]não de obras, para que ninguém se glorie.

Após receber o presente da salvação, você pode pedir a Deus pela sabedoria necessária para cada dia, para ajudar aos que procuram conselhos para solução de seus problemas.

Tópicos para discussão

1. Qual teria sido o propósito de Deus ao incluir esta história na Bíblia?
2. Como Salomão recebeu a sabedoria que possuía?
3. É errado pedir a Deus por este tipo de compreensão em sua vida? Cite o versículo da Bíblia em que Deus promete conceder sabedoria.
4. Qual é o limite que o amor de uma mãe pode alcançar?
5. Você se lembra de alguma vez em que a sabedoria de outrem a ajudou? Ou quando a sua sabedoria ajudou outra pessoa?

Capítulo 24

A rainha de Sabá
Em busca de sabedoria

A rainha e o rei Salomão

Como mulheres, muitas vezes desejamos o que não temos. Neste estudo veremos que a rainha de Sabá, embora tivesse todos os bens materiais mundanos que desejava, ainda assim, ansiava por sabedoria. Ela ouvira sobre a sabedoria do rei Salomão, e foi ao encontro dele para questioná-lo e ouvir suas respostas. Lemos em 1 Reis 4:31, que o rei Salomão era o homem mais sábio de toda a terra. Por esse motivo, provavelmente, era extremamente ocupado. Ao estudar esta história verídica me impressionou o fato de Deus ter separado um momento para responder às perguntas da rainha.

Quando Salomão tornou-se rei, Deus disse-lhe que pedisse qualquer coisa que quisesse. Salomão pediu sabedoria, ao invés de riqueza, fama, poder ou qualquer outra coisa. Deus lhe concedeu sabedoria e também grandes riquezas e honra, as quais ele não havia solicitado. Esta promessa a Salomão encontra-se no livro de 1 Reis 3:10-12:

> [10]Estas palavras agradaram ao Senhor, por haver Salomão pedido tal coisa. [11]Disse-lhe Deus: Já que pediste esta coisa e não pediste longevidade, nem riquezas, nem a morte de teus inimigos; mas pediste entendimento, para discernires o que é justo; [12]eis que faço segundo as tuas palavras: dou-te coração sábio e inteligente, de maneira que antes de ti não houve teu igual, nem depois de ti o haverá.

A visita da rainha

O Senhor cumpriu o que havia prometido. Ele abençoou o rei Salomão de muitas maneiras. A fama do rei se estendeu por todos os países vizinhos. A rainha de Sabá ouviu falar sobre ele, como lemos em 1 Reis 10:1-3:

> [1]Tendo a rainha de Sabá ouvido a fama de Salomão, com respeito ao nome do SENHOR, veio prová-lo com perguntas difíceis. [2]Chegou a Jerusalém com mui grande comitiva; com camelos carregados de especiarias, e muitíssimo ouro, e pedras preciosas; compareceu perante Salomão e lhe expôs tudo quanto trazia em sua mente. [3]Salomão lhe deu resposta a todas as perguntas, e nada lhe houve profundo demais que não pudesse explicar.

Ela cumpre seu objetivo

A rainha de Sabá veio do sul de Jerusalém, para prová-lo com perguntas difíceis, como a Bíblia claramente relata em 1 Reis 10:1.

Sua visita foi muito diferente das pessoas de outras nações, que, por temerem o poder de Israel, vinham para fazer as pazes com o rei Salomão. A rainha de Sabá buscava respostas às perguntas que guardava no íntimo de seu coração. Ela estava sedenta pela verdade.

A Bíblia termina a história dizendo que Salomão respondeu a todas as perguntas feitas por ela. Não sabemos quais tipos de perguntas foram feitas, mas o importante foi que Deus assegurou que todas fossem respondidas.

Ela reconhece Deus

A rainha viu toda a riqueza do rei Salomão e observou como seus criados comiam. De igual modo, considerou a grande extensão de seu reino. Viu o templo que Salomão havia construído para Deus. Lemos suas conclusões em 1 Reis 10:6-9:

> ⁶e disse ao rei: Foi verdade a palavra que a teu respeito ouvi na minha terra e a respeito da tua sabedoria. ⁷Eu, contudo, não cria naquelas palavras, até que vim e vi com os meus próprios olhos. Eis que não me contaram a metade: sobrepujas em sabedoria e prosperidade a fama que ouvi. ⁸Felizes os teus homens, felizes estes teus servos, que estão sempre diante de ti e que ouvem a tua sabedoria! ⁹Bendito seja o Senhor, teu Deus, que se agradou de ti para te colocar no trono de Israel;

é porque o SENHOR ama a Israel para sempre, que te constituiu rei, para executares juízo e justiça.

Você percebeu que a rainha de Sabá deu seu reconhecimento a Deus? Ela reconheceu que a sabedoria e as riquezas de Salomão foram bênçãos de Deus. Não sabemos se ela se tornou uma seguidora do verdadeiro Deus, mas ela o reconheceu.

O reconhecimento por si só não é suficiente
A rainha sabia que Deus era o único que tinha abençoado Israel. Ela também sentiu respeito por Ele. Porém, isso não significa que ela o aceitou pessoalmente como seu único Deus. Hoje em dia, muitas pessoas são como a rainha de Sabá. Talvez, você seja como ela. Não se engane, simplesmente, reconhecer a existência de Deus não significa que você tenha um relacionamento pessoal com Ele que durará por toda a eternidade. Você deve aceitar este relacionamento pessoal com Ele através de Seu Filho, Jesus Cristo. O livro de Atos 4:12 explica claramente: *E não há salvação em nenhum outro; porque abaixo do céu não existe nenhum outro nome, dado entre os homens, pelo qual importa que sejamos salvos.*

A Bíblia continua dizendo que depois que a rainha de Sabá e o rei Salomão trocaram presentes, ela retornou ao seu país. Só nos resta confiar que a sabedoria que ela buscou e as respostas recebidas tornaram-se parte de sua vida, e que ela compartilhou o que tinha visto e ouvido com as pessoas em seu país.

Jesus fala sobre a rainha de Sabá

A Palavra de Deus não registra nada mais sobre a visita da rainha de Sabá a Salomão, até 900 anos depois, quando Jesus veio à Terra. Durante o ministério de Jesus, os líderes religiosos se negaram a aceitar que Jesus Cristo era o Messias. Quando Jesus lhes dizia quão cegos eram para a verdade, usou como exemplo a rainha de Sabá. Jesus disse em Mateus 12:42: *A rainha do Sul se levantará, no Juízo, com esta geração e a condenará; porque veio dos confins da terra para ouvir a sabedoria de Salomão. E eis aqui está quem é maior do que Salomão.*

Jesus colocou a rainha de Sabá em uma condição superior a dos líderes religiosos, pois ela viajou de muito longe para ouvir Salomão. Jesus Cristo, Deus encarnado, encontrava-se ali mesmo com eles. Ele era maior que Salomão, mas mesmo assim se recusaram a ouvir Sua verdade divinamente revelada. A rainha de Sabá buscou sabedoria, e o Filho de Deus, usou-a como exemplo para aqueles que se negam a reconhecer a sabedoria divina.

Pensamentos finais

A rainha de Sabá nos ensina uma valiosa lição. Ela estava sedenta por sabedoria, dirigindo-se à melhor fonte que conhecia e obteve respostas às suas perguntas. A Bíblia não nos diz o que ela fez com as respostas que obteve, mas sabemos que ela reconheceu a verdade quando a encontrou.

No sermão do Monte, Jesus disse: *Bem-aventurados os que têm fome e sede de justiça, porque serão fartos* (Mateus 5:6). Se você deseja conhecer a verdade, Deus promete que a encontrará. Mas, você deve buscar a sabedoria verdadeira na fonte certa. Salomão afirma no livro de Provérbios 9:10: *O temor do Senhor é o princípio da sabedoria.* Para que esta verdade se torne realidade em sua vida, você deve pessoalmente aceitar Jesus Cristo como seu Salvador. Em João 14:6 Jesus diz: *Eu sou o caminho, e a verdade, e a vida; ninguém vem ao Pai senão por mim.*

Você já convidou a "Verdade" em sua vida? Por que não o faz agora? Assim como a rainha de Sabá fez todas suas perguntas a Salomão, você também pode exprimir com franqueza todas as perguntas de seu coração Àquele que é maior que Salomão, — Jesus Cristo. Assim como Salomão respondeu todas as perguntas da rainha, Jesus Cristo suprirá todas as suas necessidades.

Tópicos para discussão

1. Quando Deus deu a Salomão tão grande sabedoria?
2. Em que se diferenciou a visita da rainha de Sabá a das outras pessoas que visitaram o rei Salomão?
3. Como Jesus usou essa história em Seus ensinamentos?
4. Explique porque o conhecimento da verdade não é o mesmo que a salvação de nossos pecados.
5. Que valiosa lição podemos aprender com a rainha de Sabá?

Capítulo 25

Jezabel
A rainha perversa

Muitas mulheres na Bíblia amaram a Deus, e suas vidas nos dão exemplos para aplicarmos em nossa vida cristã. Porém, isso não ocorreu com a vida de Jezabel, uma mulher cujas atitudes estavam cheias de maus exemplos, os quais devemos evitar. Ela foi uma mulher que odiou Deus.

Nós gostamos de admirar e respeitar as pessoas, mas algumas vezes, é bom ter exemplos daquilo que não devemos ser. Lemos no livro de 2 Timóteo 3:16: *Toda a Escritura é inspirada por Deus e útil para o ensino, para a repreensão, para a correção, para a educação na justiça.*

Antecedentes de Jezabel

A história sobre a vida dessa cruel rainha está registrada no livro de 1 e 2 Reis, no Antigo Testamento. Ela era filha de um rei pagão, que adorava a um deus falso chamado Baal, e era esposa de Acabe, rei de Israel. Nessa época da história, Israel estava dividido em dois. A parte norte do reinado era ocupada por dez das 12 tribos de Israel, e manteve o nome *Israel*, enquanto as outras duas tribos do sul constituíram a nação de Judá.

A Bíblia não nos diz como Acabe e Jezabel se conheceram, nem em que circunstâncias se casaram. Mas, Acabe pecou contra os mandamentos de Deus casando-se com uma mulher que adorava deuses falsos. O livro 1 Reis 16:30-33 descreve o rei Acabe:

> [30]Fez Acabe, filho de Onri, o que era mau perante o Senhor, mais do que todos os que foram antes dele. [31]Como se fora coisa de somenos andar ele nos pecados de Jeroboão, filho de Nebate, tomou por mulher a Jezabel, filha de Etbaal, rei dos sidônios; e foi, e serviu a Baal, e o adorou. [32]Levantou um altar a Baal, na casa de Baal que edificara em Samaria. [33]Também Acabe fez um poste-ídolo, de maneira que cometeu mais abominações para irritar ao Senhor, Deus de Israel, do que todos os reis de Israel que foram antes dele.

Quando Moisés era o líder de Israel, Deus deu ordens claras:

> [3]Não terás outros deuses diante de mim. [4]Não farás para ti imagem de escultura, nem semelhança alguma do que há em cima nos céus, nem embaixo na terra, nem nas águas debaixo da terra. [5]Não as adorarás, nem lhes darás culto; porque eu sou o Senhor, teu

Deus, Deus zeloso, que visito a iniquidade dos pais nos filhos até à terceira e quarta geração daqueles que me aborrecem (Êxodo 20:3-5).

Acabe pecou casando-se com Jezabel, mas a situação tornou-se ainda mais difícil, pois ele adorou os deuses que Jezabel adorava e fez ídolos. Lemos no livro de 1 Reis 21:25: *Ninguém houve, pois, como Acabe, que se vendeu para fazer o que era mau perante o S*ENHOR*, porque Jezabel, sua mulher, o instigava.* Que terríveis palavras Deus teve que dizer a respeito desse homem! Por que Acabe envolveu-se em tamanha perversidade? Ao estudarmos o caráter de sua esposa, Jezabel, teremos algumas conclusões.

O caráter de Jezabel

A Bíblia relata uma série de acontecimentos que mostram Jezabel como uma mulher voluntariosa e autoritária. Ela utilizou seus poderes para destruir um rei, destruir seus filhos e corromper uma nação inteira. Era devota ao culto do deus Baal, e sustentava os profetas desse deus. Seu objetivo era assassinar todas as pessoas que adoravam ao Senhor Deus de Israel.

O desafio de Elias

A história nos conta que o culto ao deus Baal era acompanhado de muitas cerimônias cruéis, incluindo a queima de crianças como sacrifício. Em meio a essa idolatria e perversidade, Deus enviou Seu profeta Elias para confrontar o rei Acabe. Elias corajosamente e publicamente desafiou os profetas de Baal a um supremo teste de poder no monte Carmelo. O Senhor operou um grande milagre, mostrando a todo aquele povo que Deus era bem maior que Baal. Depois de terem visto o poder de Deus, o povo caiu de rosto em terra e disse: *O Senhor é Deus! O Senhor é Deus!* (1 Reis 18:39).

A reação de Jezabel

Depois do desafio do monte Carmelo, os seguidores de Deus mataram todos os profetas de Baal. Jezabel ficou furiosa, e Acabe estava muito atemorizado porque sabia o quanto representavam aqueles profetas e principalmente o deus Baal para Jezabel. O livro de 1 Reis 19:1-2 revela:

> ¹Acabe fez saber a Jezabel tudo quanto Elias havia feito e como matara todos os profetas à espada. ²Então, Jezabel mandou um mensageiro a Elias a dizer-lhe: Façam-me os deuses como lhes aprouver se amanhã a estas horas não fizer eu à tua vida como fizeste a cada um deles.

Acabe era o rei, porém, quem governava na realidade era Jezabel, sua esposa dominadora. Todos a temiam, inclusive o profeta Elias. Ela ameaçou Elias com estas palavras: *Que os deuses me castiguem com todo o rigor, se amanhã nesta hora eu não fizer com a sua vida o que você fez com a deles* (1 Reis 19:2). Deus protegeu o Seu profeta Elias, providenciando-lhe alimento e descanso.

A influência de Jezabel sobre seus filhos

A Bíblia utiliza histórias como esta para ensinar-nos como os princípios de vida e convicções são passados para nossos filhos e netos. Os mandamentos que Deus deu a Moisés em Êxodo 20 são repetidos em Deuteronômio 5:7-10:

> [7]Não terás outros deuses diante de mim. [8]Não farás para ti imagem de escultura, nem semelhança alguma do que há em cima no céu, nem embaixo na terra, nem nas águas debaixo da terra; [9]não as adorarás, nem lhes darás culto; porque eu, o Senhor, teu Deus, sou Deus zeloso, que visito a iniquidade dos pais nos filhos até a terceira e quarta geração daqueles que me aborrecem, [10]e faço misericórdia até mil gerações daqueles que me amam e guardam os meus mandamentos.

A herança é a influência passada de pais para filhos, seja ela para o bem ou mal. Você consegue imaginar o tipo de influência maternal que Jezabel teve sobre seus filhos? Jesus usou o exemplo de uma árvore para ilustrar a contínua influência de nossas vidas sobre outras pessoas. O livro de Mateus 7:16-18 acrescenta:

> [16]Pelos seus frutos os conhecereis. Colhem-se, porventura, uvas dos espinheiros ou figos dos abrolhos? [17]Assim, toda árvore boa produz bons frutos, porém a árvore má produz frutos maus. [18]Não pode a árvore boa produzir frutos maus, nem a árvore má produzir frutos bons.

Podemos ver a verdade desta ilustração na família de Jezabel. Seu próprio pai fora um assassino. Seu filho mais velho foi um adorador devoto de Baal. Sua filha foi uma assassina. Seu segundo filho foi tão corrupto quanto ela. Sua família continuou com perversidade pelo menos até a terceira geração. Jezabel e seus filhos foram frutos de uma árvore corrupta.

O juízo de Deus sobre Jezabel

A Bíblia nos conta como Deus julgou Jezabel. O rei Acabe queria para si uma vinha que pertencia a um homem chamado Nabote. Acabe tentou comprá-la, mas ela não estava à venda porque era uma herança do pai de Nabote. Acabe ficou deprimido a ponto de não querer comer porque Nabote se recusava a vendê-la. Quando Jezabel soube o que estava acontecendo, ela prometeu a Acabe que conseguiria a vinha para ele. E para isso, ela planejou e consumou o assassinato de Nabote.

Mais uma vez, Deus enviou o profeta Elias para desafiar Acabe. Elias profetizou o juízo de Deus sobre Acabe e sua família por sua perversidade. O juízo era a morte. Tudo aconteceu exatamente como Elias profetizara. Acabe foi morto em seu carro de guerra durante uma batalha entre israelitas e sírios. Jezabel morreu ao ser jogada de uma janela e ter seu corpo pisoteado pelos cascos de um cavalo. Da maneira que Elias profetizou, cachorros comeram seu corpo antes que pudesse ser sepultada.

Pensamentos finais

Jezabel constitui a prova de que o salário do pecado é a morte. O princípio divino de que se colhe o que for semeado é visto com clareza na vida de Jezabel. Se semearmos boas sementes em nossa própria vida e na vida de nossos filhos, e na vida de quem temos influência, certamente todos nós poderemos colher as bênçãos de Deus. O oposto disso também é verdadeiro. Se semearmos maldade em nossa vida e na vida de nosso próximo, esta afetará as gerações futuras. Esta verdade se concretiza nas vidas dos cristãos e não-cristãos. Jesus morreu como sacrifício por nosso pecado. Quando o recebemos como Salvador, Ele nos perdoa, porém, constantemente sofremos as consequências de nossos pecados por toda nossa vida.

Jezabel foi o oposto do que Deus quer que uma mulher seja. Acabe foi fortemente influenciado por sua esposa, mas seu poder de influência foi para o mal, não para o bem. Que diferente poderia ter sido a história de Jezabel se ela tivesse aprendido a orientar seu esposo e filhos no amor a Deus, obedecendo aos Seus mandamentos!

Hoje em dia, há muitas mulheres que são como Jezabel. Elas desafiam Deus. Odeiam e ofendem o povo de Deus. Não devemos temê-las. O livro de 2 Tessalonicenses 1:7-9 explica o que acontecerá com homens e mulheres que zombam de Deus e rejeitam as boas-novas de Seu amado Filho:

> [7]e a vós outros, que sois atribulados, alívio juntamente conosco, quando do céu se manifestar o Senhor Jesus com os anjos do seu poder, [8]em chama de fogo, tomando vingança contra os que não conhecem a Deus e contra os que não obedecem ao evangelho de nosso Senhor Jesus. [9]Estes sofrerão penalidade de eterna destruição, banidos da face do Senhor e da glória do seu poder.

Jezabel

Creio que estamos de acordo que todas nós gostaríamos de ser a mulher que Deus quer que sejamos. A vida de Jezabel deve nos fazer pensar quanto ao nosso próprio compromisso, primeiro com o Senhor Jesus Cristo, e em seguida, com nossas famílias.

Tópicos para discussão
1. Qual o pecado de Acabe que desencadeou todos os problemas?
2. Descreva três características de Jezabel.
3. Por que Elias teve medo de Jezabel?
4. Liste três lições que podemos aprender com a vida de Jezabel.
5. Qual o fim daqueles que, como Jezabel, desafiam a Deus?

Capítulo 26

A viúva de Sarepta
A mulher hospitaleira

A mulher hospitaleira
Esta é a história de uma mulher que por sua hospitalidade a Elias, o profeta de Deus, viu sua tristeza transformar-se em alegria.

Em Sua Palavra, Deus algumas vezes indica claramente os nomes e antecedentes de algumas pessoas sobre as quais lemos, mas, em outros casos, como o desta mulher, nada se falou sobre seu nome. Sem dúvida, sua fé e suas ações estão registradas porque Deus sabia que precisávamos dessas lições.

O cenário
Deus havia dito ao Seu povo que se eles lhe obedecessem, Ele os abençoaria. Se eles falhassem em obedecê-lo, Ele retiraria

Sua bênção. Uma bênção que Ele poderia negar seria a chuva para suas colheitas.

Durante o reinado do rei Acabe e a rainha Jezabel — os reis mais perversos que Israel teve — a condição espiritual dessa nação era terrível. Elias, o profeta de Deus, se apresentou perante o rei e lhe disse que não choveria até que ele voltasse a lhe falar. A fome se espalharia sobre aquela terra. Elias fugiu e escondeu-se como Deus lhe ordenara.

A provisão de Deus para Elias

Primeiro Deus proveu milagrosamente para Elias ao enviá-lo a um riacho oculto, que, eventualmente, secou-se. Então, Deus disse ao profeta para dirigir-se a Sarepta, uma cidade estrangeira no mar Mediterrâneo, onde uma viúva cuidaria dele. Esta história está narrada no livro de 1 Reis 17:9-10. O Senhor disse a Elias:

> ⁹Dispõe-te, e vai a Sarepta, que pertence a Sidom, e demora-te ali, onde ordenei a uma mulher viúva que te dê comida. ¹⁰Então, ele se levantou e se foi a Sarepta; chegando à porta da cidade, estava ali uma mulher viúva apanhando lenha; ele a chamou e lhe disse: Traze-me, peço-te, uma vasilha de água para eu beber.

Deus ordenou àquela viúva para que ajudasse Elias, apesar de ela viver em uma nação que adorava ídolos. Não sabemos se essa viúva conhecia a Deus pessoalmente, porém, certamente sabemos que ela o conheceu quando Elias hospedou-se em sua casa.

A necessidade da viúva

Quando o profeta encontrou a viúva, ela estava colhendo gravetos para preparar a última refeição para ela e seu filho. Coloque-se no lugar dela. Como você reagiria se um estranho chegasse à sua casa pedindo por comida e água após meses sem chuva? Qual seria sua disposição em demonstrar hospitalidade?

A mulher sabia que não tinha condições de alimentar um hóspede. Porém, mesmo assim, ela não rejeitou o pedido de Elias. Sua reação está descrita no livro de 1 Reis 17:11-16:

> [11] Indo ela a buscá-la, ele a chamou e lhe disse: Traze-me também um bocado de pão na tua mão. [12] Porém ela respondeu: Tão certo como vive o Senhor, teu Deus, nada tenho cozido; há somente um punhado de farinha numa panela e um pouco de azeite numa botija; e, vês aqui, apanhei dois cavacos e vou preparar esse resto de comida para mim e para o meu filho; comê-lo-emos e morreremos. [13] Elias lhe disse: Não temas; vai e faze o que disseste; mas primeiro faze dele para mim um bolo pequeno e traze-mo aqui fora; depois, farás para ti mesma e para teu filho. [14] Porque assim diz o Senhor, Deus de Israel: A farinha da tua panela não se acabará, e o azeite da tua botija não faltará, até ao dia em que o Senhor fizer chover sobre a terra. [15] Foi ela e fez segundo a palavra de Elias; assim, comeram ele, ela e a sua casa muitos dias. [16] Da panela a farinha não se acabou, e da botija o azeite não faltou, segundo a palavra do Senhor, por intermédio de Elias.

A viúva de Sarepta

A necessidade suprida

Por sua fé, esta mulher *fez segundo a palavra de Elias,* conforme ele havia recebido de Deus. O Senhor cumpriu Sua promessa de prover farinha e azeite. Você consegue imaginar a diferença que fez o profeta de Deus ficar nessa casa? Todas as preocupações da viúva sobre a provisão de alimento para ela e seu filho foram eliminadas. Estou segura que com o transcorrer dos dias e meses, a viúva e seu filho devem ter aprendido muito sobre Deus. Provavelmente também se sentiram seguros com Elias em sua casa.

A crise

Aconteceu que certo dia o filho da viúva adoeceu e morreu. Mais uma vez, a vida da viúva se inundou de desespero. Primeiro, havia perdido seu marido. Depois, devido a uma grande escassez de alimentos, não conseguia providenciar comida para seu filho. Deus havia satisfeito essa necessidade através do profeta Elias. Agora seu filho estava morto. Em sua dor, a viúva transtornada, acusou a presença do profeta em sua casa pela morte de seu filho. Talvez, ela se conscientizara de seu próprio pecado quando o profeta lhes falou sobre Deus. Ela, imediatamente, associou a morte ao juízo por seus pecados (1 Reis 17:18).

Elias não tentou responder à acusação da mulher, mas falou amavelmente, como lemos em 1 Reis 17:19-24:

> [19]Ele lhe disse: Dá-me o teu filho; tomou-o dos braços dela, e o levou para cima, ao quarto, onde ele mesmo se hospedava, e o deitou em sua cama; [20]então, clamou ao SENHOR e disse: Ó SENHOR, meu Deus, também

até a esta viúva, com quem me hospedo, afligiste, matando-lhe o filho? ²¹E, estendendo-se três vezes sobre o menino, clamou ao SENHOR e disse: Ó SENHOR, meu Deus, rogo-te que faças a alma deste menino tornar a entrar nele. ²²O SENHOR atendeu à voz de Elias; e a alma do menino tornou a entrar nele, e reviveu. ²³Elias tomou o menino, e o trouxe do quarto à casa, e o deu a sua mãe, e lhe disse: Vê, teu filho vive. ²⁴Então, a mulher disse a Elias: Nisto conheço agora que tu és homem de Deus e que a palavra do SENHOR na tua boca é verdade.

Deve ter sido muito duro para uma mãe tão aflita ter esperado no andar térreo. O tempo provavelmente pareceu-lhe interminável. Ela esperou, e mais uma vez presenciou um milagre. No final da história, ela soube sem dúvida nenhuma que seu hóspede havia sido enviado por Deus.

O exemplo da mulher

Ao aproximar-se o final da seca, Elias teve que ir embora. Ele devia anunciar que logo choveria outra vez. Não lemos ou ouvimos nada mais sobre a viúva de Sarepta ou sobre seu filho no Antigo Testamento. Mas um dia, Jesus estava ensinando na sinagoga em Sua cidade, e usou o exemplo da hospitalidade da viúva. O livro de Lucas 4:24-26 cita Jesus dizendo:

> ²⁴De fato, vos afirmo que nenhum profeta é bem recebido na sua própria terra. ²⁵Na verdade vos digo que muitas viúvas havia em Israel no tempo de Elias, quando

o céu se fechou por três anos e seis meses, reinando grande fome em toda a terra; ²⁶e a nenhuma delas foi Elias enviado, senão a uma viúva de Sarepta de Sidom.

Usando esta ilustração, Jesus ensinou que, assim como a viúva estrangeira foi generosa com um profeta de Deus, Ele também, Jesus, foi aceito na vida e corações de gentios, quando foi rejeitado por Seu próprio povo.

Pensamentos finais

A hospitalidade é um ministério importante para as mulheres. O apóstolo Paulo inclui a hospitalidade como parte das obrigações da igreja, em Romanos 12:13: *compartilhai as necessidades dos santos; praticai a hospitalidade.* Paulo também inclui a hospitalidade como parte do estilo de vida de quem se qualifica como um pastor (ou bispo) de igreja, em 1 Timóteo 3:2: *É necessário, portanto, que o bispo seja irrepreensível, esposo de uma só mulher, temperante, sóbrio, modesto, hospitaleiro, apto para ensinar.*

A hospitalidade — abrir com amor cristão seu lar aos demais — é um ministério que as mulheres podem oferecer a outras mulheres, famílias podem mostrar para outras famílias ou casais para casais. Ser hospitaleiro é uma forma maravilhosa de mostrar o amor de Cristo aos conhecidos e desconhecidos. Hebreus 13:2 ordena: *Não negligencieis a hospitalidade, pois alguns, praticando-a, sem o saber acolheram anjos.*

A hospitalidade não só beneficia a mulher que a pratica, mas todos em sua casa são beneficiados. 1 Pedro 4:9 declara: *Sede, mutuamente, hospitaleiros, sem murmuração.*

Peça a Deus que mostre caminhos para abrir seu lar e usá-lo para glória dele.

Tópicos para discussão
1. Por que Elias foi para Sarepta?
2. Mencione três maneiras em que a fé desta viúva foi posta à prova.
3. De que maneira ela foi beneficiada por demonstrar hospitalidade?
4. O que Jesus disse sobre ela?
5. Exemplifique três maneiras de seguirmos o exemplo de hospitalidade daquela viúva.

Capítulo 27

A viúva — o azeite multiplicado

Ela pagou suas dívidas

O cuidado de Deus por viúvas e órfãos

A Bíblia revela muito sobre as viúvas. Nomeando-as ou não, as viúvas são uma preocupação especial de Deus. Muitos versículos na Bíblia dão fortes advertências àqueles que, de qualquer forma, causem dano a uma viúva.

Quando Deus deu Suas leis aos israelitas, estabeleceu regras específicas a respeito do bem-estar e segurança das viúvas. Muitas regras eram similares as que diziam respeito aos órfãos. Por exemplo, lemos em Êxodo 22:22-24:

> [22]A nenhuma viúva nem órfão afligireis. [23]Se de algum modo os afligirdes, e eles clamarem a mim, eu lhes ouvirei o clamor; [24]a minha ira se acenderá, e vos

A viúva — o azeite multiplicado

matarei à espada; vossas mulheres ficarão viúvas, e vossos filhos, órfãos.

No Novo Testamento, o livro de Tiago 1:27, dá as instruções sobre como devemos tratar as viúvas e órfãos: *A religião que Deus, o nosso Pai, aceita como pura e imaculada é esta: cuidar dos órfãos e das viúvas em suas dificuldades e não se deixar corromper pelo mundo.*

A viúva desamparada de um profeta

Neste estudo bíblico, encontramos a história de uma mulher cujo marido havia amado ao Senhor, porém, não sustentara a sua família de maneira adequada. Após sua morte, as muitas dívidas foram deixadas para a viúva e nenhum dinheiro para que pudessem ser pagas. Sua história começa no livro de 2 Reis 4:1-4:

> ¹Certa mulher, das mulheres dos discípulos dos profetas, clamou a Eliseu, dizendo: Meu marido, teu servo, morreu; e tu sabes que ele temia ao Senhor. É chegado o credor para levar os meus dois filhos para lhe serem escravos. ²Eliseu lhe perguntou: Que te hei de fazer? Dize-me que é o que tens em casa. Ela respondeu: Tua serva não tem nada em casa, senão uma botija de azeite. ³Então, disse ele: Vai, pede emprestadas vasilhas a todos os teus vizinhos; vasilhas vazias, não poucas. ⁴Então, entra, e fecha a porta sobre ti e sobre teus filhos, e deita o teu azeite em todas aquelas vasilhas; põe à parte a que estiver cheia.

A frase *discípulos dos profetas* indica que o esposo da viúva havia sido um discípulo de Eliseu. Por esta razão, a mulher se sentiu na liberdade de pedir-lhe ajuda. Ela não só vivia os problemas com suas dívidas, mas também estava correndo o risco de perder seus dois filhos, que seriam tomados como escravos por seu credor.

Eliseu era muito conhecido por fazer milagres através do poder de Deus. Desta vez, ele simplesmente perguntou à mulher do que ela dispunha em sua casa. Então, ele a instruiu a exercitar a fé, usando o que possuía e estava disponível.

Encontramos uma história similar no Novo Testamento. No livro de João 6, lemos que Jesus perguntou aos Seus discípulos, o que havia de disponível para alimentar cinco mil homens. Os discípulos responderam que só havia o lanche de um menino. Jesus o tomou e multiplicou, satisfazendo assim, a necessidade daquela multidão.

Eliseu instruiu a viúva para pedir vasilhas emprestadas de seus vizinhos. A fé daquela mulher era extraordinária. Nada foi escrito sobre a sua hesitação. A viúva fez exatamente o que lhe fora pedido. O que teria acontecido se ela não tivesse seguido as instruções de pedir emprestado as vasilhas vazias? Talvez ela tivesse perdido o milagre.

Milagres em segredo

Eliseu disse à viúva para fechar as portas de sua casa enquanto enchia as vasilhas. Talvez uma das razões, seria para evitar o distúrbio que isso poderia causar nas pessoas que estivessem passando ao ver o azeite sendo multiplicado. Se ela enchesse as vasilhas à vista de todos, tornaria-se exibição pública. Então, ao invés do povo reconhecer a Deus, as pessoas poderiam considerar a mulher como uma milagreira.

Da mesma maneira, durante o ministério terreno de Jesus, muitas vezes, quando alguém lhe pedia ajuda, Ele ordenava aos Seus discípulos que fechassem as portas, deixando a multidão fora. Em seguida, na privacidade da família necessitada, Ele operava o milagre.

Em minha vida, algumas das maiores respostas de orações, são aquelas que Deus atendeu uma necessidade secreta. Ninguém, além de Deus, conhecia minha necessidade, e se ninguém mais tem conhecimento, não poderá receber o crédito. Portanto, a pessoa que recebe a resposta da oração deve dar a Deus toda glória e reconhecimento!

O livro de Mateus 6:6 parece ensinar esse mesmo princípio: *Tu, porém, quando orares, entra no teu quarto e, fechada a porta, orarás a teu Pai, que está em secreto; e teu Pai, que vê em secreto, te recompensará.*

Deus providenciou mais que o necessário

Lemos o final da história da viúva no livro de 2 Reis 4:5-7:

> ⁵Partiu, pois, dele e fechou a porta sobre si e sobre seus filhos; estes lhe chegavam as vasilhas, e ela as enchia. ⁶Cheias as vasilhas, disse ela a um dos filhos: Chega-me, aqui, mais uma vasilha. Mas ele respondeu: Não há mais vasilha nenhuma. E o azeite parou.
> ⁷Então, foi ela e fez saber ao homem de Deus; ele disse: Vai, vende o azeite e paga a tua dívida; e, tu e teus filhos, vivei do resto.

Além da sua grande fé, encontramos outra lição nesta história. Mesmo depois que todas as vasilhas estavam cheias, ela não considerou que o azeite fosse para ela. A mulher não se adiantou em tomar suas próprias decisões com relação ao que Deus queria que ela fizesse. Ao invés disso, ela foi falar com Eliseu e esperou por suas instruções. Seguindo suas orientações, ela levou o azeite e vendeu-o, pagando assim suas dívidas para que seus filhos pudessem permanecer livres. E ainda, sobrou dinheiro para seu sustento.

Você consegue imaginar a alegria dessa viúva ao compartilhar com as pessoas como Deus havia atendido às suas necessidades? A viúva não tinha qualquer dúvida que Deus fora o seu provedor.

Deus não somente proveu o suficiente para satisfazer suas necessidades imediatas, mas também para o seu futuro. Ele deu-lhe mais do que ela havia pedido. Esta história é bem similar a de quando Jesus alimentou a multidão com o almoço de um menino. Nesse relato, sobraram doze cestas cheias de comida.

Pensamentos finais

O apóstolo Paulo expressou o que esta viúva deve ter sentido ao ver a ação de Deus, pois escreveu no livro de Efésios 3:20: *Ora, àquele que é poderoso para fazer infinitamente mais do que tudo quanto pedimos ou pensamos, conforme o seu poder que opera em nós.*

Na próxima vez que você estiver numa situação de necessidade — independente do tipo de necessidade que se trate — esta história irá lembrá-la sobre a fiel provisão de Deus para você. Pense sobre estes versículos:

A viúva — o azeite multiplicado

E o meu Deus, segundo a sua riqueza em glória, há de suprir, em Cristo Jesus, cada uma de vossas necessidades (Filipenses 4:19).

Deus pode fazer-vos abundar em toda graça, a fim de que, tendo sempre, em tudo, ampla suficiência, superabundeis em toda boa obra (2 Coríntios 9:8).

Se, porém, algum de vós necessita de sabedoria, peça-a a Deus, que a todos dá liberalmente e nada lhes impropera; e ser-lhe-á concedida (Tiago 1:5).

Ainda hoje Deus realiza milagres atendendo as necessidades de Seu povo ao redor do mundo. Assim como Deus fez nesta história, Ele usa Seus servos como instrumentos para satisfazer as nossas necessidades. É maravilhoso saber que Deus ouve nossas orações — e como é Onisciente e Todo-Poderoso é capaz de responder nossas orações como Ele promete no livro de Mateus 7:7-8:

> [7]Pedi, e dar-se-vos-á; buscai e achareis; batei, e abrir-se-vos-á. [8]Pois todo o que pede recebe; o que busca encontra; e, a quem bate, abrir-se-lhe-á.

Tópicos para discussão

1. Em que situação se encontrava esta mulher?
2. De que maneira ela demonstrou sua absoluta obediência a Eliseu?
3. Como Deus atendeu suas necessidades?
4. Quem recebeu a glória por este milagre?
5. Deus continua satisfazendo as necessidades de Seu povo? Como? Relate uma experiência em que Deus satisfez suas necessidades.

Capítulo 28

A mulher sunamita
Anfitriã generosa

Anfitriã generosa

Encontramos outra mulher não identificada por seu nome neste estudo. Por ser da vila de Suném, ela era conhecida como a sunamita.

A Bíblia descreve-a como uma grande e importante mulher. Provavelmente, isso significa que ela era rica e influente em sua comunidade. Mas, neste estudo, vamos olhar para sua vida espiritual, sua generosidade, sua estabilidade durante crises e sua obediência.

A história da sunamita

Encontramos a história da mulher sunaminta no livro de 2 Reis 4:8. Lemos sobre sua hospitalidade em 2 Reis 4:8-11, narrando como abriu as portas de sua casa para o profeta de Deus, Eliseu:

> ⁸Certo dia, passou Eliseu por Suném, onde se achava uma mulher rica, a qual o constrangeu a comer pão. Daí, todas as vezes que passava por lá, entrava para comer. ⁹Ela disse a seu marido: Vejo que este que passa sempre por nós é santo homem de Deus. ¹⁰Façamos-lhe, pois, em cima, um pequeno quarto, obra de pedreiro, e ponhamos-lhe nele uma cama, uma mesa, uma cadeira e um candeeiro; quando ele vier à nossa casa, retirar-se-á para ali. ¹¹Um dia, vindo ele para ali, retirou-se para o quarto e se deitou.

Seu discernimento espiritual

Não está relatado se esta mulher sabia quem era Eliseu na primeira vez que o convidou para comer em sua casa. Mas nos é dito, depois de várias visitas, que ela disse a seu esposo que sabia que Eliseu era um homem de Deus.

Sua generosidade

A mulher percebeu que Eliseu precisava de um lugar para descansar. Era perspicaz ao reconhecer a importância de prover as necessidades físicas e espirituais dos outros. Ela também foi criativa na maneira de preparar um lugar para Eliseu. Tenho certeza que a sua generosidade foi de muito valor para Eliseu cada vez que descansava em seu quarto no andar superior.

Ao continuarmos a história em 2 Reis 4:12-13, vemos que Eliseu tratou de modo recíproco a mulher sunamita por sua generosidade:

> ¹²Então, disse ao seu moço Geazi: Chama esta sunamita. Chamando-a ele, ela se pôs diante do profeta. ¹³Este dissera ao seu moço: Dize-lhe: Eis que tu nos tens tratado com muita abnegação; que se há de fazer por ti? Haverá alguma coisa de que se fale a teu favor ao rei ou ao comandante do exército? Ela respondeu: Habito no meio do meu povo.

Com estes versículos se torna evidente que a sunamita compartilhou seu lar por sincera generosidade e preocupação, nada esperando em troca. Estava contente sem nenhuma exaltação ou reconhecimento oficial.

Esta não é a maneira que geralmente, nós mulheres, pensamos. Com frequência, tentamos impressionar as pessoas. Queremos ter certeza que os demais vejam o bem que fazemos. Às vezes, fazemos boas coisas por motivos errados. Precisamos nos lembrar do que a Palavra de Deus diz no livro de 1 Samuel 16:7: *Porém o Senhor disse a Samuel: Não atentes para a sua aparência, nem para a sua altura, porque o rejeitei; porque o Senhor não vê como vê o homem. O homem vê o exterior, porém o Senhor, o coração.*

De qualquer modo, havia um elemento que estava faltando no lar da mulher sunamita. Eles não tinham filhos, e seu marido era idoso (2 Reis 4:14). Mesmo assim, ela não pediu por filhos quando teve a oportunidade. Todavia, Eliseu profetizou que ela teria um filho, e a Bíblia nos conta, que a profecia se cumpriu, ela concebeu e deu à luz a um filho.

Sua estabilidade durante crises

Em seguida, temos o relato de uma enorme crise ocorrida quando tudo estava bem e a família feliz. Não é assim que as coisas geralmente acontecem? Continuando a história, o livro de 2 Reis 4:18-21 narra o seguinte:

> [18]Tendo crescido o menino, saiu, certo dia, a ter com seu pai, que estava com os segadores. [19]Disse a seu pai: Ai! A minha cabeça! Então, o pai disse ao seu moço: Leva-o a sua mãe. [20]Ele o tomou e o levou a sua mãe, sobre cujos joelhos ficou sentado até ao meio-dia, e morreu. [21]Subiu ela e o deitou sobre a cama do homem de Deus; fechou a porta e saiu.

O que é destacável nesta história é o silêncio da sunamita perante a morte de seu único filho. Não houve queixas nem amargura, nem altos choros. Ela simplesmente partiu com a decisão fixa em seu coração de encontrar o profeta Eliseu. O relato continua em 2 Reis 4:22-23:

> [22]Chamou a seu marido e lhe disse: Manda-me um dos moços e uma das jumentas, para que eu corra ao homem de Deus e volte. [23]Perguntou ele: Por que vais a ele hoje? Não é dia de Festa da Lua Nova nem sábado. Ela disse: Não faz mal.

À medida que esta narração continua, a mulher sunamita viajou com o intenso propósito de encontrar o homem de Deus. Antes de ela chegar, Eliseu a viu e reconheceu-a de longe. Ele instruiu seu servo: *Corre ao seu encontro e dize-lhe: Vai tudo bem contigo, com teu marido, com o menino?* A mulher respondeu: *Tudo bem* (2 Reis 4:26). Ela sabia que seu filho estava morto, esta simples palavra dizendo que tudo estava bem, era uma prova de sua maravilhosa fé em acreditar na capacidade de Deus em ajudá-la.

Quando a mulher encontrou Eliseu e contou-lhe o que havia acontecido, ele enviou seu servo à frente com as instruções para colocar seu cajado no rosto do menino. Mais tarde, quando Eliseu chegou com a mulher, seu servo o informou que o menino não havia voltado a si. O livro de 2 Reis 4:32-35 descreve o que aconteceu quando Eliseu chegou ao seu aposento onde o menino estava deitado:

> [32]Tendo o profeta chegado à casa, eis que o menino estava morto sobre a cama. [33]Então, entrou, fechou a porta sobre eles ambos e orou ao Senhor. [34]Subiu à cama, deitou-se sobre o menino e, pondo a sua boca sobre a boca dele, os seus olhos sobre os olhos dele e as suas mãos sobre as mãos dele, se estendeu sobre ele; e a carne do menino aqueceu. [35]Então, se levantou, e andou no quarto uma vez de lá para cá, e tornou a subir, e se estendeu sobre o menino; este espirrou sete vezes e abriu os olhos.

Não sabemos quanto tempo o menino viveu, mas supomos que ele viveu tempo suficiente para trazer muitos anos de felicidade ao lar de sua mãe.

Sua obediência

Há ainda o relato de outro encontro entre Eliseu e esta mulher. Eliseu disse-lhe que durante sete anos haveria uma grande escassez de alimentos em sua terra. Ele a instruiu para partir com seu filho até que a escassez de alimentos terminasse. Ela obedeceu de imediato ao profeta de Deus, sem sequer ter tempo para pensar sobre os bens e riqueza que estava deixando para trás.

Ao final dos sete anos, quando o período de escassez se findou, ela retornou à sua terra para descobrir que outros tinham tomado posse de seus bens. Preocupada com a herança de seu filho, ela fez um apelo ao rei para readquirir sua casa e propriedade. O servo de Eliseu estava contando ao rei a história de como Eliseu havia ressuscitado o menino, quando a sunamita chegou. Devido ao seu próprio testemunho e ao de Geazi, o rei ordenou que lhe fosse devolvido tudo o que lhe pertencia (2 Reis 8:6).

Desde o princípio, até o fim da história desta mulher, observamos sua fé, sinceridade, estabilidade durante as crises, e sua perseverança em meio às ansiedades. Ela é um exemplo de profunda fé. Mesmo em circunstâncias temíveis, ela não duvidou do poder e bondade de Deus.

Pensamentos finais

Esta mulher recebeu grandes recompensas. Primeiro, teve um filho, depois ele ressuscitou após sua morte; em seguida todos seus bens e propriedades lhe foram devolvidos. O mais importante: ela conheceu melhor a Deus, tornando-se amiga do profeta Eliseu.

Como uma mulher de fé em Deus, se vivemos para Ele, assim como a mulher sunamita, também poderemos esperar bênçãos de Deus em nossas vidas. Talvez não iremos receber o mesmo tipo de bênção, mas podemos ter certeza que Deus olha com bondade aos que obedecem à Sua Palavra e também provê para Seus servos. A generosidade de Deus deveria nos atrair mais e mais perto dele diariamente.

Tópicos para discussão

1. Mencione três características desta mulher sunamita.
2. Quando Eliseu pediu à mulher sunamita para deixar seu lar, por que ela obedeceu?
3. Descreva duas ocasiões em que esta mulher demonstrou profunda fé.
4. Como Deus recompensou sua fé?
5. De que maneira você pode demonstrar generosidade aos servos de Deus?

Capítulo 29

Escrava de Naamã
Pronta para reagir

Deus sabe como é difícil esquecer o que aconteceu no passado. Em Sua Palavra, Deus nos dá diversos exemplos de mulheres com histórias difíceis, mas mesmo assim, Ele usou cada uma delas de um modo muito especial. Somente um relacionamento pessoal e verdadeiro com Jesus Cristo pode nos ajudar a enfrentar o passado. Ele remove a culpa, alivia a dor, e nos santifica.

Sem liberdade
Apesar de esta história ser curta, é um exemplo claro de como Deus pode nos ajudar a superar nosso passado. As experiências dessa jovem menina e Naamã, o comandante do exército da Síria, estão relatadas no livro de 2 Reis 5:1-19.

Mais uma vez, o nome da menina não é mencionado. Uma escrava não seria o suficientemente importante para ter o seu nome registrado. Para Deus, não importa o lugar que ocupamos na sociedade, pois Ele vê nossos corações e conhece nossa fé. Há pouca informação sobre esta jovem que servia a esposa de Naamã, mas encontramos a seguinte narração no livro de 2 Reis 5:2-3:

> ²Saíram tropas da Síria, e da terra de Israel levaram cativa uma menina, que ficou ao serviço da mulher de Naamã. ³Disse ela à sua senhora: Tomara o meu senhor estivesse diante do profeta que está em Samaria; ele o restauraria da sua lepra.

Uma estrangeira

Durante um ataque de soldados inimigos, esta menina havia sido capturada e separada de sua pátria. A Bíblia não nos dá nenhum indício para onde foi sua família depois do ataque inimigo. Ela foi tirada de tudo o que lhe era familiar e teve que aprender a viver um novo modo de vida. Certamente, foi difícil para ela, só podemos imaginar o quanto deve ter sentido falta de seu lar.

Coloquemo-nos no lugar dela e pensemos sobre tudo quanto ela teve que passar. Como teríamos reagido frente à enfermidade de nosso patrão? Tentaríamos ajudá-lo? Ela demonstrou um interesse tão genuíno, que somente uma vida completamente dependente de Deus poderia demonstrar. Foi preciso ter confiança total em Deus para ter a coragem de informar à sua senhora sobre o profeta que poderia ajudar Naamã com sua lepra. O que será que esta menina viu ou ouviu que lhe trouxe tamanha confiança em Deus e Seu profeta?

Uma pessoa respeitada

Quanto respeito essa menina escrava adquiriu no lar de Naamã para ele dispor-se a ouvi-la? Por que ela tinha tanta certeza de que Naamã poderia ser curado? Onde ela alcançou tanto discernimento espiritual em tão tenra idade?

Talvez as mais importantes perguntas fossem estas: Como reagiriam os filhos de famílias cristãs, atualmente, se precisassem enfrentar situações tão hostis? Ensinamos nossos filhos como Deus nos ordena? Como família, quanto tempo dedicamos para recordar o que Deus tem feito por nós? Se nossos filhos fossem submetidos às situações difíceis, tal como esta jovem, eles poderiam oferecer exemplos do poder de Deus?

A Bíblia não fornece detalhes sobre o que esta jovem escrava disse, nem sobre as perguntas de Naamã. Somente nos diz que Naamã ouviu suas palavras. Lemos sobre a cura da lepra de Naamã em 2 Reis 5. Ele foi ao encontro do profeta Eliseu, que o instruiu o que deveria fazer, e foi completamente curado.

Para confirmar que tudo isso realmente aconteceu, Jesus se referiu a esta história no livro de Lucas 4:27: *Havia também muitos leprosos em Israel nos dias do profeta Eliseu, e nenhum deles foi purificado, senão Naamã, o siro.*

Pensamentos finais

Se esta jovem escrava tivesse escolhido se irar e guardar ressentimento e amargura contra seus captores, esta história nunca teria acontecido. Você se sente ressentida por alguma má experiência durante sua infância, adolescência ou vida adulta? Se alguém tivesse o direito de culpar a Deus pelo que lhe acontecera, essa jovem o teria, mas não o fez.

Nós também precisamos pedir a Deus que nos ajude a esquecer as coisas do nosso passado que hoje nos afetam. Precisamos aceitar a ajuda que hoje Deus nos oferece. Desse modo, poderemos ser mulheres através das quais Deus poderá trabalhar e mostrar ao mundo o Seu amor, poder e graça.

Devemos aceitar a vontade de Deus e a maneira que Ele age em nossas vidas. O apóstolo Paulo escreveu no livro de Filipenses 3:13-14:

> [13]...esquecendo-me das coisas que para trás ficam e avançando para as que diante de mim estão, [14]prossigo para o alvo, para o prêmio da soberana vocação de Deus em Cristo Jesus.

Algumas vezes, podemos nos sentir aliviadas se escrevermos as dores, desilusões e amarguras de nossa vida. Leia as suas anotações para o Pai Celestial. Peça-lhe que limpe da sua memória as coisas negativas e que lhe ajude a seguir adiante. O livro de 2 Coríntios 5:17 nos diz: *E, assim, se alguém está em Cristo, é nova criatura; as coisas antigas já passaram; eis que se fizeram novas.*

Tópicos para discussão

1. De que maneira a jovem escrava viveu sua fé?
2. Mencione dois fatos que poderiam tê-la amargurado.
3. Como ela influenciou a vida de quem a capturou?
4. Como mulheres cristãs, qual deve ser a nossa reação quando outros nos ferem?
5. Cite duas qualidades da menina escrava, que você desejaria ter em sua vida.

Capítulo 30

Jeoseba
Mulher corajosa

Todas nós, um momento ou outro, enfrentamos pressões em nossas vidas. Neste estudo, conheceremos a pressão à qual Jeoseba foi submetida para salvar seu sobrinho de um assassinato.

Antecedentes de Jeoseba

O cenário para este acontecimento tão corajoso aconteceu na região de Judá. Esta história é sobre a família do rei Jorão; sua esposa Atalia e seus filhos; Acazias e sua irmã Jeoseba.

    O rei Jorão tinha 32 anos quando iniciou seu reinado. Sua esposa, Atalia, era filha do maldoso rei Acabe. Assim, não é surpreendente que a Bíblia registre que *Jorão fez o que era mau perante o* Senhor. Jorão morreu em grandes dores de uma enfermidade incurável. O povo constituiu o filho mais novo de Jorão, Acazias, seu rei. Lemos estas palavras sobre Acazias: *...andou no caminho da casa de Acabe e fez o que era mau perante o S*ENHOR (2 Reis 8:27). Sua mãe era má e, provavelmente, o encorajou a sê-lo também. Que palavras terríveis ditas sobre qualquer mulher! Acazias foi assassinado depois de ter reinado somente por um ano. Quando a rainha mãe, Atalia, soube da morte de Acazias, viu que esta era a oportunidade para tomar o controle do reino. Tomou o trono e assassinou todos os herdeiros reais — era o que pensava — para ter certeza de que ela seria a governante.

A coragem de Jeoseba

A história começa no livro de 2 Reis 11:1-3:

> ¹Vendo Atalia, mãe de Acazias, que seu filho era morto, levantou-se e destruiu toda a descendência real. ²Mas Jeoseba, filha do rei Jorão e irmã de Acazias, tomou a Joás, filho de Acazias, e o furtou dentre os filhos do rei, aos quais matavam, e pôs a ele e a sua ama numa câmara interior; e, assim, o esconderam de Atalia, e não foi morto. ³Jeoseba o teve escondido na Casa do Senhor seis anos; neste tempo, Atalia reinava sobre a terra.

Jeoseba usou um quarto na casa do Senhor para esconder o bebê Joás. Como seu marido, Joiada, era sumo sacerdote, Joás estava seguro no templo. Além disso, Atalia adorava ao deus Baal, e provavelmente nunca entrara no templo do Senhor. Durante seis anos, Jeoseba e seu marido cuidaram de Joás e ensinaram-lhe sobre o Senhor.

Não somente foi necessário coragem para salvar o bebê; mas também para ensinar Joás secretamente durante o reinado de Atalia. A primeira lição que aprendemos de Jeoseba é ser corajosa e persistente em praticar o que é correto. É fácil demonstrar coragem por um curto tempo, especialmente durante uma crise, do que continuar demonstrando-a dia após dia. Para sermos constantemente corajosas, precisamos da graça de Deus em nossas vidas, especialmente se estamos colocando em risco as vidas de nossos entes queridos. A Bíblia afirma que o Senhor recompensará aqueles que persistem diante das dificuldades. Gálatas 6:9-10 diz:

> ⁹E não nos cansemos de fazer o bem, porque a seu tempo ceifaremos, se não desfalecermos. ¹⁰Por isso, enquanto tivermos oportunidade, façamos o bem a todos, mas principalmente aos da família da fé.

A humildade de Jeoseba

A segunda lição que aprendemos com Jeoseba é sua constante humildade. Seu pai havia sido o rei. Ela tinha tanto direito ao trono como Atalia, segunda esposa do rei. Jeoseba poderia ter sentido ciúmes. Ela poderia ter feito a vida de sua madrasta miserável. Porém, ao invés disso, ela cumpriu fielmente seu dever de ensinar seu sobrinho sobre o Senhor, para prepará-lo, assim, para ser rei.

A apresentação de Joás como o legítimo rei

Quando o menino Joás completou sete anos de vida, seu tio, o sumo sacerdote, reuniu-se com centenas de homens poderosos, e lhes deu instruções específicas de como teriam que proteger o templo. Quando tudo estava em ordem, o sacerdote trouxe Joás e apresentou-o como o filho do rei e declarou-o como o novo rei. Aconteceu assim, conforme lemos no livro de 2 Reis 11:12-16:

> [12]Então, Joiada fez sair o filho do rei, pôs-lhe a coroa e lhe deu o Livro do Testemunho; eles o constituíram rei, e o ungiram, e bateram palmas, e gritaram: Viva o rei! [13]Ouvindo Atalia o clamor dos da guarda e do povo, veio para onde este se achava na Casa do SENHOR. [14]Olhou, e eis que o rei estava junto à coluna, segundo o costume, e os capitães e os tocadores de trombetas, junto ao rei, e todo o povo da terra se alegrava, e se tocavam trombetas. Então, Atalia rasgou os seus vestidos e clamou: Traição! Traição! [15]Porém o sacerdote Joiada deu ordem aos capitães que comandavam as tropas e disse-lhes: Fazei-a sair por entre as fileiras; se alguém a seguir, matai-o à espada. Porque o sacerdote tinha dito: Não a matem na Casa do SENHOR. [16]Lançaram mão dela; e ela, pelo caminho da entrada dos cavalos, foi à casa do rei, onde a mataram.

Nesta mesma passagem, lemos que logo que Joás tornou-se rei, ele destruiu os altares dedicados a falsos deuses, e as pessoas passaram a servir ao verdadeiro Deus novamente. O Senhor não se esqueceu de Seu povo. Ele usou a valentia de uma mulher para o cumprimento de Seu plano.

O marido de Jeoseba educou Joás cuidadosamente quando era um menino, mas, todo o ensinamento não terminou ali. O sumo sacerdote continuou ensinando o menino depois que ele se tornou um rei. O livro de 2 Reis 12:2 diz: *Fez Joás o que era reto perante o* Senhor, *todos os dias em que o sacerdote Joiada o dirigia.*

Pensamentos finais

Os diamantes são formados quando o carbono da terra é exposto a altas temperaturas e alta pressão durante muitos anos. Deus usa esse tipo de pressão para criar diamantes humanos para que a beleza dele seja refletida em suas vidas.

Nunca é fácil enfrentar pressões. Devemos pedir a Deus que nos ajude a reagir com coragem e ousadia, do mesmo modo de Jeoseba o fez. Ela não estava faminta nem era indiferente ao poder; pelo contrário, era responsável e cuidadosa. Podemos realizar grandes coisas para Deus apesar das pressões, e assim fazendo, nos tornamos uma dessas joias preciosas ao Senhor.

Se você sente que está sendo submetida a grandes pressões em sua vida e está lhe faltando coragem, talvez, estas palavras de Davi, no Salmo 27:1,3,5 lhe darão a força que você precisa para continuar fazendo o que é correto:

> ¹O Senhor é a minha luz e a minha salvação; de quem terei medo? O Senhor é a fortaleza da minha vida; a quem temerei? [...] ³Ainda que um exército se acampe contra mim, não se atemorizará o meu coração; e, se estourar contra mim a guerra, ainda assim terei confiança. [...] ⁵Pois, no dia da adversidade,

ele me ocultará no seu pavilhão; no recôndito do seu tabernáculo, me acolherá; elevar-me-á sobre uma rocha.

Tópicos para discussão
1. Quais são duas grandes características que Jeoseba demonstrou em sua vida?
2. Por quanto tempo ela demonstrou essas características?
3. Nesta história, como podemos perceber a justiça de Deus?
4. Qual foi o princípio espiritual experimentado por Jeoseba e que se encontra em Gálatas 6:9?
5. Descreva um momento em sua vida quando o bom surgiu de algo que parecia ser uma situação difícil.

Capítulo 31

Hulda
Mulher honesta

Nós MULHERES, NOS expressamos de várias maneiras. Por meio do nosso estilo de vida, nossas roupas e nossas ações, dizemos aos que nos rodeiam algo sobre o que somos. Expressamo-nos, geralmente, com palavras, mas, o silêncio também pode ser uma maneira de permitir que outros conheçam nossos sentimentos.

As mulheres na Bíblia que tiveram grande influência sobre aqueles que estavam ao seu redor, eram mulheres que viviam perto de Deus, respeitavam Sua Palavra e falavam sob Sua autoridade. Elas ganharam o direito de serem ouvidas devido ao seu caráter espiritual.

Os antecedentes de Hulda

Hulda era este tipo de mulher. Junto a Débora e Miriã, foi uma das poucas mulheres do Antigo Testamento que ocuparam cargos de autoridade. Ela foi esposa de Salum, responsável pelo guarda-roupa do templo, e viveu em Jerusalém durante o reinado do rei Josias.

Este rei iniciou o seu reinado sobre Judá quando tinha apenas oito anos de idade. Seu avô e seu pai haviam sido reis perversos. Mas, desde o princípio do reinado, Josias foi um rei diferente. Nosso estudo sobre Hulda começa no livro de 2 Reis 22:1-2:

> ¹Tinha Josias oito anos de idade quando começou a reinar e reinou trinta e um anos em Jerusalém. Sua mãe se chamava Jedida e era filha de Adaías, de Bozcate. ²Fez ele o que era reto perante o SENHOR, andou em todo o caminho de Davi, seu pai, e não se desviou nem para a direita nem para a esquerda.

Observe que Davi é chamado de "o pai de Josias". Essa é a forma que os hebreus estabeleciam a relação entre pai e filho. Poderiam se passar centenas de anos e várias gerações entre dois homens que pertenciam à mesma linha de parentesco, que o antepassado ainda seria chamado de pai pelo descendente. Por exemplo, no livro de Mateus 1:1 está escrito que Jesus Cristo *é filho de Davi e filho de Abraão*. Como sabemos, Davi viveu mil anos antes que Jesus e Abraão, dois mil. Do mesmo modo, Josias era filho de Davi porque fazia parte da linhagem real.

O reinado de Josias

Quando completou 18 anos de reinado, o rei Josias instruiu um escriba e outros homens para que fossem ao templo, à casa do Senhor. Os homens deveriam perguntar ao sumo sacerdote Hilquias quanto dinheiro havia disponível, para que pudesse entregá-lo a carpinteiros, construtores e pedreiros para comprar materiais e reformar o templo. Durante o processo de reforma, Hilquias se dirigiu ao secretário Safã, e disse: *Achei o Livro da Lei na Casa do* SENHOR. Ele estava se referindo ao Livro da Lei que havia sido dado a Moisés há muitos anos. Primeiro Safã leu o livro, em seguida levou-o ao rei e o leu para ele. Encontramos a reação do rei Josias em 2 Reis 22:11-13:

> [11]Tendo o rei ouvido as palavras do Livro da Lei, rasgou as suas vestes. [12]Ordenou o rei a Hilquias, o sacerdote, a Aicão, filho de Safã, a Acbor, filho de Micaías, a Safã, o escrivão, e a Asaías, servo do rei, dizendo: [13]Ide e consultai o SENHOR por mim, pelo povo e por todo o Judá, acerca das palavras deste livro que se achou; porque grande é o furor do SENHOR que se acendeu contra nós, porquanto nossos pais não deram ouvidos às palavras deste livro, para fazerem segundo tudo quanto de nós está escrito.

O rei Josias reconheceu de imediato a gravidade da condição pecaminosa do povo da nação. Era muito jovem ainda, tinha somente 26 anos, mas era um governante sábio.

O rei recebe conselho divino

O rei sabia que não tinha todas as respostas, e por isso, foi pedir conselho. Durante aquele tempo, viviam dois conhecidos profetas de Deus, Jeremias e Sofonias. Mas, o sumo sacerdote e os outros homens não foram até esses profetas para pedir conselho. Ao invés disso, eles foram à profetisa Hulda. Retomamos a história no livro de 2 Reis 22:14-17:

> ¹⁴Então, o sacerdote Hilquias, Aicão, Acbor, Safã e Asaías foram ter com a profetisa Hulda, mulher de Salum, o guarda-roupa, filho de Ticva, filho de Harás, e lhe falaram. Ela habitava na cidade baixa de Jerusalém. ¹⁵Ela lhes disse: Assim diz o Senhor, o Deus de Israel: Dizei ao homem que vos enviou a mim: ¹⁶Assim diz o Senhor: Eis que trarei males sobre este lugar e sobre os seus moradores, a saber, todas as palavras do livro que leu o rei de Judá. ¹⁷Visto que me deixaram e queimaram incenso a outros deuses, para me provocarem à ira com todas as obras das suas mãos, o meu furor se acendeu contra este lugar e não se apagará.

Quando o rei Josias assumiu o poder e tornou-se rei, toda a nação de Israel vivia de maneira pecaminosa, então, Hulda agiu corajosamente para fazer essa dura advertência. Quando lemos outros versículos da Palavra de Deus, encontramos muitos profetas e outros homens que falavam em nome dele, e dessa maneira foram odiados e alguns, mortos. Exemplo disso foi quando Elias predisse uma grande seca, e o rei Acabe ficou tão irado que fez o profeta esconder-se para salvar a própria vida. Neste contexto, encontramos Hulda, que por seu amor e devoção ao Senhor expressou a verdade sem temor. Ela disse aos homens para falar ao rei o que o Senhor disse. Ela falou enfaticamente: *Assim diz o Senhor.*

Ao lermos 2 Reis 22:18-20, vemos que o rei Josias reconheceu a necessidade de corrigir a vida pecaminosa de sua nação. Devido à reação deste rei, Hulda falou-lhe sobre a compaixão e perdão do Senhor:

> [18]Porém ao rei de Judá, que vos enviou a consultar o SENHOR, assim lhe direis: Assim diz o SENHOR, o Deus de Israel, acerca das palavras que ouviste: [19]Porquanto o teu coração se enterneceu, e te humilhaste perante o SENHOR, quando ouviste o que falei contra este lugar e contra os seus moradores, que seriam para assolação e para maldição, e rasgaste as tuas vestes, e choraste perante mim, também eu te ouvi, diz o SENHOR. [20]Pelo que, eis que eu te reunirei a teus pais, e tu serás recolhido em paz à tua sepultura, e os teus olhos não verão todo o mal que hei de trazer sobre este lugar. Então, levaram eles ao rei esta resposta.

O sumo sacerdote e os outros homens levaram ao rei a mensagem de Hulda. Isto demonstra o respeito que lhe dispensavam. Talvez tenham dito: "Talvez o rei não goste das coisas que ela disse que acontecerão; vamos encontrar outra pessoa para que dê as más notícias." Ou, eles poderiam ter tentado encontrar uma profecia mais favorável de alguma outra fonte.

A reação de Josias
Quando o rei ouviu a mensagem que Deus falou através de Hulda, convocou todo o povo — desde o mais insignificante até o mais importante — na casa do Senhor. Ele leu todas as

palavras do Livro da Lei para a congregação. E para dar um exemplo, Josias fez uma promessa pública de obedecer a Deus. As pessoas uniram-se a ele em um solene pacto perante Deus, de seguir ao Senhor e guardar Seus mandamentos e decretos com todo coração e alma.

Em um período de crises no reino de Judá, Hulda foi uma mulher que vivia uma comunhão estreita com Deus e estava em condições de falar em nome dele. Ela teve coragem de fazê-lo com honestidade. Por meio de Hulda, o rei aprendeu o que ele e sua nação deveriam fazer para evitarem o julgamento e a punição que mereciam.

Pensamentos finais

A confiança de Hulda estava no Senhor Deus. Ainda hoje, Deus continua usando mulheres para expressar a verdade sem temor e com confiança nele. Davi, ancestral do rei Josias, conhecia a coragem que recebera por confiar no Senhor. Davi escreveu estes versículos no Salmo 27:1;14:

> ¹O Senhor é a minha luz e a minha salvação; de quem terei medo? O Senhor é a fortaleza da minha vida; a quem temerei? Espere no Senhor. Seja forte! Coragem! Espere no Senhor. [...] ¹⁴Espera pelo Senhor, tem bom ânimo, e fortifique-se o teu coração; espera, pois, pelo Senhor.

Peça a Deus para ajudá-la a viver confiando nele e a defender a Sua verdade e justiça.

Tópicos para discussão

1. Descreva os antecedentes de Hulda e a época em que ela viveu.
2. Que tipo de rei foi Josias?
3. Por que ele respeitou o conselho de Hulda?
4. De que maneira Hulda demonstrou coragem?
5. De que maneira Hulda foi exemplo de boa liderança?

Capítulo 32

Ester
Bela e corajosa rainha
Parte 1

DEUS INCLUIU EM SUA Palavra as vidas de diversas mulheres para que possamos aprender com elas. Nós mulheres, jamais devemos pensar que não somos importantes ou que Deus trabalha só por meio de homens. A mulher que estudaremos nas duas partes desta lição é um bom exemplo. Estudaremos a vida da rainha Ester. Há um livro no Antigo Testamento que leva seu nome. Somente outro livro, o de Rute, tem o nome de uma mulher como o centro da narrativa.

Antecedentes de Ester

O nome Ester significa estrela. Essa é uma boa descrição de sua vida porque ela foi uma luz que brilhou no meio de seu povo. Ester pertencia ao povo hebreu, que junto com sua família, foi levado cativo aproximadamente 600 anos antes do nascimento de Cristo.

Seu pai chamava-se Abiail, e vivia em Susã, a capital real da Pérsia. Depois da morte de seus pais, ela foi adotada por seu primo Mordecai, um oficial do palácio, que se tornou seu tutor. Ester obedecia-lhe, mesmo após tornar-se rainha; ela seguia os conselhos de Mordecai.

O livro de Ester

O livro de Ester tem uma característica que se destaca entre os livros da Bíblia. Este livro e o Cântico dos Cânticos de Salomão compartilham o fato de não mencionarem uma única vez a palavra "Deus". Sem dúvida, à medida que você lê esta história dinâmica, é perfeitamente perceptível ver Deus controlando e cumprindo Sua vontade e propósito divino.

O nome de Ester aparece 55 vezes no livro que leva seu nome. Nenhum nome de mulher é mencionado tantas vezes na Bíblia.

O livro de Ester ainda é lido pelos judeus nas sinagogas de todo o mundo durante cada ano, em meados de março para a Festa de Purim. Neste estudo de Ester, entenderemos por que esta festa é tão importante para o povo judeu.

Ester é escolhida como rainha

Nós presumimos que Ester vivia tranquilamente com seu primo Mordecai. Durante esse tempo, Xerxes era o rei da Pérsia (seu nome em hebraico era Assuero), e reinava sobre 127 províncias, da Índia a Etiópia.

O rei Xerxes deu um grande banquete a todos os seus nobres e oficiais. Durante 180 dias ele demonstrou as riquezas de seu vasto império. Terminado esses dias, o rei ofereceu um banquete aos seus líderes militares, príncipes e nobres, o qual durou sete dias. Enquanto isso, a rainha Vasti também oferecia um banquete às mulheres da nobreza. No sétimo dia, quando o rei e os homens estavam alegres devido ao excesso de comida e vinho, o rei Xerxes ordenou que a rainha Vasti viesse à presença dos homens. Ele queria que ela usasse a coroa real e mostrasse sua beleza diante deles. Esta aparição era totalmente contra os costumes das mulheres persas. Elas geralmente eram mantidas escondidas dos olhos de homens desconhecidos.

A rainha recusou-se a aparecer diante de homens bêbados naquela festa, o que enfureceu e indignou o rei. Esta recusa motivou Xerxes a consultar especialistas em questões de direito e justiça, perguntando-lhes como deveria proceder. Eles o convenceram de que a conduta da rainha Vasti tornar-se-ia conhecida por todas as mulheres em todo o império, e todas as mulheres começariam a desobedecer seus maridos, provocando desrespeito e discórdia. Os conselheiros do rei Xerxes sugeriram que ele emitisse um decreto, dizendo que Vasti nunca mais compareceria a presença do rei, e que se iniciaria a busca por uma nova rainha. O livro de Ester 2:2-4,8-9 relata o acontecido:

> ²Então, disseram os jovens do rei, que lhe serviam: Tragam-se moças para o rei, virgens de boa aparência e formosura. ³Ponha o rei comissários em todas as províncias do seu reino, que reúnam todas as moças virgens, de boa aparência e formosura, na cidadela de Susã, na casa das mulheres, sob as vistas de Hegai, eunuco

do rei, guarda das mulheres, e deem-se-lhes os seus unguentos. ⁴A moça que cair no agrado do rei, essa reine em lugar de Vasti. Com isto concordou o rei, e assim se fez. [...] ⁸Em se divulgando, pois, o mandado do rei e a sua lei, ao serem ajuntadas muitas moças na cidadela de Susã, sob as vistas de Hegai, levaram também Ester à casa do rei, sob os cuidados de Hegai, guarda das mulheres. ⁹A moça lhe pareceu formosa e alcançou favor perante ele; pelo que se apressou em dar-lhe os unguentos e os devidos alimentos, como também sete jovens escolhidas da casa do rei; e a fez passar com as suas jovens para os melhores aposentos da casa das mulheres.

Parece que Ester encontrou favor aos olhos do representante do rei, mesmo antes de aparecer na frente do próprio rei. Ela recebeu o melhor de tudo o que havia e alojamento especial. Finalmente chegou o dia que Ester se apresentou perante o rei. A Bíblia continua o relato no livro de Ester 2:15-17:

¹⁵Ester, filha de Abiail, tio de Mordecai, que a tomara por filha, quando lhe chegou a vez de ir ao rei, nada pediu além do que disse Hegai, eunuco do rei, guarda das mulheres. E Ester alcançou favor de todos quantos a viam. ¹⁶Assim, foi levada Ester ao rei Assuero, à casa real, no décimo mês, que é o mês de tebete, no sétimo ano do seu reinado. ¹⁷O rei amou a Ester mais do que a todas as mulheres, e ela alcançou perante ele favor e benevolência mais do que todas as virgens; o rei pôs-lhe na cabeça a coroa real e a fez rainha em lugar de Vasti.

Ester deve ter sido uma jovem muito bonita. Apesar de ter sido coroada como rainha em um dos impérios mais poderosos, ela não se orgulhou. Aprendeu a usar seu poder sabiamente. A sabedoria de Ester crescia à medida que seguia os conselhos de seu primo. Lemos isto claramente no livro de Ester 2:20: *Ester havia mantido segredo sobre seu povo e sobre a origem de sua família, conforme a ordem de Mordecai, pois continuava a seguir as instruções dele, como fazia quando ainda estava sob sua tutela.*

Por que foi tão importante Ester não revelar sua verdadeira identidade? Ao escolher Ester como sua rainha, o rei Xerxes estava agindo contra a lei persa. A lei estabelecia ao rei o dever de casar-se com uma mulher que pertencesse a uma das grandes sete famílias persas, com o objetivo de preservar a linhagem real. Deus estava no controle, conduziu os acontecimentos, usou Mordecai para ajudar Ester a manter o segredo de sua identidade, até o momento que Deus considerou oportuno.

Pensamentos finais

Podemos aprender com Ester até este ponto da história. Vemos que ela foi uma mulher que obedecia a seu tutor. Nós também devemos respeitar aqueles que Deus coloca como autoridade sobre nós, como nossos pais e outras pessoas que fazem parte do nosso dia-a-dia quando somos jovens, e também àqueles a quem prometemos lealdade, como nossos maridos.

É muito importante ensinarmos nossos filhos a obedecerem às autoridades justas. Se Ester não tivesse obedecido a seus pais, seria muito difícil submeter-se à autoridade de Mordecai. Fazemos um enorme bem aos nossos filhos ensinando-lhes a importância da obediência. A Bíblia adverte em Efésios 6:1-2:

¹Filhos, obedecei a vossos pais no Senhor, pois isto é justo. ²Honra a teu pai e a tua mãe (que é o primeiro mandamento com promessa).

Tópicos para discussão
1. O que encontramos de incomum no livro de Ester?
2. Descreva os antecedentes de Ester.
3. Sob quais circunstâncias Ester tornou-se rainha?
4. Por que Ester não podia revelar sua nacionalidade?
5. Qual a importância de ensinarmos nossos filhos a obedecer às autoridades?

Capítulo 33

Ester
Bela e corajosa rainha
Parte 2

Em nossa lição anterior estudamos sobre os antecedentes de Ester e a maneira como ela foi escolhida como rainha. Também vimos sobre sua obediência a seu primo Mordecai.

Ao continuar sua história, veremos como arriscou sua vida para salvar a vida de seu povo, os judeus. Ester demonstrou sabedoria, autocontrole e a capacidade de colocar os interesses de outras pessoas na frente dos seus — lições e exemplos que devemos seguir.

Ester toma conhecmento do plano perverso de Hamã
De acordo com o capítulo 4 do livro de Ester, a rainha foi informada por suas criadas que Mordecai estava vestido de pano de saco e coberto por cinzas — sinal de pranto e amargura. Ester enviou seus criados para perguntarem a Mordecai

o que estava acontecendo de errado. Ela soube que havia um homem chamado Hamã que estava planejando a destruição de todos os judeus. O rei havia promovido Hamã e dera-lhe a posição mais elevada sobre todos os outros oficiais. Todos os oficiais do reino se curvavam e se prostravam rendendo honras a Hamã, conforme as ordens do rei, porém, Mordecai se negava. Como judeu, Mordecai acreditava que somente Deus era digno de receber honra daquele modo. Por causa disso, Hamã odiava Mordecai. Como Hamã tinha proximidade com o rei, ele o convenceu para que emitisse um decreto para exterminar os judeus. Entretanto, o rei não sabia que sua própria esposa pertencia à descendência judaica.

O conselho de Mordecai a Ester

Mordecai instruiu Ester para que ela fosse à presença do rei implorar por misericórdia e interceder em favor do seu povo. Ester disse a seu primo que ela não podia fazer isso, porque existia uma lei afirmando que qualquer homem ou mulher que se apresentasse ao rei sem ter sido convocado seria condenado à morte. Lemos a resposta de Mordecai no livro de Ester 4:13-17:

> [13]Então, lhes disse Mordecai que respondessem a Ester: Não imagines que, por estares na casa do rei, só tu escaparás entre todos os judeus. [14]Porque, se de todo te calares agora, de outra parte se levantará para os judeus socorro e livramento, mas tu e a casa de teu pai perecereis; e quem sabe se para conjuntura como esta é que foste elevada a rainha? [15]Então, disse Ester que respondessem a Mordecai: [16]Vai, ajunta a todos

os judeus que se acharem em Susã, e jejuai por mim, e não comais, nem bebais por três dias, nem de noite nem de dia; eu e as minhas servas também jejuaremos. Depois, irei ter com o rei, ainda que é contra a lei; se perecer, pereci. [17]Então, se foi Mordecai e tudo fez segundo Ester lhe havia ordenado.

Perceba o quanto Ester e Mordecai se amavam e se respeitavam. Eles trabalhavam juntos. Ester, corajosamente e sem egoísmo, concordou com o desafio que seu primo propôs. Mas, sabendo do perigo que corria, e a importância do compromisso, ela pediu que os judeus orassem e jejuassem em favor dela. Ester nos ensina três importantes lições:

- Quando nos deparamos com circunstâncias difíceis, é melhor que busquemos um conselho sábio, tal como Ester que buscou e recebeu conselhos de Mordecai.
- Ester reconheceu o valor em assegurar a cooperação mediante a oração e jejum daqueles que compartilhavam sua fé, antes de iniciar a difícil tarefa.
- Ester demonstra como devemos usar a posição em que Deus nos colocou para influenciar e ajudar o Seu povo, ao invés de tentar proteger nossos interesses egoístas.

Ester estava disposta a negar-se a si mesma em benefício do seu povo. Sua vida é um grande exemplo de como Deus pode trabalhar através das mulheres.

Ester coloca sua vida em perigo

Depois de jejuar e orar, Ester preparou-se e foi ao encontro do rei. O livro de Ester 5:2-5 descreve o que aconteceu:

²Quando o rei viu a rainha Ester parada no pátio, alcançou ela favor perante ele; estendeu o rei para Ester o cetro de ouro que tinha na mão; Ester se chegou e tocou a ponta do cetro. ³Então, lhe disse o rei: Que é o que tens, rainha Ester, ou qual é a tua petição? Até metade do reino se te dará. ⁴Respondeu Ester: Se bem te parecer, venha o rei e Hamã, hoje, ao banquete que eu preparei ao rei. ⁵Então, disse o rei: Fazei apressar a Hamã, para que atendamos ao que Ester deseja. Vindo, pois, o rei e Hamã ao banquete que Ester havia preparado.

Quando o rei e Hamã chegaram ao banquete de Ester, ela os convidou para um segundo banquete.

Certamente, o Senhor a guiou em sua hesitação. Na noite entre os dois banquetes, o rei não conseguiu dormir, e ordenou que trouxessem o livro das crônicas do seu reinado, e que o lessem para ele. Descobriu que Mordecai o salvara de um possível assassinato e que ele nunca tinha recebido qualquer honra e reconhecimento por sua lealdade.

Foi esta a razão do primeiro banquete não ter sido o momento conveniente para Ester contar ao rei sobre o plano de Hamã. A maioria das pessoas, mas, especialmente as mulheres, acham difícil esperar pelo tempo estabelecido por Deus. Queremos que tudo aconteça de imediato. Entretanto, saber esperar é importante para o nosso crescimento espiritual como cristãs. Deus é soberano e tem controle absoluto do tempo. Nós estaríamos eliminando muitos contratempos se aprendêssemos esta verdade.

Ester revela a perversidade de Hamã

Ao concluirmos esta história, lemos no livro de Ester 7:2-6,10 o que aconteceu no segundo banquete que Ester preparou para o rei e Hamã:

> ²No segundo dia, durante o banquete do vinho, disse o rei a Ester: Qual é a tua petição, rainha Ester? E se te dará. Que desejas? Cumprir-se-á ainda que seja metade do reino. ³Então, respondeu a rainha Ester e disse: Se perante ti, ó rei, achei favor, e se bem parecer ao rei, dê-se-me por minha petição a minha vida, e, pelo meu desejo, a vida do meu povo. ⁴Porque fomos vendidos, eu e o meu povo, para nos destruírem, matarem e aniquilarem de vez; se ainda como servos e como servas nos tivessem vendido, calar-me-ia, porque o inimigo não merece que eu moleste o rei. ⁵Então, falou o rei Assuero e disse à rainha Ester: Quem é esse e onde está esse cujo coração o instigou a fazer assim? ⁶Respondeu Ester: O adversário e inimigo é este mau Hamã. Então, Hamã se perturbou perante o rei e a rainha. [...] ¹⁰Enforcaram, pois, Hamã na forca que ele tinha preparado para Mordecai. Então, o furor do rei se aplacou.

Vemos como Ester salvou a vida de todos os judeus, inclusive a sua. Quando os judeus que povoavam o império souberam de como Ester havia salvado suas vidas, houve grande alegria e júbilo da parte deles. Eles ainda celebram essa libertação com um evento muito especial, chamado Festa de Purim.

Depois da morte de Hamã, a rainha Ester e Mordecai ganharam mais respeito do que antes aos olhos do rei e foram recompensados com maior autoridade. O Senhor usou o testemunho de Ester para o rei sobre o plano contra os judeus para salvá-los. No início, Ester não sabia se o rei a receberia ou não, mas foi falar com ele porque esta era a atitude correta que devia ter. É muito importante que sejamos fiéis em nosso testemunho. Não sabemos como ou quando alguém reagirá ao nosso testemunho para o Senhor.

Pensamentos finais
Ester foi autêntica perante sua família e seu povo. Na hora da crise, ela não se envergonhou de sua raça e não se esqueceu do seu povo. Algumas mulheres tentam esconder ou ocultar suas raízes, especialmente se existe algo negativo em seus antecedentes que não gostariam de compartilhar. É triste dizer, mas quando Deus abençoa algumas mulheres com riquezas e bens, elas se esquecem de suas famílias e do lugar onde cresceram. Algumas chegam ao extremo de negar seus próprios pais e se negam a lembrar de sua origem humilde.

Ester não era assim. Ela arriscou sua própria vida para salvar o povo judeu. Cada uma de nós, mulheres cristãs, devemos pensar em nossas famílias, como também em nossos irmãos e irmãs na família de Deus. Se como Ester, estivermos dispostas a permitir que Deus nos use onde Ele nos colocar, a igreja será muito mais forte e feliz.

O testemunho de Ester ao rei da Pérsia demonstrou seu amor pelo seu povo. Do mesmo modo, a forma pela qual tratamos o povo de Deus é um testemunho da nossa fé. Precisamos pedir ao Senhor que nos ajude a compreender como demonstrar o amor dele em qualquer circunstância que nos encontremos. Paulo escreveu em Gálatas 6:2: *Levai as cargas uns dos outros e, assim, cumprireis a lei de Cristo.*

Podemos resumir a vida de Ester dizendo que foi uma vida de serviço e coragem ao enfrentar o temor, de inteligência e profundo discernimento e prudência. Precisamos nos questionar se estas mesmas palavras poderiam ser ditas sobre nós.

Tópicos para discussão

1. Qual foi a reação de Ester ao perceber que sua vida estava em perigo?
2. Mencione três lições que podemos aprender com a vida de Ester.
3. Como podemos perceber as bênçãos de Deus na vida de Ester?
4. Por que é tão difícil esperar o tempo de Deus?
5. Por que os judeus continuam a celebrar a Festa de Purim?

Capítulo 34

A mulher de Jó

A mulher observadora

As provações de Jó são o tema de um dos livros mais antigos da Bíblia. Jó submeteu-se a severas provas e seu sofrimento era físico, emocional e mental. Porém, Jó jamais negou sua fé em Deus. Sua fé tem sido um grande exemplo para os cristãos em todas as partes até o tempo presente.

Antecedentes da história

No primeiro capítulo de Jó, lemos que ele era um homem rico que temia a Deus e andava retamente. Ele e sua esposa tinham sete filhos e três filhas. Jó, fielmente oferecia sacrifícios a Deus em favor de sua família. Ele dizia: *Talvez tenham pecado os meus filhos e blasfemado contra Deus em seu coração.* Do ponto de vista humano, não se podia encontrar nenhuma falha em Jó.

A mulher de Jó

Lemos no livro de Jó 1:6-12 uma conversa fascinante. Satanás disse a Deus que a única razão pela qual Jó era tão justo e fiel, era porque Deus o abençoara muito. Se todas as bênçãos lhe fossem tiradas, Jó certamente amaldiçoaria Deus — Satanás assim pensou.

Deus, em sua perfeita sabedoria e conhecimento, disse a Satanás que permitiria que ele fizesse qualquer coisa, exceto tirar a vida de Jó. Deus tinha dois propósitos ao permitir que Satanás provasse Jó:

- mostrar que Satanás estava equivocado quanto ao caráter de Jó e seus motivos para servir a Deus; e,
- usar a provação para atrair Jó mais perto dele.

Nossa história começa no livro de Jó 1:13-19,22. Lembre-se, que qualquer coisa que viesse ocorrer a Jó, impactaria toda sua família, inclusive sua esposa:

> [13]Sucedeu um dia, em que seus filhos e suas filhas comiam e bebiam vinho na casa do irmão primogênito, [14]que veio um mensageiro a Jó e lhe disse: Os bois lavravam, e as jumentas pasciam junto a eles; [15]de repente, deram sobre eles os sabeus, e os levaram, e mataram aos servos a fio de espada; só eu escapei, para trazer-te a nova. [16]Falava este ainda quando veio outro e disse: Fogo de Deus caiu do céu, e queimou as ovelhas e os servos, e os consumiu; só eu escapei, para trazer-te a nova. [17]Falava este ainda quando veio outro e disse: Dividiram-se os caldeus em três bandos, deram sobre os camelos, os levaram e mataram aos servos a fio de espada; só eu escapei, para trazer-te a nova. [18]Também

este falava ainda quando veio outro e disse: Estando teus filhos e tuas filhas comendo e bebendo vinho, em casa do irmão primogênito, [19]eis que se levantou grande vento do lado do deserto e deu nos quatro cantos da casa, a qual caiu sobre eles, e morreram; só eu escapei, para trazer-te a nova. [...] [22]Em tudo isto Jó não pecou, nem atribuiu a Deus falta alguma.

A mulher de Jó

O que aconteceu com a mulher de Jó? Como acontece frequentemente nas Escrituras, não sabemos o nome dela. As provações de Jó e sua reação diante delas, são sempre temas de discussão e pregações, mas, nós quase nunca pensamos sobre sua esposa. Sabemos que de igual modo, ela foi profundamente afetada pelo que aconteceu com seu marido. Ela também perdeu tudo. Era esposa de um homem rico. Vivia em abundância, sem necessidades. Não somente perdeu repentinamente toda sua fortuna, mas também sofreu com a morte de *todos* os seus filhos. Carregou todos os dez filhos em seu ventre e os viu crescer. Agora estavam todos mortos!

Se você conhece alguém que experimentou a morte de um filho, certamente sabe o quanto isso é difícil. Somente podemos imaginar a profunda tristeza que a mulher de Jó sentiu com a perda de *todos* os seus filhos.

Como se não fosse suficiente, Satanás continuou atormentando Jó. O próximo ataque afetou o corpo de Jó com feridas e tremendas dores. Geralmente, é mais fácil suportar nossa própria dor do que permanecer ao lado de pessoas que amamos, somente observando seu sofrimento e sem poder ajudá-las.

Neste ponto, quando ela viu o quanto Jó estava sofrendo, sua fé em Deus foi abalada. Em sua dor, ela grita ao seu marido: *Ainda conservas a tua integridade? Amaldiçoa a Deus, e morre* (Jó 2:9).

Se nós estivéssemos no lugar da esposa de Jó, creio que teríamos nos sentido exatamente como ela. Mas é claro, que sua reação não se justifica. Na verdade, ela instava seu marido para que amaldiçoasse Deus! Talvez ela tenha pensado que se Jó amaldiçoasse Deus, ele morreria de um modo fulminante e não sofreria mais.

A resposta que seu marido lhe deu está relatada no livro de Jó 2:10: *Falas como qualquer doida; "Temos recebido o bem de Deus, e não receberíamos também o mal?" Em tudo isto Jó não pecou com os seus lábios.*

A Bíblia não diz qual foi sua reação, mas a fé deste servo pode ter ajudado sua mulher em seu momento de fraqueza. Observe que, apesar de sua fé ter falhado exatamente quando seu marido mais precisava de sua ajuda, ela permaneceu ao lado dele. Ela não o deixou sofrer sozinho, nem tampouco se divorciou dele. Permaneceram casados durante esta extrema provação.

O livro de Jó 19:17 narra o lamento de Jó, pois até o seu hálito era intolerável à sua mulher. Ela deve ter se aproximado perto o suficiente para perceber os aspectos colaterais de sua provação; seu corpo enfermo tornava seu hálito horrível. Certamente, ela tentou confortar Jó e ajudá-lo com tudo que estava ao seu alcance.

As bênçãos de Deus são restauradas

A Bíblia completa a narração. Quando o período de prova de Jó chegou ao fim e Deus disse que ele havia sofrido o suficiente.

Jó manteve-se fiel a Deus, provando, vitoriosamente a Satanás que suas acusações eram erradas.

Deus, em seu amor, restaurou a saúde e as riquezas de Jó. No livro de Jó 42:12-15, lemos que Deus abençoou Jó e sua esposa com mais riquezas materiais do que possuíam antes. Também lhes deu sete filhos e três filhas, e suas filhas eram as mulheres mais bonitas daquela região.

O livro de Jó, não menciona sua esposa nos capítulos finais, mas ela provavelmente esteve presente para compartilhar a alegria de ver todas as bênçãos de Deus sobre seu lar mais uma vez.

Pensamentos finais

O livro de Jó nos ensina muitas coisas. Embora os acontecimentos tenham sucedido principalmente a Jó, sua esposa esteve ao seu lado todo o tempo. Vemos que as bênçãos abundantes foram frequentemente seguidas por severas provações. Às vezes, quando estamos passando por provações, não compreendemos. Deprimimo-nos e pensamos que Deus nos esqueceu e jamais nos abençoará, o que não é verdade.

Às vezes, uma provação é também uma bênção. Deus, que conhece todos os aspectos de nossas vidas, pode usar as provações para nos limpar de falhas invisíveis. Ao término delas, nossas vidas são mais belas, nossos testemunhos mais poderosos e nossas orações mais profundas, pois as misericórdias de Deus permitiram que fôssemos provadas.

Jó deve ter compreendido este conceito, ao escrever estas palavras, no capítulo 23:10: *Mas ele sabe o meu caminho; se ele me provasse, sairia eu como o ouro.*

As joias de ouro são muito apreciadas em todo o mundo. Porém, antes de se converter em belos objetos aos nossos olhos, o ouro deve ser submetido a altas temperaturas para suas impurezas serem eliminadas. Somente então o ouro pode ser convertido em formosas joias admiradas por homens e mulheres.

É encorajador saber que Deus está no controle e tem o conhecimento de todas as coisas. Nada pode acontecer em nossas vidas sem que Ele saiba e permita. Em 1 Coríntios 10:13, lemos esta promessa: *Não vos sobreveio tentação que não fosse humana; mas Deus é fiel e não permitirá que sejais tentados além das vossas forças; pelo contrário, juntamente com a tentação, vos proverá livramento, de sorte que a possais suportar.*

Não importam quais sejam as nossas circunstâncias, devemos agir como Jó e, provavelmente, como sua esposa também o fez. Adoremos a Deus e digamos: Bendito seja o nome do Senhor (Jó 1:21).

Tópicos para discussão

1. Por que Deus permitiu que Satanás trouxesse sofrimento a Jó, sua esposa e família?
2. Descreva brevemente os sofrimentos da esposa de Jó.
3. Por que a fé da esposa de Jó foi abalada?
4. De que maneira o compromisso matrimonial dessa mulher nos serve de exemplo?
5. Ao lembrar-se de suas próprias provações, de que maneira você reagiu a elas? Você seguiu o exemplo de Jó?

Capítulo 35

Maria
A mãe de Jesus
Parte 1

Esta é a primeira parte de nosso estudo sobre Maria, a mãe de Jesus. Através destas lições, estudaremos acerca dos antecedentes de Maria, e o modo como Deus a escolheu para ser a mãe de Jesus, sua resposta à escolha divina, sua submissão, seu serviço e sua dor. Minha oração é que juntas aprendamos a viver nossa vida diária com o mesmo espírito piedoso que Maria teve.

O nome *Maria* é um dos mais comuns que se dá às meninas ao redor do mundo. Toma diversas formas, tais como Mary, Marie, Mariana. Uma forma do nome aparece no Antigo Testamento. Noemi teve seu nome trocado para "Mara" para descrever sua dor e sua amargura. Maria, a mãe de Jesus, também conheceu a profunda dor em sua vida.

Os antecedentes de Maria

Além de sua prima Isabel, não se faz nenhuma menção na Bíblia a respeito da família de Maria. Sabemos que ela se tornou esposa de José, um homem de Nazaré que era filho de Jacó. As Escrituras narram que José e Maria pertenciam à tribo de Judá e eram descendentes de Davi. Lemos isto no livro de Lucas 2:3-5, onde explica por que as pessoas tinham que retornar à sua própria cidade para serem registradas. José e Maria viajaram a Belém para pagar seus impostos. Em Romanos 1:3, Jesus é mencionado como ...*segundo a carne, veio da descendência de Davi*. Sua única conexão com a humanidade é através de Maria, descendente de Davi.

Por toda a vida de Jesus, lemos que Nazaré é mencionada como Sua cidade de origem. Jesus viveu na casa de um carpinteiro, em um lugar sem dúvida nenhuma humilde, em um povoado pobre. Este não é o cenário no qual deveríamos esperar que o Filho de Deus fosse criado. Em João 1:46, Natanael pergunta: *De Nazaré? Pode sair alguma cousa boa?*

O vaso escolhido de Deus

É difícil compreender por que Deus escolheu Maria para ser a mãe de Seu amado Filho, como também é difícil entender como ela o concebeu pelo Espírito Santo em um ventre virginal. Maria havia nascido da mesma forma que nascem todos os seres humanos. Tinha uma natureza pecaminosa, limitações humanas e falhas. Necessitava de um Salvador como qualquer outra pessoa. Não era fisicamente diferente de nós, no entanto, foi escolhida por Deus para conceber Jesus Cristo. Foi eleita para amamentá-lo e cuidar dele durante a infância, e amorosamente guiá-lo durante sua adolescência e com sabedoria materna prepará-lo para a vida adulta.

O caráter de Maria

Embora seja verdade que Maria tenha sido uma mulher como nós, precisamos reconhecer que ela possuía qualidades que faríamos bem em cultivar em nossas vidas. No livro de Lucas 1:26-31, lemos que o anjo Gabriel visitou Maria quando sua prima Isabel estava grávida de seis meses:

> [26]No sexto mês, foi o anjo Gabriel enviado, da parte de Deus, para uma cidade da Galileia, chamada Nazaré, [27]a uma virgem desposada com certo homem da casa de Davi, cujo nome era José; a virgem chamava-se Maria. [28]E, entrando o anjo aonde ela estava, disse: Alegra-te, muito favorecida! O Senhor é contigo. [29]Ela, porém, ao ouvir esta palavra, perturbou-se muito e pôs-se a pensar no que significaria esta saudação. [30]Mas o anjo lhe disse: Maria, não temas; porque achaste graça diante de Deus. [31]Eis que conceberás e darás à luz um filho, a quem chamarás pelo nome de Jesus.

A Palavra de Deus claramente indica que Maria era virgem. Isto nos mostra que ela levava uma vida moralmente pura.

Gabriel honrou Maria ao dirigir-se a ela com a saudação: *Alegre-te, muito favorecida! O Senhor é contigo.* Maria demonstrou humildade porque a Bíblia diz que ela se perturbou diante destas palavras de louvor. Ela não tinha ideia do porquê o anjo se dirigiu a ela com estes termos, conforme relatado no livro de Lucas 1:34-35,38:

> [34]Então, disse Maria ao anjo: Como será isto, pois não tenho relação com homem algum? [35]Respondeu-lhe o anjo: Descerá sobre ti o Espírito Santo, e o poder do Altíssimo te envolverá com a sua sombra; por isso, também o ente santo que há de nascer será chamado Filho de Deus. [...] [38]Então, disse Maria: Aqui está a serva do Senhor; que se cumpra em mim conforme a tua palavra. E o anjo se ausentou dela.

Ela não demonstrou somente pureza e humildade, pois estes versos mostram sua fé e confiança em Deus. Coloque-se no lugar de Maria, imagine como as palavras do anjo modificariam sua vida. Maria fez uma pergunta muito inteligente ao anjo: *Como será isto, pois não tenho relação com homem algum?*

Em seguida a explicação de como se realizaria este milagre — apesar dela não ter entendido — Maria, por fé, entregou voluntariamente seu corpo para ser usado pelo Senhor, dizendo: *Aqui está a serva do Senhor; que se cumpra em mim conforme a tua palavra* (Lucas 1:38).

Ao dizer essas palavras, Maria não somente demonstrou sua fé, mas também sua *submissão* à vontade de Deus. Não podemos entender como o Espírito Santo fundiu a Deidade e a humanidade no ventre de Maria. Porém, quando isso foi feito, toda Escritura se cumpriu com exatidão no nascimento virginal de Jesus Cristo. O fato é que o Senhor Jesus Cristo nasceu de uma virgem e este acontecimento se tornou um alicerce da fé cristã.

A fé que demonstramos ter em nossas vidas é medida por nossa aceitação de que Jesus Cristo é Deus e homem. O apóstolo Paulo diz claramente: ...*vindo, porém, a plenitude do tempo, Deus enviou seu Filho, nascido de mulher...* (Gálatas 4:4). 1 Timóteo 3:16 diz: *Evidentemente, grande é o mistério da piedade: Aquele que foi manifestado na carne, foi justificado em espírito...*

Pensamentos finais

O Senhor honrou Maria mais do que qualquer outra mulher na história ao escolhê-la para ser a mãe de Seu Filho Jesus Cristo. Contudo, devemos ter muito cuidado e não dar a Maria mais honra do que é devida a Deus revelado em Seu Filho Jesus Cristo.

Maria foi um canal, uma pessoa por meio da qual Deus consumou Sua perfeita vontade. Maria demonstrou pureza, humildade, fé e submissão ao plano de Deus para ela. Foi obediente ao ponto de não deter-se em pensar sobre o custo de sua própria reputação. Imagine a reação do povo da cidade ao descobrir que Maria seria uma mãe solteira!

Precisamos recordar que Deus, por meio do Espírito Santo, habita em nossos corpos e também deseja nos usar. Não seremos usadas da mesma maneira que Maria, mas Deus tem um plano perfeito para cada uma de nós. Que resposta daremos a Deus quando Ele quiser nos usar para Sua glória? O livro de 1 Coríntios 6:19-20 nos dá algumas verdades para considerarmos:

> [19]Acaso, não sabeis que o vosso corpo é santuário do Espírito Santo, que está em vós, o qual tendes da parte

de Deus, e que não sois de vós mesmos? ²⁰Porque fostes comprados por preço. Agora, pois, glorificai a Deus no vosso corpo.

Tópicos para discussão
1. O que você sabe sobre os antecedentes de Maria?
2. Quais as responsabilidades de Maria como mãe terrena do Senhor Jesus?
3. Enumere quatro qualidades evidentes da vida de Maria que devemos imitar.
4. Explique por que Maria foi somente um canal usado por Deus e por que não deve ser adorada.
5. Como podemos permitir que Deus nos use para cumprir Seu plano eterno?

Capítulo 36

Maria
A mãe de Jesus
Parte 2

A BÍBLIA REGISTRA AS PALAVRAS *Bendita entre as mulheres*. Maria certamente pode ser honrada, mas era somente uma mulher. Não devemos adorá-la como ser divino, entretanto, devemos seguir o exemplo de sua vida em obediência a Deus.

A vida de Maria
Dar à luz a Jesus foi o começo da tarefa de Maria como mãe, e não o fim. Jesus esteve em sua casa durante 30 anos antes de começar Seu ministério público. Nunca se esqueça disso: mesmo tendo a natureza humana, Jesus era também Deus, o que significa que Ele era perfeito. Maria não poderia aperfeiçoá-lo mais do que já era. Porém, a Bíblia diz no livro de Lucas 2:51 que Jesus crescia do mesmo modo que as outras crianças, e se submetia a Maria e José enquanto vivia com eles.

Devido à sua condição humilde, José e Maria não puderam dar-lhe bem-estar material, nem podiam apresentá-lo diante de pessoas influentes ou de classes privilegiadas da sociedade. Eles provavelmente não custearam a melhor educação daquele tempo. O que então Maria deu ao seu Filho?

Em primeiro lugar, ela deu-lhe Seu nascimento. Porque nenhum outro humano estava envolvido em Sua concepção, Jesus talvez se parecesse com ela. Talvez ela tenha lhe transmitido suas características físicas.

Complementando, Maria foi uma esposa fiel e uma mãe que deu a Jesus um lar com pais amorosos. Ela se casou com José, que trabalhava duro para prover o sustento de sua família. Maria e José tiveram seus próprios filhos depois do nascimento virginal de Jesus. Nos versículos de Mateus 13:55-56, sabemos que Jesus vivia com quatro meios-irmãos e pelo menos duas meias-irmãs. Jesus teve um lar seguro e cheio de amor maternal.

O serviço de Maria para seu Filho, que também era seu Salvador, é semelhante aos cuidados prestados por uma mãe hoje em dia. Maria foi uma boa mãe, e foi piedosa. A pergunta para todas aquelas que são mães é a seguinte: O que desejamos para nossos filhos? Às vezes, a preocupação por coisas materiais supera as características divinas que deveríamos estar inculcando em nossos filhos.

A dor de Maria

É difícil pensarmos que Maria teve uma vida triste. Afinal de contas, ela foi a eleita de Deus para ser a mãe de Jesus. Ela pôde ouvir o testemunho dos pastores na noite do nascimento de Jesus. Ela viu os sábios do Oriente oferecendo preciosos presentes a Jesus e adorarando seu filho. Enquanto Jesus crescia, Maria podia ver com que perfeição Ele se desenvolvia física e espiritualmente. O livro de Lucas 2:40 diz: *Crescia o menino e se fortalecia, enchendo-se de sabedoria; e a graça de Deus estava sobre ele.*

De onde provinha Seu sofrimento? Sua dor era o cumprimento da profecia que foi feita a José e Maria quando levaram Jesus ao templo para apresentá-lo ao Senhor de acordo com a Lei, conforme está relatado no livro de Lucas 2:27,34-35:

> [27]Movido pelo Espírito, foi ao templo; e, quando os pais trouxeram o menino Jesus para fazerem com ele o que a Lei ordenava. [...] [34]Simeão os abençoou e disse a Maria, mãe do menino: Eis que este menino está destinado tanto para ruína como para levantamento de muitos em Israel e para ser alvo de contradição [35](também uma espada traspassará a tua própria alma), para que se manifestem os pensamentos de muitos corações.

A *primeira punhalada* que Maria, provavelmente, experimentou em seu coração ocorreu quando Jesus tinha 12 anos. Os versículos do livro de Lucas 2:43,46,49, narram que Jesus permaneceu no templo após Maria e José terem iniciado o retorno para sua casa:

> [43]Terminados os dias da festa, ao regressarem, permaneceu o menino Jesus em Jerusalém, sem que seus pais o soubessem. [...] [46]Três dias depois, o

acharam no templo, assentado no meio dos doutores, ouvindo-os e interrogando-os. [...] ⁴⁹Ele lhes respondeu: Por que me procuráveis? Não sabíeis que me cumpria estar na casa de meu Pai?

Podemos nos solidarizar com a angústia que Maria deve ter sentido quando se deu conta de que Jesus havia desaparecido. Durante três dias seus pais o procuraram. Quando finalmente o encontraram, deve ter sido duro ouvir Jesus dizer na frente de todos no templo: *Não sabíeis que me cumpria estar na casa de meu Pai?*

Apesar de retornar a Nazaré com eles, deve ter sido frustrante para eles observar Jesus separar-se de Sua família terrena e referir-se ao Seu Pai celestial.

Então, chegou o dia em que Jesus deixou Sua casa para começar Seu ministério público. Só podemos imaginar que esta separação física deve ter sido um golpe no coração de Maria.

Maria teve que suportar tristeza ainda maior. A maior delas a feriu como uma espada no dia em que Jesus morreu na cruz. A Bíblia relata no livro de João 19:25 que Maria permaneceu aos pés da cruz. Ela viu a fisionomia desfigurada pelos golpes, viu seu Filho pregado na cruz entre dois ladrões, ouviu a multidão zombar de Jesus, e viu ainda uma lança traspassar em Seu lado.

Embora Jesus tivesse que deixar Seu lar para cumprir com Seu ministério durante os três últimos anos de Sua vida na terra, Maria nunca o abandonou. Jesus também não se esqueceu de Sua mãe. Nos instantes finais na cruz, em meio à profunda dor, Jesus se preocupou que Maria fosse cuidada, conforme lemos no livro de João 19:26-27:

²⁶Vendo Jesus sua mãe e junto a ela o discípulo amado, disse: Mulher, eis aí teu filho. ²⁷Depois, disse ao discípulo: Eis aí tua mãe. Dessa hora em diante, o discípulo a tomou para casa.

A necessidade de Maria de um Salvador
Maria é mencionada novamente no livro de Atos 1:12-14:

¹²Então, voltaram para Jerusalém, do monte chamado Olival, que dista daquela cidade tanto como a jornada de um sábado. ¹³Quando ali entraram, subiram para o cenáculo onde se reuniam Pedro, João, Tiago, André, Filipe, Tomé, Bartolomeu, Mateus, Tiago, filho de Alfeu, Simão, o Zelote, e Judas, filho de Tiago. ¹⁴Todos estes perseveravam unânimes em oração, com as mulheres, com Maria, mãe de Jesus, e com os irmãos dele.

Maria estava presente em um aposento com os discípulos e outras mulheres fiéis, esperando a chegada do Espírito Santo. Ela sabia que seu Filho estava vivo, porém, o mais importante de tudo, é que ela sabia que Ele era o seu Salvador. Maria pertenceu ao primeiro grupo de cristãos, pronta para viver para Deus como devota seguidora de Cristo. É interessante que seu nome não se menciona em primeiro lugar, mas sim, no final de uma extensa lista de pessoas reunidas. Isto nos ensina que Maria nunca deve receber um lugar de preeminência ou ser adorada. O nome de Maria não volta a ser mencionado no Novo Testamento, mas estão mencionados os nomes dos apóstolos que foram os líderes da Igreja primitiva.

Maria não esteve livre do pecado. Ela mesma reconheceu a sua necessidade de libertação do pecado, quando disse no livro de Lucas 1:47: *e o meu espírito se alegrou em Deus, meu Salvador.*

É importante que entendamos claramente esta declaração de que Maria reconheceu e admitiu sua dependência no Senhor Jesus Cristo como seu Salvador pessoal.

Pensamentos finais

Antes de concluir nosso estudo sobre a vida de Maria, devemos considerar as palavras que ela disse na festa de casamento em Caná. Quando o anfitrião encontrou-se em uma situação embaraçosa de não ter vinho suficiente para a festa, Maria falou com Jesus sobre o problema. Também instruiu os serviçais com palavras que são válidas para nós hoje: *Fazei tudo o que ele vos disser.*

Maria reconheceu que Jesus era Filho de Deus e Seu poder vinha de Deus ao falar aos serviçais para que fizessem o que Ele mandasse. Ela demonstrou sua fé, sabendo e crendo que somente Jesus poderia solucionar o problema. Apesar de Maria ser a mãe humana do Senhor Jesus, é evidente que pelos acontecimentos durante este casamento, ela não tinha nenhum poder especial ou capacidade para fazer milagres. O poder pertence somente a Deus. Quem transformou a água em vinho foi Jesus, e não Maria.

De algum modo, Jesus repreendeu Maria quando lhe disse que Sua hora ainda não havia chegado. Se Maria possuísse poder sobrenatural ou parte da condição divina, como alguns proclamam, Jesus não teria falado com ela daquele modo.

Falando com sua mãe desta maneira, Jesus demonstrou que Sua autoridade é superior à de Maria.

Devemos ter cuidado para honrar Maria como uma mulher escolhida e abençoada por Deus, mas não dar-lhe maior autoridade do que o próprio Deus já lhe deu. Façamos o mesmo que Maria disse sobre Jesus aos serviçais na festa: *Fazei tudo o que ele vos disser.*

Peçamos a Deus que nos ajude a sermos obedientes e para que façamos o que Ele nos diz.

Tópicos para discussão
1. Descreva a vida familiar de Jesus com Sua mãe Maria.
2. Qual a responsabilidade mais importante que as mães devem ter para com os seus filhos?
3. Mencione duas ocasiões em que Jesus trouxe tristeza para Sua mãe.
4. De que modo Maria demonstrou seu amor para Jesus mesmo após Ele ter deixado seu lar?
5. Que lições você aprendeu com a vida de Maria?

Capítulo 37

Isabel
Mulher irrepreensível

Isabel: virtuosa e irrepreensível

Isabel foi esposa de Zacarias, um sacerdote, e mãe de João Batista. João foi enviado por Deus para preparar o caminho de Jesus Cristo. A história de Isabel é narrada no livro de Lucas 1:6 que afirma: *Ambos eram justos diante de Deus, vivendo irrepreensivelmente em todos os preceitos e mandamentos do Senhor.* Deus aprovou este casal e a forma de conduzir suas vidas perante Ele.

Deus não nos diz que eles tiveram um lar perfeito, mas, Ele os descreve como pessoas irrepreensíveis. Não importa qual seja nossa situação matrimonial, devemos considerar nosso lar, nosso compromisso pessoal com Deus e Seus mandamentos e ver de que modo afetam nossas vidas. Se Deus estivesse escrevendo sobre você, o que Ele diria sobre seu lar?

Isabel

A desgraça de Isabel e a resposta a Deus

Apesar de sua vida irrepreensível perante o Senhor, o livro de Lucas 1:7 relata que Isabel — como muitas de nós hoje — teve muitos pesares e desapontamentos. *E não tinham filhos, porque Isabel era estéril, sendo eles avançados em dias.* Imaginemos quantas vezes Isabel deve ter orado pedindo a Deus um filho. Naquele tempo e naquela cultura, era uma desgraça para uma mulher não ter filhos. E porque Isabel fazia parte da linhagem sacerdotal, e era casada com um sacerdote, era pior ainda não ter filhos. Quem continuaria o sacerdócio?

Deus enviou Seu anjo Gabriel ao encontro de Zacarias quando este cumpria com seus deveres sacerdotais. É interessante perceber a frequência com que Deus agiu poderosamente enquanto Seus filhos estavam cumprindo tarefas que Ele havia designado. Estas situações nos fazem recordar que devemos nos ocupar com o que Deus quer que façamos.

A promessa de Deus

O anjo disse a Zacarias que Deus havia escutado suas orações. Isabel daria à luz a um filho ao qual dariam o nome de João. O anjo também explicou a Zacarias como deviam educá-lo, qual seria seu trabalho, e como deveria ser recebido no momento de seu nascimento. Zacarias não acreditou no anjo, e perguntou como poderia saber que as coisas que o anjo falara eram verdade. Além disso, ele e sua esposa estavam em idade muito avançada para poderem ter filhos.

Podemos entender o modo de pensar de Zacarias, porque, frequentemente, agimos da mesma maneira. Às vezes, oramos por certas coisas durante muitos anos, e então, quando Deus responde, duvidamos. As dúvidas de Zacarias não paralisaram o plano de Deus. Zacarias recebeu a confirmação que queria. Deus o emudeceu até que o menino nascesse e que lhe dessem o nome.

A Bíblia não nos diz como Isabel reagiu ao ver seu esposo mudo. Mas, ela deve ter acreditado no que ele escrevia para ela. A Bíblia diz que quando Zacarias retornou a casa ao sair do templo, Isabel engravidou e deu graças a Deus. Em Lucas 1:25 ela disse: *Assim me fez o Senhor, contemplando-me, para anular meu opróbrio perante os homens.*

A visita de Maria

Durante sua gravidez, Isabel não saiu de casa por cinco meses. No sexto mês, sua prima Maria, que era solteira e que também estava grávida a visitou. A diferença existente entre ambas era que Maria era a virgem a quem Deus havia escolhido para ser a mãe de Seu Filho, o Messias. Lemos este relato no livro de Lucas 1:39-44:

> [39]Naqueles dias, dispondo-se Maria, foi apressadamente à região montanhosa, a uma cidade de Judá, [40]entrou na casa de Zacarias e saudou Isabel. [41]Ouvindo esta a saudação de Maria, a criança lhe estremeceu no ventre; então, Isabel ficou possuída do Espírito Santo. [42]E exclamou em alta voz: Bendita és tu entre as mulheres, e bendito o fruto do teu ventre! [43]E de onde me provém que me venha visitar a mãe do meu Senhor? [44]Pois, logo que me chegou aos ouvidos a voz da tua saudação, a criança estremeceu de alegria dentro de mim.

Isabel

Coloquemo-nos em lugar de Isabel. Como reagiríamos se uma integrante de nossa família estivesse grávida e fosse solteira? Quaisquer que fossem os sentimentos de Isabel, ela foi obediente ao Espírito Santo, e sabia que o filho que Maria esperava era muito especial. Deus também a usou para confortar e alentar Maria, pois esta deve ter sentido muito medo do que as pessoas pensariam sobre sua gravidez. Todavia, Isabel a recebeu dando-lhe apoio. Isabel foi a primeira mulher registrada na Bíblia em confessar verbalmente que Jesus era o Senhor.

O livro de Lucas 1:56 afirma que Maria permaneceu na casa de Isabel por mais ou menos três meses. Estas primas devem ter conversado sobre os milagres que Deus havia realizado em suas vidas. Não é admirável o fato de Maria lembrar-se de todas essas coisas mesmo após o nascimento de Jesus? Sem dúvida, ela e Isabel chegaram a sentir uma profunda reverência a respeito da obra do Senhor em suas vidas.

A promessa cumprida

O livro de Lucas 1:57-64 registra o nascimento do filho de Isabel:

> [57]A Isabel cumpriu-se o tempo de dar à luz, e teve um filho. [58]Ouviram os seus vizinhos e parentes que o Senhor usara de grande misericórdia para com ela e participaram do seu regozijo. [59]Sucedeu que, no oitavo dia, foram circuncidar o menino e queriam dar-lhe o nome de seu pai, Zacarias. [60]De modo nenhum! Respondeu sua mãe. Pelo contrário, ele deve ser chamado João. [61]Disseram-lhe: Ninguém há na

tua parentela que tenha este nome. ⁶²E perguntaram, por acenos, ao pai do menino que nome queria que lhe dessem. ⁶³Então, pedindo ele uma tabuinha, escreveu: João é o seu nome. E todos se admiraram. ⁶⁴Imediatamente, a boca se lhe abriu, e, desimpedida a língua, falava louvando a Deus.

Os familiares e vizinhos se alegraram com Zacarias e Isabel pelo nascimento de seu filho. O casal era bem conhecido na cidade, e todos glorificaram a Deus ao regozijarem-se com eles.

Apesar de sua impossibilidade de falar, Zacarias e Isabel haviam concordado com a ordem do anjo de dar o nome de João ao menino. A devoção mútua deste casal e sua obediência ao mandamento de Deus foi um testemunho para todos os que estavam presentes quando o bebê recebeu seu nome. Todos estavam maravilhados com a união do casal.

Seu filho, chamado João, foi um homem muito especial e teve o privilégio de preparar o caminho do Messias. Isabel reconheceu imediatamente que Maria era a escolhida para ser a mãe do Messias. Não existem evidências que Isabel tivesse pensado que ela deveria ser eleita por ser mais velha e mais sábia. Este espírito de humildade deve haver influenciado muito a vida de João. Lemos as palavras de João sobre o Senhor Jesus Cristo: *Convém que ele cresça e que eu diminua* (João 3:30).

Pensamentos finais
Pensemos por um momento sobre o tipo de mulheres que somos:

- Somos mulheres às quais outras podem aproximar-se em busca de conforto, maior segurança e comunhão espiritual, tal como Maria foi capaz de encontrar em Isabel?
- Estamos prontas a ajudar as pessoas necessitadas ao nosso redor?
- Estamos fazendo fielmente o que Deus quer que façamos?
- Queixamo-nos e reclamamos das circunstâncias em nossas vidas?
- Estamos dispostas a crer em Deus quando Ele responde nossas orações?

Entreguemos nossas vidas ao controle de Deus. Em seguida, com a ajuda dele, façamos o propósito de andar em obediência aos Seus mandamentos.

Tópicos para discussão

1. O que significa andar irrepreensível perante os olhos de Deus?
2. Por que a gravidez de Isabel foi algo sem igual?
3. De que maneira Isabel ajudou Maria?
4. Por que foi importante o momento da gravidez de Isabel?
5. Que lições Zacarias aprendeu com nascimento de seu filho?

Capítulo 38

Ana
A viúva que serviu a Deus

Este estudo se refere à profetisa Ana, uma das únicas duas mulheres mencionadas no Novo Testamento com esse título. Outras mulheres eram chamadas profetisas, no Novo Testamento porém, seus nomes não foram mencionados.

Antecedentes de Ana

A Bíblia não nos diz por que a chamavam de profetisa Ana. Sabemos que ela era viúva. Talvez seu esposo tivesse sido um profeta, ou talvez, Deus lhe tivesse dado discernimento especial sobre o futuro. Qualquer que seja a razão, a Bíblia nos diz que ela era profetisa, conforme lemos no livro de Lucas 2:36-37:

Ana

³⁶Havia uma profetisa, chamada Ana, filha de Fanuel, da tribo de Aser, avançada em dias, que vivera com seu marido sete anos desde que se casara ³⁷e que era viúva de oitenta e quatro anos. Esta não deixava o templo, mas adorava noite e dia em jejuns e orações.

Ana viveu numa época durante a qual o Império Romano dominava completamente o mundo Mediterrâneo. O domínio romano estabelecia sua filosofia, seu estilo de vida materialista e suas crenças religiosas, que se opunham à ideia da vinda do Messias.

Entretanto, Ana era fiel a Deus. Trabalhava fielmente no templo e não se distraía com as coisas ao seu redor. Ela deve ter esperado ansiosamente a vinda do Messias para redimir Israel do domínio de Roma. Certamente, ela ouvira as profecias concernentes ao nascimento de Cristo durante os anos que trabalhara no templo.

Isaías era um dos livros proféticos em que, geralmente, se lia no templo. Ana deve ter escutado as predições relacionadas ao nascimento de Jesus, conforme Isaías 7:14: *Portanto, o Senhor mesmo vos dará um sinal: eis que a virgem conceberá e dará à luz um filho, e lhe chamará Emanuel.*

Ana poderia estar familiarizada com a profecia em Miqueias 5:2, que predisse o lugar de nascimento de Jesus: *E tu, Belém-Efrata, pequena demais para figurar como grupo de milhares de Judá, de ti me sairá o que há de reinar em Israel, e cujas origens são desde os tempos antigos, desde os dias da eternidade.*

As circunstâncias na vida de Ana

Ana foi casada por sete anos até que seu marido morreu. Não tinha filhos, e foi viúva por 84 anos, quando a Bíblia menciona seu nome pela primeira vez. Provavelmente, ela tinha mais de 100 anos!

Pensando nas pessoas que têm abençoado minha vida pessoal, recordo-me de algumas mais idosas do que eu. Um dos maiores dons da Igreja hoje talvez sejam os cristãos mais idosos. Quando estamos com eles, podemos sentir a realidade de sua longa caminhada com o Senhor, suas faces brilham com o amor de Deus e falam com sabedoria. Se você é uma pessoa mais idosa, não se sinta como se tivesse perdido todo o seu valor. Deus continua a precisar de pessoas mais idosas em Seu serviço.

Ana era viúva, sabia o que significava estar só. Ela poderia isolar-se, sentir autocomiseração ou poderia entrar em depressão. Poderia ter se irado contra Deus por ter levado seu marido quando ainda era muito jovem. Entretanto, a Bíblia nos mostra outro quadro. Ana era uma mulher muito ativa, que trabalhava muitas horas no templo de Deus.

Ana é um bom exemplo do que se diz em 1 Coríntios 4:2: *Ora, além disso, o que se requer dos despenseiros é que cada um deles seja encontrado fiel.* Deus espera que sejamos fiéis e confiáveis com nossos bens materiais, bênçãos e capacidades, quaisquer que sejam as circunstâncias em que Ele nos colocar.

Além do seu trabalho no templo, Ana orava e jejuava regularmente. Ela dava mais importância ao trabalho de Deus do que aos seus desejos pessoais. Estava disposta a negar-se a si mesma para trabalhar para o Senhor.

Ana vê o Messias

Um dia quando Ana foi ao templo, Deus permitiu-lhe ver o Messias com seus próprios olhos. De acordo com o costume dos judeus, Jesus tinha ao redor de 40 dias quando Maria e José o levaram ao templo e o dedicaram a Deus. Um homem piedoso, chamado Simeão foi o primeiro a quem José e Maria apresentaram o menino Jesus.

Enquanto Simeão louvava ao Senhor por permitir-lhe viver o suficiente para ver o Filho de Deus, Ana entrou no templo e uniu-se a ele em adoração. Pela fé, ela começou a dizer aos outros sobre a provisão redentora de Deus. O último relato que lemos sobre Ana está no livro de Lucas 2:38: *E, chegando naquela hora, dava graças a Deus e falava a respeito do menino a todos os que esperavam a redenção de Jerusalém.*

Pensamentos finais

O que podemos aprender com a vida de Ana? Vimos que Ana era uma viúva de avançada idade, uma devota adoradora de Deus e também uma profetisa, mas creio que podemos vê-la também de outra forma. As palavras finais da Bíblia a respeito de Ana dizem que ela falou a todos sobre a vinda do Messias. Ela foi testemunha da redenção proveniente de Cristo Jesus. Depois de muitos anos esperando, orando e jejuando, teve a alegria de transmitir as boas novas da chegada do Redentor.

Com que frequência — se é que existe alguma — vemos as mulheres em nossas vidas agitadas, ansiosamente antecipando a segunda vinda de Cristo? O apóstolo João escreveu essas palavras como oração: *Certamente, venho sem demora. Amém. Vem, Senhor Jesus!* (Apocalipse 22:20). Quando foi a última vez que oramos pela vinda do Senhor Jesus? Somos corajosas em anunciar àqueles ao nosso redor que Jesus voltará?

Ana de nenhuma forma se deixou levar por autocomiseração. A depressão e a autocompaixão são tentações comuns entre as mulheres. Precisamos superá-las e mantermo-nos ocupadas com a obra de Deus. Como Ana, devemos ser fiéis na oração, no conhecimento das Escrituras e devemos nos ocupar com a obra de Deus. Durante 84 anos, Ana ouviu as profecias lidas no templo. Conhecia o que a Palavra de Deus dizia e esperava pela vinda do Messias guardando a Palavra. Como Ana, devemos estar na expectativa da segunda vinda do Messias. O livro de Hebreus 9:28 afirma: *Assim também Cristo, tendo-se oferecido uma vez para sempre para tirar os pecados de muitos, aparecerá segunda vez sem pecado, aos que o aguardam para a salvação.*

Ao concluirmos este estudo, façamos uma pausa por alguns minutos e oremos. Louvemos ao Senhor por Suas bênçãos, então, trabalhemos e vivamos como se esperássemos plenamente o regresso do Senhor no curso de nossas vidas. Pode ser que ocorra hoje mesmo!

Tópicos para discussão

1. Descreva o período da história em que Ana viveu.
2. Como Ana preenchia seus dias?
3. Qual foi a reação de Ana ao ver o Messias?
4. Como podemos viver na expectativa da segunda vinda de Jesus?
5. Cite três bons exemplos da vida de Ana que podem ser de proveito para nós

CAPÍTULO 39

Salomé
Mulher de oração

Nos capítulos seguintes as lições do Novo Testamento serão apresentadas na ordem em que aparecem na Bíblia. Porém, isto nem sempre coincide com o período cronológico em que os eventos ocorreram, mas é um modo conveniente de encontrar as histórias na Bíblia.

A mulher que estudaremos neste capítulo chama-se Salomé. Ela era esposa de Zebedeu e mãe de Tiago e João, dois dos 12 apóstolos de Jesus.

Sua família
Zebedeu, marido de Salomé, era um pescador bem-sucedido que tinha muitos empregados. Quando Jesus o viu pela primeira vez, ele estava ocupado preparando suas redes de pescar com seus dois filhos. Jesus chamou seus filhos e

pediu-lhes que o seguissem. Aparentemente, Zebedeu não hesitou em permitir que seus filhos fossem. O Evangelho de Marcos 1:20 relata: *E logo os chamou. Deixando eles no barco a seu pai Zebedeu com os empregados, seguiram após Jesus.* Tiago e João deixaram tudo que lhes era familiar para seguir a Jesus.

Embora a Bíblia não nos diga muito a respeito da vida familiar de Zebedeu e Salomé, sabemos que ela foi uma das mulheres que seguia a Jesus e ajudava a servi-lo. Tiago e João podiam seguir o exemplo da vida de seus pais. Parece-nos que Zebedeu e Salomé ensinaram as Escrituras aos seus filhos e criam na vinda do Messias. Estavam unidos em seu amor por Deus e em sua disposição ao permitir que seus filhos deixassem o meio familiar para seguir ao Senhor Jesus. Não sabiam quando ou se alguma vez, Tiago e João retornariam ao seu lar.

Uma seguidora de Jesus

Observando outra passagem da Bíblia, encontramos Salomé com o grupo de mulheres na crucificação de Jesus. No momento mais sombrio da vida de Jesus quando os Seus discípulos, incluindo os filhos de Salomé, afastaram-se dele; as mulheres observavam Jesus a certa distância. Salomé estava entre estas mulheres, como relata Marcos 15:40-41:

> [40]Estavam também ali algumas mulheres, observando de longe; entre elas, Maria Madalena, Maria, mãe de Tiago, o menor, e de José, e Salomé; [41]as quais, quando Jesus estava na Galileia, o acompanhavam e serviam; e, além destas, muitas outras que haviam subido com ele para Jerusalém.

No livro de Marcos 16, Salomé faz parte do grupo de mulheres que ungiu o corpo de Jesus. Esteve presente durante o momento mais escuro da crucificação, bem como durante a gloriosa manhã de Ressurreição. O livro de Marcos 16:1-2, 5-7, registra que estas mulheres foram as primeiras a escutar as boas-novas de que Jesus havia ressuscitado dentre os mortos:

> ¹Passado o sábado, Maria Madalena, Maria, mãe de Tiago, e Salomé, compraram aromas para irem embalsamá-lo. ²E, muito cedo, no primeiro dia da semana, ao despontar do sol, foram ao túmulo. [...] ⁵Entrando no túmulo, viram um jovem assentado ao lado direito, vestido de branco, e ficaram surpreendidas e atemorizadas. ⁶Ele, porém, lhes disse: Não vos atemorizeis; buscais a Jesus, o Nazareno, que foi crucificado; ele ressuscitou, não está mais aqui; vede o lugar onde o tinham posto. ⁷Mas ide, dizei a seus discípulos e a Pedro que ele vai adiante de vós para a Galileia; lá o vereis, como ele vos disse.

Sua ambição

Salomé era dedicada a Jesus e o reconhecia como o Messias. Cria que um dia Jesus assumiria o poder de um reino terreno. Como outras mães, tinha ambições para seus filhos. Ela sabia que eles eram próximos de Jesus, e por essa razão se dirigiu a Jesus com grande audácia e pediu que fosse dado aos seus filhos um lugar de honra em Seu Reino. Ela pediu que um dos seus filhos se assentasse à direita e o outro à esquerda de Jesus quando Ele se sentasse em Seu trono — lugares reservados para o segundo e terceiro governantes de um reino. Aqui está o que Salomé disse, conforme lemos no livro Mateus 20:20-23:

> [20]Então, se chegou a ele a mulher de Zebedeu, com seus filhos, e, adorando-o, pediu-lhe um favor. [21]Perguntou-lhe ele: Que queres? Ela respondeu: Manda que, no teu reino, estes meus dois filhos se assentem, um à tua direita, e o outro à tua esquerda. [22]Mas Jesus respondeu: Não sabeis o que pedis. Podeis vós beber o cálice que eu estou para beber? Responderam-lhe: Podemos. [23]Então, lhes disse: Bebereis o meu cálice; mas o assentar-se à minha direita e à minha esquerda não me compete concedê-lo; é, porém, para aqueles a quem está preparado por meu Pai.

Este pedido incomum feito por Salomé nasceu de seu orgulho maternal e seu desejo de obter o melhor para seus filhos. Ela não se deu conta que o sofrimento seria a parte principal do reino. Jesus repreendeu Salomé por sua ambição, e corrigiu o erro de conceito que evidenciava seu pedido. Ele respondeu de um modo que nem Salomé nem seus filhos esperavam. Jesus simplesmente lhes disse que quanto mais perto estivessem de Seu trono, mais teriam que compartilhar em Seus sofrimentos.

A história nos diz que ambos Tiago e João, compartilharam, de fato, o sofrimento de Jesus. Acredita-se que Tiago foi o primeiro apóstolo mártir, e João que sobreviveu aos outros, foi exilado na ilha de Patmos.

Acredito que tanto Salomé quanto seus filhos, aprenderam muito como seguidores de Jesus. Através deste incidente, vemos como Jesus lhes ensinou o conceito de quem é grande no Reino de Deus. Mateus 20:25-27 afirma:

> ²⁵Então, Jesus, chamando-os, disse: Sabeis que os governadores dos povos os dominam e que os maiorais exercem autoridade sobre eles. ²⁶Não é assim entre vós; pelo contrário, quem quiser tornar-se grande entre vós, será esse o que vos sirva; ²⁷e quem quiser ser o primeiro entre vós será vosso servo; ²⁸tal como o Filho do Homem, que não veio para ser servido, mas para servir e dar a sua vida em resgate por muitos.

Pensamentos finais

Devemos tomar cuidado com as críticas ao pedido de Salomé em favor de seus filhos. Lembremo-nos das lições positivas que ela lhes ensinou. Devemos aprender a apreciar a extensão da influência cristã sobre nossos filhos. Muitas vezes, devido às orações de uma mãe e seu testemunho consistente, os filhos entregam suas vidas a Deus durante a juventude.

Quando esses filhos tornam-se adolescentes, a fé em Deus que observam no exemplo de seus pais piedosos constitui um poderoso antídoto contra o pecado. Não existe felicidade comparável a dos pais cristãos que vivem o suficiente para observar seus filhos andando nos caminhos de Deus e dedicados ao Seu serviço. Como Salomé amava ao Senhor, sua alegria deve ter sido superabundante, pois seus dois filhos tornaram-se discípulos de Jesus e o seguiram fielmente até o fim de suas vidas.

Podemos aprender algo de Salomé. Ela fez um pedido a Jesus que não deveria ser feito. De maneira similar, muitas vezes, pedimos a Deus coisas que não deveríamos pedir. Nem sempre é fácil saber o que pedir. João nos orienta no livro de 1 João 3:21-22:

> ²¹Quem pratica a verdade aproxima-se da luz, a fim de que as suas obras sejam manifestas, porque feitas em Deus. ²²Depois disto, foi Jesus com seus discípulos para a terra da Judeia; ali permaneceu com eles e batizava.

Se guardarmos os mandamentos do Senhor e fizermos as coisas que lhe agradam, poderemos orar com confiança. Se estivermos vivendo para Deus, Ele mesmo nos guiará em nossa vida de oração. Encontrar-nos-emos pedindo de acordo com Sua vontade porque vivemos conforme o Seu querer. Então, se alguma vez pedirmos algo que não devemos, o Espírito Santo nos fará saber, assim como Jesus permitiu que Salomé soubesse que sua petição era indevida. Peçamos a Deus que nos ajude a sermos mulheres que oram de acordo com Sua vontade.

Tópicos para discussão

1. Quais foram os exemplos de vida piedosa Salomé deu aos seus filhos?
2. Mencione dois grandes acontecimentos ocorridos na vida de Jesus enquanto Salomé esteve presente.
3. Por que ela pediu posições de honra para seus filhos?
4. O que ela não compreendeu?
5. Destaque três lições que você pode aprender através da vida de Salomé.

Capítulo 40

A mulher com hemorragia
O encontro com o médico dos médicos

Com frequência, pensamos que é natural o nosso corpo ser saudável e forte. Quando foi a última vez que você agradeceu a Deus por sua saúde? Apesar de muitas vezes eu me sentir doente, gosto de sentir-me em boa saúde. Talvez, por essa razão me identifico com as mulheres na Bíblia que sofreram fisicamente.

A mulher com hemorragia
Este estudo bíblico é sobre uma mulher que sofreu de hemorragia por 12 anos. Ela havia consultado vários médicos, mas nenhum deles pôde ajudá-la. E para dificultar a situação, a procura por tratamento custou-lhe muito dinheiro.

Mas um dia tudo mudou; ela encontrou Jesus. Ele não somente a curou, mas também elogiou sua fé publicamente.

A mulher com hemorragia

Antecedentes desta história
Você consegue imaginar esta mulher? Provavelmente parecia fraca, cansada, abatida e desencorajada. Pode ser que andasse mal vestida por ter investido muito dinheiro em tratamentos.

Os quatro primeiros livros no Novo Testamento — os Evangelhos — relatam a vida e o ministério de Jesus Cristo enquanto Ele viveu na Terra. A história que estamos estudando agora está descrita em três dos quatro evangelhos: Mateus, Marcos e Lucas.

Jesus não somente mudou a vida desta mulher, mas também o tratamento dela produziu uma forte impressão nos discípulos de Jesus. A Bíblia descreve esta situação no livro de Marcos 5:25-26:

> [25]Aconteceu que certa mulher, que, havia doze anos, vinha sofrendo de uma hemorragia [26]e muito padecera à mão de vários médicos, tendo despendido tudo quanto possuía, sem, contudo, nada aproveitar, antes, pelo contrário, indo a pior...

Até mesmo Lucas, que era médico, em seu relato da história, admite que os médicos não puderam curá-la (Lucas 8:43). É muito difícil para um médico reconhecer que não há nada que a medicina possa fazer para curar uma pessoa enferma.

No livro de Levítico 15:19-33, lemos as leis que Deus deu aos israelitas referentes ao que as mulheres podiam ou não fazer quando tivessem fluxo de sangue, fosse sua menstruação normal, por uma situação pós-parto ou uma condição ginecológica de hemorragia crônica. Esta última parece ter sido a situação da mulher neste estudo. Uma mulher em suas condições era considerada imunda e rejeitada pela sociedade até que pudesse ser considerada limpa novamente.

No livro de Romanos 6:14, Paulo diz: *...pois não estais debaixo da Lei e sim da graça.* Jesus demonstrou a verdade escrita neste verso demonstrando Sua misericórdia a esta mulher. Não a repreendeu nem a castigou por desobedecer à lei do Antigo Testamento, a qual proibia estar em público ou tocar a roupa de outra pessoa.

As mulheres de hoje desfrutam a liberdade de não precisarem isolar-se ou exilar-se de outros cristãos ou familiares, por uma condição biológica ou médica que produza hemorragia. Durante a menstruação, após um parto ou em qualquer circunstância da vida, as mulheres têm liberdade de participar da Ceia, servir a Deus e desfrutar da comunhão da igreja.

Sua extraordinária fé

Sendo considerada impura e tratada como uma excluída é surpreendente a coragem que esta mulher teve ao aproximar-se de Jesus em meio à multidão. Sua fé foi notável. Ela parecia ser guiada por um único pensamento e propósito: queria chegar perto de Jesus suficientemente para tocar o Seu manto. Isto não só demonstrou sua fé como também sua tremenda humildade. Lemos o desfecho da história em Marcos 5:27-34:

> [27]tendo ouvido a fama de Jesus, vindo por trás dele,
> por entre a multidão, tocou-lhe a veste. [28]Porque, dizia:
> Se eu apenas lhe tocar as vestes, ficarei curada. [29]E
> logo se lhe estancou a hemorragia, e sentiu no corpo

estar curada do seu flagelo. ³⁰Jesus, reconhecendo imediatamente que dele saíra poder, virando-se no meio da multidão, perguntou: Quem me tocou nas vestes? ³¹Responderam-lhe seus discípulos: Vês que a multidão te aperta e dizes: Quem me tocou? ³²Ele, porém, olhava ao redor para ver quem fizera isto. ³³Então, a mulher, atemorizada e tremendo, cônscia do que nela se operara, veio, prostrou-se diante dele e declarou-lhe toda a verdade. ³⁴E ele lhe disse: Filha, a tua fé te salvou; vai-te em paz e fica livre do teu mal.

Como Jesus a curou

É interessante que Jesus chamou-a de Filha. Talvez porque ela era filha de Abraão, ou seja, que era descendente espiritual de Abraão. Mas este é também um termo usado para fazer alguém sentir que pertence à nossa família e que é importante para nós. Creio que Jesus mostra Sua compaixão ao dirigir-se a ela usando essa palavra.

Quando Jesus disse *a tua fé te salvou,* essas palavras devem ter trazido paz e alegria àquela mulher. Imagine a diferença entre o que Jesus disse comparado com o que os médicos lhe tinham dito! A Bíblia indica que ela foi curada instantaneamente ao tocar o manto de Jesus, antes mesmo de o Senhor ter falado com ela.

A esta altura, a multidão que seguia Jesus deveria estar pensando sobre o que estava acontecendo. No meio da multidão, Jesus havia perguntando quem o havia tocado. Nem mesmo os discípulos podiam acreditar que Ele fizera tal pergunta.

Talvez Jesus quisesse que a mulher confessasse publicamente sua fé nele. Ela demonstrou coragem ao ir entre a multidão e seguir a Jesus. Porém, demonstrou maior coragem ainda ao admitir que havido sido ela quem tocara no manto de Jesus, prostrando-se aos Seus pés.

A Bíblia relata que a mulher contou sua história a Jesus, mas é claro que Ele já sabia tudo sobre ela. Então, Ele escutou-a pacientemente. O Senhor Jesus quer ouvir nossas preocupações, apesar de já conhecê-las.

Jesus se compadece

Outro aspecto incrível deste relato é que Jesus estava indo curar outra pessoa — a jovem filha de Jairo. Mesmo com sua mente ocupada com o que Ele viria a fazer, Jesus foi sensível às necessidades desta mulher. Assim como teve tempo para se compadecer nessa oportunidade, Ele também tem tempo para mostrar-nos Sua compaixão.

O livro de Marcos 5:32 narra que Jesus sabia quem era esta mulher. Naturalmente, ela deve ter sentido medo, tentara passar despercebida, mas Jesus tornou pública aquela situação. Talvez, Ele quisesse que cada pessoa da multidão soubesse que ela estava limpa e poderia viver entre eles novamente. O Senhor disse-lhe para ir em paz.

Pensamentos finais

A Bíblia afirma claramente que a fé daquela mulher a curou. Não foi curada por ter tocado o manto de Jesus. Algumas pessoas têm um conceito equivocado. Creem que pelo fato de tocarem um objeto sagrado ou tomarem água benta, Deus irá realizar um milagre. Efésios 2:8-9 declara que a nossa salvação não é obtida por meio das boas obras que viermos a realizar. Tampouco, recebemos algum mérito nem benefício especial por fazermos tais coisas: *Porque pela graça sois salvos, mediante a fé; e isto não vem de vós; é dom de Deus; não de obras, para que ninguém se glorie.*

A cura da mulher aconteceu porque ela teve fé em Jesus Cristo. O livro de Hebreus 11:6 afirma: *De fato, sem fé é impossível agradar a Deus, porquanto é necessário que aquele que se aproxima de Deus creia que ele existe e que se torna galardoador dos que o buscam.*

Pense por um momento em si mesma. Quando Deus olha para você, Ele vê sua fé? Você pode sentir-se completamente digna perante Ele como esta mulher foi? Espero que sim. Então, você também poderá ver Deus trabalhando poderosamente em sua vida.

Tópicos para discussão

1. Mencione três características que esta mulher demonstrou em sua vida.
2. Nomeie três lições de Jesus nesta situação.
3. Por que Jesus permitiu que este assunto particular se tornasse público?
4. O que curou esta mulher: sua fé, as palavras de Jesus ou o toque nas vestes santas?
5. Por que esta história se repete em três dos quatro evangelhos?

Capítulo 41

A mulher siro-fenícia
Mulher de fé

Nesta lição vamos estudar outra mulher que exerceu uma grande fé. Devido à sua persistente fé em pedir algo a Jesus, recebeu uma maravilhosa resposta a um grande problema que tinha em sua vida. Esta história me faz lembrar que Deus escuta minhas orações mesmo quando a resposta parece ser não.

Antecedentes
Pouco antes de ocorrer este fato, Jesus havia alimentado uma multidão de cinco mil pessoas. Depois, o Senhor foi sozinho ao monte para orar. Enquanto orava, Seus discípulos estavam em um barco no meio do mar. Uma tempestade começou a soprar contra eles e os discípulos precisavam de ajuda. Então, Jesus foi ter com eles, andando por sobre o mar.

A mulher siro-fenícia

Quando Jesus e Seus discípulos desembarcaram do outro lado, multidões que sofriam todo tipo de enfermidade esperavam por Ele. Tanto Jesus quanto Seus discípulos estavam cansados e esgotados. Os fariseus faziam perguntas a Jesus com a finalidade de obterem uma prova para acusá-lo. Neste momento, Jesus decidiu afastar-se da multidão, desejando que ninguém soubesse onde Ele estava.

Ele saiu daquele lugar e foi para os arredores de Tiro e de Sidom, que era um distrito de gentios situado no norte da Galileia, onde ocorre a história que estudaremos agora. Lemos sobre esta mesma história nos Evangelhos de Mateus e Marcos.

A mulher vai até Jesus

O livro de Marcos 7:24-26 narra a primeira parte da história:

> ²⁴Levantando-se, partiu dali para as terras de Tiro [e Sidom]. Tendo entrado numa casa, queria que ninguém o soubesse; no entanto, não pôde ocultar-se, ²⁵porque uma mulher, cuja filhinha estava possessa de espírito imundo, tendo ouvido a respeito dele, veio e prostrou-se-lhe aos pés. ²⁶Esta mulher era grega, de origem siro-fenícia, e rogava-lhe que expelisse de sua filha o demônio.

Quando esta mulher nos é apresentada, a primeira imagem é de uma mãe preocupada. Coloquemo-nos em seu lugar e imaginemos a angústia e desgaste físico que ela deve ter sentido ao cuidar de sua filha.

Durante o início de Seu ministério, Jesus concentrou Suas ações primeiramente no povo judeu. O livro de João 1:11 revela que *Ele veio para o que era seu*. Para uma mulher cuja filha estava gravemente enferma, não fazia diferença ser da raça grega e falar outra língua. Ela ouviu o que Jesus havia feito por outros e se dirigiu a Ele buscando ajuda. Estava tão preocupada com sua filha que nem sequer pensou no fato de ser de origem gentílica e Jesus ser um judeu. Seu amor de mãe levou-a humildemente a Jesus para apresentar seu pedido perante Ele.

Sua conversa com Jesus
A conversa entre Jesus e esta mulher é narrada no livro de Mateus 15:22-28:

> [22]E eis que uma mulher cananeia, que viera daquelas regiões, clamava: Senhor, Filho de Davi, tem compaixão de mim! Minha filha está horrivelmente endemoninhada. [23]Ele, porém, não lhe respondeu palavra. E os seus discípulos, aproximando-se, rogaram-lhe: Despede-a, pois vem clamando atrás de nós. [24]Mas Jesus respondeu: Não fui enviado senão às ovelhas perdidas da casa de Israel. [25]Ela, porém, veio e o adorou, dizendo: Senhor, socorre-me! [26]Então, ele, respondendo, disse: Não é bom tomar o pão dos filhos e lançá-lo aos cachorrinhos. [27]Ela, contudo, replicou: Sim, Senhor, porém os cachorrinhos comem das migalhas que caem da mesa dos seus donos. [28]Então, lhe disse Jesus: Ó mulher, grande é a tua fé! Faça-se contigo como queres. E, desde aquele momento, sua filha ficou sã.

A mulher siro-fenícia

Reconheceu seu lugar

Após esta mãe ter apresentado seu pedido, parecia que Jesus a tinha ignorado. Ela, com certeza, irritou os discípulos e eles queriam que Jesus a mandasse embora. Porém, Jesus não o fez. Por fim, Ele respondeu-lhe dizendo que não estava certo tirar o pão dos filhos e lançá-los aos cachorrinhos. Ao falar isto, Jesus queria dizer que por ela não ser judia, ela não tinha direito de receber as mesmas bênçãos previstas para os judeus. A mulher teve que entender isto antes que Jesus pudesse ajudá-la.

Não podemos deixar de nos surpreender com a perseverança que esta mulher demonstrou. Ela não se sentiu desencorajada ou deixou sua fé vacilar diante das palavras de Jesus. Ela afirmou que estava de acordo com Jesus, e pediu somente as migalhas. Ao fazer isto, reconheceu que não tinha direito a obter o que pedia, mas mesmo assim, pediu que sua filha fosse curada.

Naquele momento, a mulher foi vitoriosa. Jesus reconheceu sua fé e sua filha foi curada. Ele nem sequer foi até o lugar onde estava a filha desta mulher — simplesmente falou e a menina foi curada. A mulher acreditou que Jesus havia realizado um milagre.

Sua filha foi liberta

Marcos adiciona este último detalhe ao concluir este relato em seu livro: *Voltando ela para casa, achou a menina sobre a cama, pois o demônio a deixara* (7:30).

Imaginem a alegria que essa mãe deve ter sentido quando chegou a casa e encontrou sua filha completamente liberta e deitada tranquilamente em sua cama. Esta mulher aprendeu uma lição valiosa a qual nós também precisamos aprender. Se pedirmos em fé, poderemos esperar uma resposta de Deus, resposta esta advinda de Sua misericórdia e poder.

Certamente, a fé desta mulher cresceu e ela deve ter compartilhado o que lhe acontecera em sua comunidade. Este fato deve ter aberto o caminho à igreja primitiva em Tiro. Lemos no livro de Atos que quando Paulo foi àquela região, havia cristãos que ministraram ao apóstolo (Atos 21:2-5).

Pensamentos finais

Podemos tirar várias lições do apelo desta mulher a Jesus que podem ser aplicadas em nossas vidas quando oramos ao Senhor.

Primeiro ela disse *Senhor, socorre-me!* Devemos reconhecer, assim como ela, que dependemos totalmente da misericórdia de Deus. Frequentemente nos esquecemos desta verdade. De algum modo, pensamos que Deus nos deve favores e que merecemos Sua ajuda. Devemos nos humilhar perante o Senhor e reconhecer nossa total dependência em Sua misericórdia.

Segundo, ela reconheceu e manifestou em voz alta quem era Jesus. Ela chamou-o de *Senhor* e acrescentou *Filho de Davi.* Ela sabia que Ele era o Deus dos judeus. Ela deu-lhe o lugar de honra que Ele merecia, sabendo que Jesus era o único que podia solucionar seu problema.

Nós também, quando oramos, precisamos adorar a Deus com nossas próprias palavras, para que Ele saiba que compreendemos quem Ele é. Não merecemos as bênçãos do Senhor, porém, por meio de Sua graça, somos Seu povo quando confiamos e aceitamos o Senhor Jesus Cristo como Salvador. A Salvação nos abre o caminho para que recebamos as bênçãos de Deus.

Terceiro, a mulher foi direta em seu pedido, utilizando uma linguagem adequada, sem orações memorizadas ou palavras desnecessárias. Simplesmente expressou sua necessidade.

Deus conhece nossos problemas antes mesmo de orarmos a Ele. Mas, Deus deseja ver nossa fé, nossas necessidades e a atitude de nosso coração quando buscamos Sua ajuda.

Encorajemo-nos pela fé demonstrada por esta mulher siro--fenícia quando foi a Jesus. Nosso Deus é fiel, e ouve as orações de todos aqueles que confiam em Jesus Cristo, sem se importar com a sua origem.

Tópicos para discussão

1. Qual era o estado físico de Jesus e Seus discípulos quando viram esta mulher vir até Ele?
2. Qual era o problema da filha desta mulher?
3. Por que esta mulher era considerada inelegível para receber resposta à sua oração?
4. Mencione três ensinos sobre a oração que aprendemos com a súplica desta mãe.
5. De que maneira a mulher siro-fenícia demonstrou sua fé?

Capítulo 42

Uma mulher sem nome
Conhecida como *uma pecadora*

A MULHER DESTE ESTUDO bíblico viveu circunstâncias muito diferentes da maioria de nós, circunstâncias estas que talvez sejam difíceis de compreendermos. A Bíblia não nos diz seu nome, simplesmente chama-a de "pecadora".

Cada um dos quatro evangelhos aborda a vida e o ministério de Cristo de um ponto de vista diferente. Com frequência, as histórias se encontram em mais de um Evangelho, mas este relato está registrado somente em Lucas.

Cenário e Antecedentes

Pouco antes do começo desta história, Jesus havia ressuscitado o filho de uma viúva da cidade chamada Naim. Uma grande multidão o seguia.

Uma mulher sem nome

À medida que Jesus e Seus discípulos viajavam pela Judeia, as notícias sobre os Seus milagres se espalhavam por todas as partes. João Batista estava na prisão e as notícias chegaram até ele. João enviou dois mensageiros até Jesus para perguntar-lhe se Ele verdadeiramente era o Messias.

Jesus respondeu aos mensageiros que dissessem a João que: *...os cegos veem, os coxos andam, os leprosos são purificados, os surdos ouvem, os mortos são ressuscitados, e aos pobres, anuncia-se-lhes o evangelho* (Lucas 7:22).

Lucas continua seu relato: *...mas os fariseus e os intérpretes da Lei rejeitaram, quanto a si mesmos, o desígnio de Deus, não tendo sido batizados por ele* (Lucas 7:30). Porém, um fariseu chamado Simão, convidou Jesus para jantar em sua casa. A Bíblia não explica por que ele fez isto. Talvez ele só quisesse questionar Jesus ou ainda, tivesse curiosidade em ver como Jesus agiria. Jesus aceitou o convite e foi à casa de Simão.

Uma mulher pecadora aproxima-se de Jesus

Enquanto Jesus estava na casa de Simão, uma mulher chamada "pecadora" foi vê-lo. Lemos sobre esta história no livro de Lucas 7:36-39:

> [36]Convidou-o um dos fariseus para que fosse jantar com ele. Jesus, entrando na casa do fariseu, tomou lugar à mesa. [37]E eis que uma mulher da cidade, pecadora, sabendo que ele estava à mesa na casa do fariseu, levou um vaso de alabastro com unguento; [38]e, estando por detrás, aos seus pés, chorando, regava-os com suas lágrimas e os enxugava com os

próprios cabelos; e beijava-lhe os pés e os ungia com o unguento. ³⁹Ao ver isto, o fariseu que o convidara disse consigo mesmo: Se este fora profeta, bem saberia quem e qual é a mulher que lhe tocou, porque é pecadora.

Começando por Eva, que foi a primeira pessoa a cometer pecado, todos nascem com natureza pecaminosa. Além disso, cada um de nós pecou o suficiente para sermos chamados de pecadores. Todavia, a mulher que veio a Jesus na casa de Simão, era conhecida como uma "pecadora". Parecia estar marcada publicamente como uma pessoa especialmente má.

Simão surpreendeu-se com Jesus

A reação de Simão parece confirmar que esta mulher estava profundamente envolvida com o pecado que havia praticado. Simão não podia entender que uma pessoa boa como Jesus se associasse a uma mulher tão pecadora. Ela não somente fora ver Jesus, mas também lhe trouxe um presente e arrependeu-se de seus pecados, chorando. Ela procurou Jesus em busca de ajuda e Ele aceitou seu presente, perdoou seus pecados e aceitou sua adoração.

Por que foi tão difícil para Simão compreender este fato? Simão ainda não havia aceitado que Jesus era o Messias. Ele não percebeu que Jesus veio à Terra para buscar e salvar pecadores. Simão também não podia entender o significado do perdão, pois não tinha a menor ideia sobre a importância de demonstrar arrependimento. Jesus, conhecendo o coração de Simão, contou-lhe uma história para ilustrar o amor e perdão, conforme lemos no livro de Lucas 7:41-43,47:

⁴¹Certo credor tinha dois devedores: um lhe devia quinhentos denários, e o outro, cinquenta. ⁴²Não tendo nenhum dos dois com que pagar, perdoou--lhes a ambos. Qual deles, portanto, o amará mais? ⁴³Respondeu-lhe Simão: Suponho que aquele a quem mais perdoou. Replicou-lhe: Julgaste bem. [...] ⁴⁷Por isso, te digo: perdoados lhe são os seus muitos pecados, porque ela muito amou; mas aquele a quem pouco se perdoa, pouco ama.

Não sabemos o que Simão fez após ouvir esta história, mas, certamente melhorou seu entendimento sobre o perdão de Deus.

O arrependimento da mulher pecadora

O que falar sobre esta mulher? O que ela fez e o que Jesus lhe disse? Devemos examinar o seu arrependimento.

A Bíblia diz que ela trouxe consigo um frasco de alabastro com perfume, e ungiu os pés de Jesus. Ele não recusou esta oferta de amor. A mulher derramou abundantemente suas lágrimas sobre os pés de Jesus, secando-os com seus cabelos.

Imagine a cena: sua culpa lhe causou grande pesar ao entrar na presença de Jesus. Ele permitiu que ela chorasse e demonstrasse seu amor antes de aceitar sua adoração. Poderíamos aprender a perdoar a nós mesmas se, primeiro, lamentássemos por nossos pecados e em seguida aceitássemos o perdão do Senhor da mesma maneira que esta mulher o fez.

Os soluços desta mulher e sua ternura de coração demonstraram que ela tinha um caráter sensível. Seu estilo de vida pecaminoso não havia secado as suas lágrimas. Ela não se transformou em uma mulher fria e insensível.

Esta mulher deve ter ficado maravilhada ao ouvir Jesus defender seus atos de adoração e arrependimento diante de Simão. Vemos as palavras finais de Jesus a esta mulher no livro de Lucas 7:48,50:

> [48]Então, disse à mulher: Perdoados são os teus pecados. [...] [50]Mas Jesus disse à mulher: A tua fé te salvou; vai-te em paz.

A paz da mulher, agora justificada

Enquanto Jesus lhe falava, desvaneceu-se do coração desta mulher, qualquer dúvida quanto ao temor de não haver sido totalmente perdoada. Suas palavras "vá em paz", outorgaram-lhe uma nova vida. Esta segurança está fundamentada em 2 Coríntios 5:17: *E, assim, se alguém está em Cristo, é nova criatura; as coisas antigas já passaram; eis que se fizeram novas.* O Príncipe da Paz ofereceu paz a esta mulher pecadora. Ela aceitou sua oferta e recebeu a paz de Deus.

Novamente, temos que deixar claro que a fé desta mulher a salvou, e não suas lágrimas nem seus atos de amor. Seus pecados foram perdoados pela fé no único que poderia perdoá-la.

Pensamentos finais

Talvez, como esta mulher, você também precise pedir perdão a Jesus. Permita-me encorajá-la a abandonar seus pecados e a receber Cristo como seu Salvador pessoal.

Se, por outro lado, você é como o fariseu Simão, precisa pedir a Deus que a ajude a compreender o perdão. Simão olhava a mulher com arrogância devido ao seu estilo de vida pecaminoso e, sendo assim, para ele era muito difícil compreender o perdão completo. Precisamos nos perguntar se estamos dispostas a testemunhar àqueles que consideramos estar profundamente envolvidos em pecado. Qual é nossa reação quando pessoas nos falam que desejam conversar conosco sobre o arrependimento ou que se arrependeram de seus pecados?

Jesus permitiu a esta mulher que demonstrasse seu arrependimento, e em seguida Ele a perdoou de seus pecados. Ele também ensinou o fariseu Simão sobre o perdão. Como cristãos, devemos ser cada vez mais semelhantes ao nosso Senhor. Com o propósito de sermos como Cristo, precisamos aprender e aplicar em nossas vidas as lições: o arrependimento por nossos próprios pecados e o perdão àqueles que pecam.

Tópicos para discussão

1. Como os fariseus reagiram perante este ensino de Jesus?
2. Descreva o que esta mulher fez quando foi até a casa de Simão.
3. Por que era tão difícil para Simão compreender a reação de Jesus a esta mulher?
4. Quais as lições importantes que Jesus nos ensina através desta história?
5. A partir desta história, destaque uma lição positiva para sua vida.

Capítulo 43

Marta
Anfitriã exemplar

Neste capítulo e no próximo, estudaremos Marta e Maria, que viviam em Betânia. Os estudos sobre estas irmãs tendem a mostrar as diferenças que existiam entre elas, dando a impressão de que uma era melhor que a outra. Vamos estudá-las separadamente para vermos que boas peculiaridades podemos aprender de cada uma delas.

O lar de Marta

A Bíblia não relata a vida de Marta, exceto que era irmã de Maria e Lázaro. As Escrituras mencionam dois homens com o nome de Lázaro. Este Lázaro é aquele que Jesus ressuscitou dentre os mortos, após estar sepultado por quatro dias. Como o relato acontece na casa de Marta, algumas pessoas acreditam que ela era a irmã mais velha. Certamente, ela responsabilizou-se por agir como anfitriã.

Uma história bíblica encontrada em Lucas 10: 38-42 descreve claramente o caráter de Marta:

> [38]Indo eles de caminho, entrou Jesus num povoado. E certa mulher, chamada Marta, hospedou-o na sua casa. [39]Tinha ela uma irmã, chamada Maria, e esta quedava-se assentada aos pés do Senhor a ouvir-lhe os ensinamentos. [40]Marta agitava-se de um lado para outro, ocupada em muitos serviços. Então, se aproximou de Jesus e disse: Senhor, não te importas de que minha irmã tenha deixado que eu fique a servir sozinha? Ordena-lhe, pois, que venha ajudar-me. [41]Respondeu-lhe o Senhor: Marta! Marta! Andas inquieta e te preocupas com muitas coisas. [42]Entretanto, pouco é necessário ou mesmo uma só coisa; Maria, pois, escolheu a boa parte, e esta não lhe será tirada.

Ao iniciar Seu ministério público, Jesus nem sempre regressava ao Seu lar em Nazaré para descansar. Em vez disso, ficava neste lar em Betânia. Ali, Ele era bem recebido e Jesus amava Marta, Maria e Lázaro.

A Bíblia descreve Marta como um belo exemplo de anfitriã. Jesus viajava com Seus discípulos e outros seguidores, então pelo menos 13 pessoas chegaram ao lar de Marta, e ela atendia gentilmente a todos.

Ao estudarmos a vida de Marta nos questionamos de diversas maneiras: Como eu reagiria se 13 ou mais pessoas aparecessem em minha casa buscando alojamento e comida? Meu lar é um lugar limpo e atrativo? As pessoas que visitam minha casa percebem uma atmosfera cordial de boas-vindas? A maioria de nós não seria capaz de receber tanta gente, especialmente de imprevisto, porém, a Bíblia nos ensina que devemos estar preparadas para demonstrarmos hospitalidade sempre que pudermos.

O problema de Marta

Marta havia recebido as pessoas em seu lar prontamente, mas, estava ocupadíssima preparando e servindo a refeição. Enquanto Marta trabalhava, Maria estava sentada aos pés de Jesus para ouvir Seus ensinos. Marta precisava de ajuda, mas não chamou Maria. Ao invés de pedir ajuda, foi pedir a Jesus que dissesse a Maria que a ajudasse. Marta expressou sua irritação e frustração em forma de queixa.

Jesus corrigiu Marta com bondade e carinho. Porém, uma vez que Ele repetiu o nome dela duas vezes, sabemos que Ele falava sério. Marta foi a única mulher à qual Jesus falou desta forma. Jesus não a repreendeu por fazer o trabalho. Sabia que ela queria que tudo saísse perfeito para Ele e Seus discípulos. Mas, admoestou-a por estar demasiadamente preocupada com as coisas externas. Isto era um obstáculo para sua comunhão espiritual e pessoal com Ele. Jesus disse que Maria havia escolhido a comunhão com Ele, e que isso não seria tirado dela.

Marta ocupou muito do seu tempo com os preparativos. Ela talvez ficasse preparando uma comida elaborada, quando um simples prato poderia ser oferecido e seria suficiente. O tempo que ela gastou, poderia ter sido usado para aprender de Jesus. Precisamos ter cuidado de não nos ocuparmos demais ao ponto de negligenciarmos os momentos de aprendizado com o Senhor, através da oração e do estudo das Escrituras.

A profissão de fé

O Evangelho de João registra outro episódio da vida de Marta. Quando seu irmão Lázaro morreu, a família estava profundamente triste. As irmãs buscaram a presença de Jesus para vir curar seu irmão. Mas, Jesus não veio imediatamente, e Lázaro morreu. As Escrituras registram que Jesus esperou dois dias no lugar onde estava, após tomar conhecimento de que Lázaro estava doente (João 11:6).

Quando Jesus finalmente chegou, Marta foi ao seu encontro. E ela lhe disse conforme lemos em João 11:21: *Disse, pois, Marta a Jesus: Senhor, se estiveras aqui, não teria morrido meu irmão.* Ela ainda continuou: *Mas também sei que, mesmo agora, tudo quanto pedires a Deus, Deus to concederá* (João 11:22). Perceba a fé e a confiança absoluta de Marta, no poder de Jesus. Antes de entrar na casa, Jesus e Marta tiveram uma conversa sobre a ressurreição, que se encontra em João 11:23-27:

> [23]Declarou-lhe Jesus: Teu irmão há de ressurgir.
> [24]Eu sei, replicou Marta, que ele há de ressurgir na ressurreição, no último dia. [25]Disse-lhe Jesus: Eu sou a ressurreição e a vida. Quem crê em mim, ainda que morra, viverá; [26]e todo o que vive e crê em mim não morrerá, eternamente. Crês isto? [27]Sim, Senhor, respondeu ela, eu tenho crido que tu és o Cristo, o Filho de Deus que devia vir ao mundo.

Esta passagem nos mostra que Marta aprendera a lição. Ela deixou seus afazeres para ir ao encontro de Jesus. Imediatamente recebeu consolo para sua dor. Jesus desviou a atenção de Marta no tocante à sua dor para Ele, dizendo: *Eu sou a ressurreição e a vida.* Ele declarou Sua divindade, poder e autoridade. O que antes era verdade, se mantém ainda hoje: o único meio de obter vida eterna é crer no Senhor Jesus Cristo.

Mesmo com a possibilidade de Marta não ter compreendido tudo o que Jesus lhe disse, quando Ele lhe perguntou se cria, Marta fez uma clara confissão de sua fé nele. Cada uma de nós deve decidir pessoalmente sobre a fé em Jesus Cristo para obter a salvação que Ele nos garantiu ao morrer sobre a cruz por nossos pecados. O livro de Romanos 10:9 declara: *Se, com a tua boca, confessares Jesus como Senhor e, em teu coração, creres que Deus o ressuscitou dentre os mortos, serás salvo.* Se você nunca creu ou recebeu Jesus como Salvador, por que não o aceita agora?

A mudança de atitude de Marta

A última vez que Marta é mencionada na Bíblia encontra-se no livro de João 12:1-11. O cenário descreve um jantar em sua casa poucos dias antes da Páscoa. Jesus se encontrava ali com Lázaro. Marta, como sempre, estava ali ocupada servindo. Todavia, esta vez havia uma sensação de calma e paz. Durante este acontecimento, sua irmã Maria, ungiu os pés de Jesus com um perfume muito caro, mas, não lemos sobre qualquer reclamação de Marta.

Pensamentos finais

Uma das lições mais importantes que aprendemos com este estudo é que Marta abriu seu lar para Jesus. Talvez, durante as primeiras vezes que Ele esteve ali, ela não compreendia quem Ele era, mas mesmo assim, recebeu-o cordialmente.

A maioria das pessoas sabe pouco sobre Jesus quando o aceitam em suas vidas. Como fazem para aprender mais? Da mesma maneira em que nos familiarizamos com qualquer pessoa: devemos investir tempo com esta pessoa. Devemos investir tempo com Jesus, lendo Sua Palavra e falando com Ele em oração.

Marta nos ensina sobre o perigo de estarmos muito ocupadas para continuar crescendo em nosso relacionamento com o Senhor. O tempo que passamos com Jesus e o que usamos servindo-o são importantes, mas, devemos mantê-los em um correto equilíbrio.

Na próxima lição estudaremos a vida de Maria, a irmã de Marta. Assim como Marta, ela tem muitas coisas para nos ensinar. Apesar de essas irmãs serem tão diferentes, Deus as usou. É muito bom saber que há um lugar para cada uma de nós na família de Deus!

Tópicos para discussão

1. De que maneiras Marta deixou bons e maus exemplos de hospitalidade?
2. Há algum momento na vida em que seja prejudicial trabalhar demais para Jesus?
3. Descreva como Jesus corrigiu Marta. De que maneira isto pode ser um exemplo para nós?
4. De que maneira Marta demonstrou que aprendera o equilíbrio entre o serviço e a devoção?
5. Como você pode usar o seu lar para o Senhor?

Capítulo 44

Maria
A escolha perfeita

No capítulo anterior, começamos uma série em duas partes sobre as irmãs chamadas Marta e Maria. Elas viviam em Betânia, fora de Jerusalém, com seu irmão Lázaro. Os três amavam ao Senhor, e Jesus gostava de visitar e descansar na casa deles.

O desejo de aprender de Maria

Ao estudarmos a vida de Maria, notaremos que ela não era como Marta, que estava sempre ocupada com muitas tarefas. Maria tinha uma natureza calma. Apesar de serem diferentes, cada uma amava e servia a Jesus à sua maneira.

Ao lermos sobre Marta no livro de Lucas 10, também lemos sobre Maria. No versículo 39, esta se encontra sentada aos pés de Jesus ouvindo Suas palavras. Em outras passagens da Bíblia, vemos Maria sentada aos pés de Jesus porque queria ouvi-lo. Maria nos dá um grande exemplo de humildade.

Você se lembra das palavras de Jesus em Lucas 10:42? *Entretanto, pouco é necessário ou mesmo uma só coisa; Maria, pois, escolheu a boa parte, e esta não lhe será tirada.* Qual era essa boa parte? É o tempo que investimos em comunhão com o Senhor através do estudo da Bíblia e oração. A boa parte é aquilo que o Senhor nos ensina quando passamos um tempo a sós com Ele. As verdades que aprendemos aos pés de Jesus nunca nos poderão ser tiradas.

Maria quis aprender com Jesus. E cada uma de nós? Temos fome do alimento espiritual? O que fazemos para satisfazer nosso apetite espiritual? Investimos tempo para ouvir o que Jesus tem a nos dizer por meio de Sua Palavra? Maria compreendeu a importância deste ensino para sua vida. No Sermão do Monte, Jesus prometeu: *Bem-aventurados os que têm fome e sede de justiça, pois serão satisfeitos* (Mateus 5:6). Jesus é o único meio de saciar nossa fome espiritual.

A tristeza de Maria

Como Maria lidou com a dor em sua vida? Podemos observar a diferença entre as duas irmãs com os acontecimentos que envolveram a morte de Lázaro. Marta foi ao encontro de Jesus enquanto Ele ainda se dirigia à sua casa. Maria permaneceu em seu lar. Depois que Jesus havia consolado Marta, ela voltou para casa para dizer a Maria que Jesus havia chegado e a procurava. De imediato, Maria foi ao encontro de Jesus. João 11:28-36 relata o seguinte:

²⁸Tendo dito isto, retirou-se e chamou Maria, sua irmã, e lhe disse em particular: O Mestre chegou e te chama. ²⁹Ela, ouvindo isto, levantou-se depressa e foi ter com ele, ³⁰pois Jesus ainda não tinha entrado na aldeia, mas permanecia onde Marta se avistara com ele. ³¹Os judeus que estavam com Maria em casa e a consolavam, vendo-a levantar-se depressa e sair, seguiram-na, supondo que ela ia ao túmulo para chorar. ³²Quando Maria chegou ao lugar onde estava Jesus, ao vê-lo, lançou-se-lhe aos pés, dizendo: Senhor, se estiveras aqui, meu irmão não teria morrido. ³³Jesus, vendo-a chorar, e bem assim os judeus que a acompanhavam, agitou-se no espírito e comoveu-se. ³⁴E perguntou: Onde o sepultastes? Eles lhe responderam: Senhor, vem e vê! ³⁵Jesus chorou. ³⁶Então, disseram os judeus: Vede quanto o amava.

Estou segura de que ambas as irmãs amavam seu irmão e lamentaram sua morte, mas, somos informados somente sobre as lágrimas de Maria. Quando Jesus a viu chorando e com seu coração ferido, Ele também chorou. Assim, Maria pôde constatar a humanidade de Jesus, sendo capaz de compartilhar com ela suas lágrimas e seu pesar.

O livro de João 11:31 narra sobre os judeus que estavam na casa para confortar Maria. As irmãs tinham ao seu redor pessoas que as amavam e se preocupavam com elas o suficiente para compartilhar sua dor e tristeza. Eram mulheres muito conhecidas em sua comunidade. Por seu testemunho prévio perante essas pessoas, Maria e Marta puderam compartilhar com todos seus amigos o milagre de quando Jesus ressuscitou Lázaro. João 11:45 diz: *Muitos, pois, dentre os judeus que tinham vindo visitar Maria, vendo o que fizera Jesus, creram nele.*

Mesmo diante das horas tenebrosas que seguiram o falecimento de seu irmão, seu lar permaneceu aberto. Elas poderiam ter fechado as portas para ficarem sós. Acredito que Deus honrou o testemunho delas, e devido a isto, outros creram.

Ela fez o que pôde

Alguns dias depois, houve uma festa na casa de Maria, Marta e Lázaro. Jesus e Seus discípulos estavam presentes. João 12:2-3 afirma:

> ²Deram-lhe, pois, ali, uma ceia; Marta servia, sendo Lázaro um dos que estavam com ele à mesa. ³Então, Maria, tomando uma libra de bálsamo de nardo puro, mui precioso, ungiu os pés de Jesus e os enxugou com os seus cabelos; e encheu-se toda a casa com o perfume do bálsamo.

Quando a fragrância do perfume se espalhou por toda casa, algumas pessoas criticaram Maria. Judas Iscariotes, que posteriormente traiu Jesus, disse que derramar o perfume era um desperdício de dinheiro. Mas como Jesus reagiu? João 12:7-8 relata:

> ⁷Jesus, entretanto, disse: Deixa-a! Que ela guarde isto para o dia em que me embalsamarem; ⁸porque os pobres, sempre os tendes convosco, mas a mim nem sempre me tendes.

Marcos 14:8-9 explica as palavras de Jesus:

⁸Ela fez o que pôde: antecipou-se a ungir-me para a sepultura. ⁹Em verdade vos digo: onde for pregado em todo o mundo o evangelho, será também contado o que ela fez, para memória sua.

Jesus expôs aos Seus discípulos os fatos que circundariam Sua morte e sepultamento. Maria, com certeza, ouviu-o e guardou o perfume para ungir o corpo de Jesus. Agora ela trouxe o perfume e o derramou sobre os pés de Jesus quando Ele ainda vivia. Jesus pôde apreciar a fragrância. Como deve ter sido agradável sentir aquele perfume, pois Ele sabia que Maria tinha amor em seu coração quando ungiu Seus pés e os secou com seus cabelos.

Ela demonstrou amor

Apesar das ações de Maria estarem registradas na Bíblia, sabemos pouco sobre o que ela disse. Maria quase sempre está silente. Somente uma vez lemos suas palavras, e ela somente repetiu o que Marta disse após a morte de Lázaro. *Maria prostou-se aos pés de Jesus e disse: Senhor, se estiveras aqui, meu irmão não teria morrido* (João 11:32).

Maria amava silenciosamente. Frequentemente, tentamos expressar nosso amor por alguém por meio de palavras. Às vezes, dizemos: "Eu sei como você está se sentindo", quando nunca passamos por uma experiência semelhante. Precisamos aprender com Maria sobre o grande poder do amor silente. Vemos este poder claramente manifesto em Marcos 14:9 quando Jesus disse: *Em verdade vos digo: onde for pregado em todo o mundo o evangelho, será também contado o que ela fez, para memória sua.* O ato de adoração de Maria, motivado por seu amor, nunca será esquecido. Ela deu tudo que tinha; fez tudo o que pôde. Como mostramos ao Senhor que o amamos? Estabelecemos limites prometendo amar, servi-lo e nos entregarmos a Ele apenas até certo ponto?

Pensamentos finais
Maria nos ensina lições importantes. Primeiramente, precisamos compreender que para obter maior e mais profundo conhecimento de Deus, devemos sentar-nos humildemente aos pés de Jesus. Não devemos nos distrair com as atividades que nos rodeiam nem permitir que o trabalho nos ocupe a tal ponto de impedir-nos de aprender com Ele.

Em segundo, precisamos fazer tudo o que podemos da melhor maneira. Tudo o que possuímos provém de Deus: nosso tempo, talento, dinheiro; todas essas bênçãos são vindas dele. Devemos nos consagrar totalmente a Ele, sem retermos nada conosco.

Terceiro, precisamos mostrar amor ao nosso próximo. Maria e Marta compartilharam seu lar e tudo que tinham com outras pessoas. Com certeza, elas demonstraram amor por Jesus e Seus discípulos. Jesus nos ensinou a amarmos uns aos outros. Façamos o nosso melhor, com a Sua ajuda, demonstremos amor por todos os que nos cercam.

Tópicos para discussão

1. Quais características diferenciam as duas irmãs?
2. O que Jesus quis dizer ao afirmar que a escolha de Maria não lhe seria retirada?
3. Por que Jesus chorou?
4. De que forma singular Maria expressou seu amor por Jesus?
5. Quais lições práticas você aprendeu através da vida de Maria?

Capítulo 45

A mulher samaritana
O poderoso testemunho

No início deste livro, estudamos sobre a meretriz Raabe e a escrava de Naamã. Ambas superaram circunstâncias difíceis e demonstraram ter grande coragem. Neste estudo bíblico veremos outro exemplo de uma mulher que triunfou sobre seu passado.

O cenário
O relato do encontro entre a mulher samaritana e Jesus encontra-se em João 4:1-42. Os versículos 4-7 relatam o marco desse encontro:

> ⁴E era-lhe necessário atravessar a província de Samaria. ⁵Chegou, pois, a uma cidade samaritana, chamada Sicar, perto das terras que Jacó dera a seu

filho José. ⁶Estava ali a fonte de Jacó. Cansado da viagem, assentara-se Jesus junto à fonte, por volta da hora sexta. ⁷Nisto, veio uma mulher samaritana tirar água. Disse-lhe Jesus: Dá-me de beber.

E era-lhe necessário atravessar a província de Samaria. Que palavras tão estranhas para começar uma leitura bíblica. Precisamos conhecer os antecedentes. A história destaca que o caminho por Samaria era a rota mais curta entre Galileia e Jerusalém. Os fariseus e os judeus, geralmente, utilizavam o caminho mais longo através de Pereia. Por quê? Para evitar qualquer contato com o povo samaritano.

Quem eram os samaritanos? Eles eram uma raça misturada, resultante de inter-relacionamentos entre os israelitas e os gentios trazidos à terra dos conquistadores assírios quando o Reino do Norte fora levado ao exílio (2 Reis 17:24). Mais tarde, no livro de Esdras 4 e de Neemias 4, lemos sobre a amarga divisão entre os israelitas e samaritanos que resultou na construção de dois templos no Monte Gerizim. Estes povos cultivaram entre si grande ódio e uma rivalidade religiosa forte que ainda prevalecia quando Jesus se encontrou com a mulher samaritana ao lado do poço.

Jesus Cristo estava cansado e sedento. No entanto, Ele despendeu Seu tempo para conversar com a mulher que veio buscar água. Ele jamais a vira antes, e ela obviamente não sabia quem Ele era. Porém, Jesus sabia que ela tinha uma necessidade espiritual. Que exemplo para nós! Percebemos as necessidades de outras pessoas quando tudo está bem conosco? Se estivéssemos com calor, sedentas ou cansadas, estaríamos dispostas a investir tempo em ouvir pessoas, falar com elas e tentar ajudá-las em seus problemas?

Confrontando o passado

A mulher samaritana foi surpreendida pelo fato de um homem judeu ter ido conversar com ela e pedir água para beber. Os judeus odiavam tanto os samaritanos, que era muito estranho para um judeu viajar por Samaria. Mas, Jesus falou de modo a chamar sua atenção. Ele falou com gentileza, porém, com autoridade, respondendo todas as perguntas que ela lhe fez. Mesmo assim, ela não entendeu o que Ele estava dizendo. Ela discutia defensivamente sobre o poço. Jesus dilacerou seu orgulho pedindo-lhe que chamasse o seu marido. Imediatamente, ela teve a percepção do pecado em sua vida, e humildemente reconheceu: *Não tenho marido* (João 4:17). Com esta sincera confissão, sua vida começou a mudar.

Então, Jesus falou-lhe sobre seu passado pecaminoso. A mulher conscientizou-se de que Jesus devia ser um profeta e mudou o assunto da conversa. Sua preocupação voltou-se ao lugar apropriado para adorar a Deus. Mais uma vez, Jesus a corrigiu dizendo que o *lugar* não é o mais importante, mas sim o espírito de adoração.

O relacionamento é que importa

Jesus dedicou tempo explicando à mulher que a adoração que Deus aprova consiste em aceitar pessoalmente o Messias. Finalmente, ela parou de falar e ouviu o que Jesus tinha para lhe ensinar. A história continua em João 4:25-26:

²⁵Eu sei, respondeu a mulher, que há de vir o Messias, chamado Cristo; quando ele vier, nos anunciará todas as coisas. ²⁶Disse-lhe Jesus: Eu o sou, eu que falo contigo.

Esta mulher tinha má reputação em decorrência de sua vida imoral, entretanto, ao confessar livremente seu pecado, teve o privilégio de escutar diretamente dos lábios de Jesus a afirmação de que Ele era sem dúvida o Messias. Jesus satisfez a necessidade daquela mulher. Seu passado foi perdoado e sua vida mudou completamente. Quando ela regressou ao seu povo, as pessoas foram até o poço para ouvirem por si mesmas os ensinamentos de Jesus. A Bíblia declara que Jesus ficou naquele lugar durante dois dias e que muitos creram nele.

Pensamentos finais

Você já aceitou Jesus como seu Salvador pessoal? Sua vida está dedicada a Ele? Você já compartilhou com outra pessoa o que Ele fez em sua vida? A história dessa mulher no poço representa um exemplo de que Jesus se preocupa com cada uma de nós. Ainda hoje, Ele se preocupa. Ele se preocupa com você. Ele pode curar as feridas mais profundas, acalmar os piores medos e compreender nossos pensamentos mais íntimos. Ele deseja mudar nossas vidas através de um perdão total e completa purificação.

João 4:39 relata: *Muitos samaritanos daquela cidade creram nele, em virtude do testemunho da mulher, que anunciara: Ele me disse tudo quanto tenho feito.*

A história não somente mostra o amor de Jesus pelas pessoas, este versículo também dá aos cristãos um exemplo a seguir.

A mulher samaritana arrependeu-se de seus pecados e creu em Jesus, e disse aos outros o que havia visto, ouvido e feito. Jesus quer que façamos o mesmo nos dias de hoje. Quer que cumpramos a nossa missão, a qual implica em: dizer a outras pessoas quem é Jesus e o que Ele fez por você.

Pense um momento. Há um grupo racial ou classe social que é odiado em sua comunidade? Existem pessoas que você ou sua família consideram inimigas? Alguma vez você já tentou alcançar essas pessoas para ajudá-las e relatar-lhes o amor de Deus? Se você não o fez, quem fará?

Tópicos para discussão
1. A quem você já testemunhou sobre o que Jesus fez em sua vida?
2. Se você estivesse conversando com Jesus hoje, que parte de seu passado ou presente precisaria abordar com Ele e pedir-lhe Seu perdão?
3. Que exemplos Jesus nos deu sobre como testemunhar a outras pessoas?
4. Mencione duas maneiras que Jesus utilizou para corrigir as crenças da mulher samaritana.
5. Explique por que e como as Boas-Novas de Jesus Cristo ultrapassam todas as barreiras.

Capítulo 46

A mulher adúltera
Encontro com Jesus

Muitas mulheres anônimas na Bíblia podem nos ensinar valiosas lições por meio de suas vidas. Neste capítulo, veremos uma mulher que foi surpreendida em adultério, porém Jesus a salvou de morrer por apedrejamento.

O cenário

Não nos é dito o nome desta mulher nem detalhes sobre seu histórico familiar. Sabemos que ela conheceu Jesus Cristo pessoalmente e experimentou Seu perdão e bondade. Ela viu a sabedoria de Jesus em ação e ouviu Ele falar.

Pouco antes de conhecer esta mulher, Jesus havia passado um tempo a sós no Monte das Oliveiras. Não sabemos a razão por Jesus encontrar-se naquele lugar, mas sabemos que Ele

A mulher adúltera

conversou com Seu Pai Celestial. Do Monte das Oliveiras. Dali, Ele seguiu para a área do templo.

Muitas pessoas iam ao templo para ver e ouvir Jesus. Enquanto Ele ensinava, os líderes religiosos trouxeram-lhe uma mulher surpreendida em adultério. Eles a fizeram ficar em pé diante de todos. Em seguida, a acusaram de adultério e disseram que a surpreenderam nesta prática. Eles lembraram ao Mestre de que de acordo com a Lei de Moisés, ela deveria ser apedrejada. O livro de João 8:2-9 relata:

> ²De madrugada, voltou novamente para o templo, e todo o povo ia ter com ele; e, assentado, os ensinava. ³Os escribas e fariseus trouxeram à sua presença uma mulher surpreendida em adultério e, fazendo-a ficar de pé no meio de todos, ⁴disseram a Jesus: Mestre, esta mulher foi apanhada em flagrante adultério. ⁵E na lei nos mandou Moisés que tais mulheres sejam apedrejadas; tu, pois, que dizes? ⁶Isto diziam eles tentando-o, para terem de que o acusar. Mas Jesus, inclinando-se, escrevia na terra com o dedo. ⁷Como insistissem na pergunta, Jesus se levantou e lhes disse: Aquele que dentre vós estiver sem pecado seja o primeiro que lhe atire pedra. ⁸E, tornando a inclinar-se, continuou a escrever no chão. ⁹Mas, ouvindo eles esta resposta e acusados pela própria consciência, foram-se retirando um por um, a começar pelos mais velhos até aos últimos, ficando só Jesus e a mulher no meio onde estava.

O adúltero e a adúltera

Esta é uma breve história da Palavra de Deus, e sem dúvida, tem muitas lições para nossas vidas. Primeiro, precisamos aprender com os líderes religiosos. Eles estavam sempre dispostos a encontrar o pecado na vida de outras pessoas, mas não eram rápidos para admitirem seus próprios pecados. Citaram a Lei de Moisés como se Jesus não a conhecesse! Porém, não mencionaram uma parte importante. Não disseram nada sobre o castigo para o homem com quem ela fora encontrada cometendo adultério. O livro de Levítico 20:10 especifica a Lei: *Se um homem adulterar com a mulher do seu próximo, será morto o adúltero e a adúltera.*

Deus diz claramente que o adúltero e a adúltera devem ser condenados à morte. Onde estava o homem? Jamais saberemos o porquê a Palavra de Deus não menciona. Precisamos ter cuidado para não sermos orgulhosas ao acusar outras pessoas de pecado em suas vidas. Se pudéssemos somente aprender a sermos rápidas em julgar nosso próprio pecado confessando-o a Deus, como julgamos o pecado de outros. Graças a Deus por Ele ter providenciado uma completa limpeza, mediante o sangue que Jesus Cristo derramou sobre a cruz.

Perdão, não aprovação

É importante sabermos que Jesus não aprovou o comportamento desta mulher. Ela fora culpada por adultério. Adultério é uma violação voluntária ao mandamento de Deus estabelecido em Êxodo 20:14: *Não adulterarás.* No jardim do Éden, Deus estabeleceu e ordenou o matrimônio como uma união física e espiritual entre um homem e uma mulher para toda a vida. Gênesis 2:20-24 nos dá um ensinamento claro sobre o casamento. O adultério viola essa sagrada união.

Jesus lidou sabiamente com a tentativa dos líderes religiosos em enganá-lo. O Senhor Jesus conhecia perfeitamente a Lei. Porém, se Ele sugerisse apedrejá-la, não teria demonstrado o perdão de pecados que estava ensinando. Se Ele a tivesse deixado ir, estaria contradizendo a lei de Deus.

A mulher era culpada e tinha plena consciência de seu pecado. O pior, é que seu pecado havia sido exposto diante de todos que estavam no templo. Qual foi a reação de Jesus? Ele manteve-se calado por um momento. E depois, olhando para o chão, escreveu no solo.

Os líderes religiosos irritaram-se porque Jesus não respondeu à acusação feita por eles, insistiram em perguntar o que deveria ser feito. A Escritura diz que eles o testavam. A resposta de Jesus deve ter surpreendido aqueles que o ouviam. João 8:7 explica: *Como insistissem na pergunta, Jesus se levantou e lhes disse: Aquele que dentre vós estiver sem pecado seja o primeiro que lhe atire pedra.*

Jesus se inclinou novamente e continuou escrevendo no chão. O que Ele escreveu está aberto para especulações, mas o resultado foi claro. Os acusadores pararam de falar e não atiraram uma pedra sequer. Mansamente se retiraram sob a convicção de suas próprias ações pecaminosas. Nenhum deles pôde permanecer diante de Deus e afirmar que não tinha pecado. Por isso, foi necessário o pagamento que Cristo fez por nossos pecados.

A reação da mulher

Você percebeu que a mulher permaneceu em silêncio? Não tentou defender-se nem culpar o homem. Ela nem sequer implorou por misericórdia. Quando seus acusadores deixaram o templo, ela poderia ter saído também. Mas permaneceu ali e pacientemente esperou para ver o que Jesus tinha para lhe dizer. Sabia quem era Jesus, porque se dirigiu a Ele como *Senhor*. João 8:10-11 conclui o relato:

> [10]Erguendo-se Jesus e não vendo a ninguém mais além da mulher, perguntou-lhe: Mulher, onde estão aqueles teus acusadores? Ninguém te condenou? [11]Respondeu ela: Ninguém, Senhor! Então, lhe disse Jesus: Nem eu tampouco te condeno; vai e não peques mais.

Jesus lhe deu esperança ao dizer: *Nem eu tampouco te condeno*. Mas, ao mesmo tempo também lhe disse *vai e não peques mais*. O perdão pelos pecados é um dom de Deus. Contudo, Deus espera que homens e mulheres façam sua parte, ou seja, mantenham-se longe do pecado e de situações que os levem a pecar. Deus perdoará, mas é muito melhor não pecar!

A Bíblia nada mais menciona sobre esta mulher. Ela provavelmente saiu do templo naquele instante, e iniciou um novo estilo de vida.

Pensamentos finais

Este texto nos ensina três lições bíblicas:

- Devemos ser lentas em destacar o pecado de outras pessoas, especialmente se não tivermos lidado com o nosso próprio pecado. Mateus 7:1 determina: *Não julgueis, para que não sejais julgados*.

- Precisamos aprender a perdoar os outros. Marcos 11:25 ordena: *E, quando estiverdes orando, se tendes alguma coisa contra alguém, perdoai, para que vosso Pai celestial vos perdoe as vossas ofensas.*
- Devemos aprender a enfrentar o pecado em nossas vidas e pedir perdão a Jesus. 1 João 1:9 promete: *Se confessarmos os nossos pecados, ele é fiel e justo para nos perdoar os pecados e nos purificar de toda injustiça.*

Tópicos para discussão

1. O que as Escrituras mencionam sobre os antecedentes da mulher adúltera?
2. Por que é tão perigoso acusar o pecado alheio?
3. Como Jesus demonstrou sabedoria e compaixão?
4. Explique a diferença entre condenar um pecado e aprová-lo.
5. Dê três exemplos de lições que você pode aprender com esta história.

Capítulo 47

Maria Madalena
O verdadeiro perdão

Como Raabe, a prostituta e a mulher samaritana, Maria Madalena teve um passado duvidoso. Porém, sua história é um lindo exemplo de amor e perdão.

A história de Maria Madalena

Maria era um nome muito comum entre os judeus. Magdala é o lugar de seu nascimento. Assim como Jesus era chamado de Nazareno por causa de Nazaré, Maria se chamava Madalena. A Bíblia nada registra sobre seus pais, sua idade ou estado civil. Antes de conhecer Jesus ela estava possuída por demônios. A ação dos demônios pode ser descrita usando três níveis de influência satânica: opressão, obsessão e possessão.

A *opressão* é uma pressão incomum exercida exteriormente, e geralmente afeta a saúde e a capacidade da pessoa para agir ou pensar com clareza. Isto pode ser refletido em medos anormais, ansiedades ou alguns tipos de depressão.

A *obsessão* é uma opressão mais severa e mais profunda.

A *possessão* ou o termo *possuído por demônios* significa que a pessoa está completamente controlada por um demônio ou que tem demônios habitando em seu corpo. Os verdadeiros cristãos não podem ser possuídos por demônios.

Existem muitas correntes de interpretação quanto à dimensão do poder e influência que Satanás e seus demônios podem exercer sobre os cristãos. Satanás, o pai da mentira e do engano, confundiu inteligentemente muitos teólogos e dividiu a Igreja sobre estes ensinos. Sem dúvida, a Bíblia em nenhuma parte ordena aos cristãos que expulsem demônios de si mesmos e de outros crentes. Por outro lado, os cristãos são instruídos a estar em alerta constante contra os ataques satânicos e a resistí-los. 1 Pedro 5:8-9 ensina:

> [8]Sede sóbrios e vigilantes. O diabo, vosso adversário, anda em derredor, como leão que ruge procurando alguém para devorar; [9]resisti-lhe firmes na fé...

O livro de Efésios 6:10-20 explica o procedimento que os cristãos devem utilizar para resistir ao Diabo, revestindo-se com toda a armadura de Deus.

Os que estão dominados por demônios, estão atados por um poder maior que eles próprios. Maria Madalena estava sujeita aos demônios. No entanto, isto não quer dizer que ela era imoral, talvez tenha sido uma boa pessoa apesar de demônios habitarem nela.

Saber que Maria Madalena foi liberta não apenas de um demônio, mas sete, explica a extensão de sua devoção a Cristo. Só podemos imaginar a mudança produzida em sua vida após o poder demoníaco ter sido destituído.

Depois de ser liberta dos demônios, Maria Madalena foi uma das mais fiéis seguidoras de Jesus. Os evangelhos a mencionam 14 vezes, com frequência, junto a outras mulheres e cinco, separadamente, nos acontecimentos que envolvem a morte e ressurreição de Jesus Cristo. A cena em que Jesus lhe falou no jardim, na manhã de Sua ressurreição é uma das mais conhecidas.

A fidelidade de Maria Madalena

Maria Madalena esteve ao lado de Maria, a mãe de Jesus, no dia da crucificação e experimentou grande tristeza. Na manhã da ressurreição, ela estava entre os primeiros que chegaram ao sepulcro. Imaginem o que sentiu ao ver a tumba vazia. Com lágrimas nos olhos, correu para contar a Pedro e João. Os três voltaram juntos ao sepulcro. Quando Pedro e João certificaram-se de que o túmulo estava vazio, voltaram às suas casas, porém Maria permaneceu junto à entrada do sepulcro chorando, como afirma João 20:11-17:

> [11]Maria, entretanto, permanecia junto à entrada do túmulo, chorando. Enquanto chorava, abaixou-se, e olhou para dentro do túmulo, [12]e viu dois anjos vestidos de branco, sentados onde o corpo de Jesus fora posto, um à cabeceira e outro aos pés. [13]Então, eles lhe perguntaram: Mulher, por que choras? Ela lhes

respondeu: Porque levaram o meu Senhor, e não sei onde o puseram. ¹⁴Tendo dito isto, voltou-se para trás e viu Jesus em pé, mas não reconheceu que era Jesus. ¹⁵Perguntou-lhe Jesus: Mulher, por que choras? A quem procuras? Ela, supondo ser ele o jardineiro, respondeu: Senhor, se tu o tiraste, dize-me onde o puseste, e eu o levarei. ¹⁶Disse-lhe Jesus: Maria! Ela, voltando-se, lhe disse, em hebraico: Raboni (que quer dizer Mestre)! ¹⁷Recomendou-lhe Jesus: Não me detenhas; porque ainda não subi para meu Pai, mas vai ter com os meus irmãos e dize-lhes: Subo para meu Pai e vosso Pai, para meu Deus e vosso Deus.

Jesus honrou Maria Madalena, e esta honra nunca lhe será tirada. Foi a primeira pessoa a ver o Salvador ressuscitado e a ouvi-lo falar após Sua ressurreição. Ao reconhecer Sua voz, sua primeira reação foi tocá-lo, mas, Jesus não lhe permitiu. Talvez fosse necessário compreender que a presença física de Jesus já não era mais primordial em sua vida. Agora, ela precisava aprender sobre uma comunhão espiritual e íntima com Deus. Era um conceito totalmente novo e seria um novo relacionamento que duraria mesmo após o retorno do Senhor Jesus aos céus.

Pensamentos finais
Maria Madalena poderia ter mergulhado em total desespero devido ao seu passado e suas atuais circunstâncias. Poderia ter responsabilizado Deus, tornar-se amarga ou sofrer culpa e vergonha. Porém, ela superou seu passado para servir a Deus.

Hoje você pode fazer o mesmo mediante um relacionamento pessoal com Jesus Cristo. João 8:36 afirma: *Se, pois, o Filho vos libertar, verdadeiramente sereis livres.* Talvez você esteja sendo subjugado por medo, drogas, álcool, pornografia ou miríades de outras influências controladoras. Venha arrependida e com fé ao Senhor Jesus Cristo, Ele a libertará!

Tópicos para discussão
1. Quais as instruções dadas aos cristãos sobre Satanás?
2. De que maneira Jesus transformou a vida de Maria, após libertá-la da escravidão satânica?
3. Por que Maria foi tão devota a Jesus?
4. O que a motiva a servir a Deus?
5. Você — ou alguém conhecido — está escravizado por qualquer substância ou influência? Quais as promessas contidas no livro de João 8:36? Explique como o perdão outorga liberdade às pessoas.

Capítulo 48

Safira
A mulher enganosa

A MINHA ORAÇÃO É DE que este estudo seja uma solene recordação a cada uma de nós sobre a gravidade do pecado. Estudaremos os pecados de engano e mentira, sobre os quais a Bíblia diz que ...*são abomináveis ao Senhor...* em Provérbios 12:22.

Pouco tempo após Jesus ter ascendido ao céu, os cristãos primitivos formaram a primeira igreja em Jerusalém. Com a ajuda do Espírito Santo, a igreja crescia diariamente. Na igreja primitiva havia um casal cujos nomes eram Ananias e Safira.

Antecedentes

A Bíblia não nos dá qualquer informação acerca da história, família ou bens de Ananias e Safira. O que sabemos é que firmaram um acordo para mentir sobre seu dinheiro. Para colocar a situação no contexto apropriado, precisamos ler Atos 4:32,34-35:

> ³²Da multidão dos que creram era um o coração e a alma. Ninguém considerava exclusivamente sua nem uma das coisas que possuía; tudo, porém, lhes era comum. [...] ³⁴Pois nenhum necessitado havia entre eles, porquanto os que possuíam terras ou casas, vendendo-as, traziam os valores correspondentes ³⁵e depositavam aos pés dos apóstolos; então, se distribuía a qualquer um à medida que alguém tinha necessidade.

Observe que os primeiros cristãos em Jerusalém haviam concordado em compartilhar tudo o que possuíam. Também tinham concordado em estabelecer um caixa comum para distribuir aos necessitados. Nenhum membro do grupo era forçado a isso; a participação era completamente voluntária, fato importante a ser mencionado.

Seu pacto diabólico

Agora que conhecemos o cenário, comecemos a ler a história de Ananias e Safira como a encontramos em Atos 5:1-4. Ao final do capítulo 4 do livro de Atos, encontramos o relato sobre Barnabé, que vendeu suas terras e entregou o dinheiro aos apóstolos. Como contraste, o capítulo 5 começa com a palavra *entretanto*.

> ¹Entretanto, certo homem, chamado Ananias, com sua mulher Safira, vendeu uma propriedade,

²mas, em acordo com sua mulher, reteve parte do preço e, levando o restante, depositou-o aos pés dos apóstolos. ³Então, disse Pedro: Ananias, por que encheu Satanás teu coração, para que mentisses ao Espírito Santo, reservando parte do valor do campo? ⁴Conservando-o, porventura, não seria teu? E, vendido, não estaria em teu poder? Como, pois, assentaste no coração este desígnio? Não mentiste aos homens, mas a Deus.

O pecado

Como Barnabé, Ananias e Safira também venderam um lote de terra, mas fizeram um acordo para guardar uma parte do dinheiro para si mesmos. Foram acusados de serem ambiciosos, mas a Bíblia registra um pecado diferente — o engano. Reter parte do seu próprio dinheiro não era pecado. O dinheiro era deles e poderiam doá-lo em parte ou em seu total. Ambos pecaram porque tentaram convencer os outros na igreja de que estavam doando todo o dinheiro que haviam recebido da venda.

O plano deles foi definitivamente um engano, uma mentira. Por isso Pedro os admoestou severamente, por haverem mentido ao Espírito Santo. As consequências estão especificadas claramente no livro de Atos 5:5-6:

⁵Ouvindo estas palavras, Ananias caiu e expirou, sobrevindo grande temor a todos os ouvintes.
⁶Levantando-se os moços, cobriram-lhe o corpo e, levando-o, o sepultaram.

Três horas mais tarde, aproximadamente, Safira se apresentou à reunião na igreja. O apóstolo Pedro a confrontou sobre o dinheiro. Safira mentiu, e também caiu morta instantaneamente. Atos 5:7-10 declara:

> ⁷Quase três horas depois, entrou a mulher de Ananias, não sabendo o que ocorrera. ⁸Então, Pedro, dirigindo-se a ela, perguntou-lhe: Dize-me, vendestes por tanto aquela terra? Ela respondeu: Sim, por tanto. ⁹Tornou-lhe Pedro: Por que entrastes em acordo para tentar o Espírito do Senhor? Eis aí à porta os pés dos que sepultaram o teu marido, e eles também te levarão. ¹⁰No mesmo instante, caiu ela aos pés de Pedro e expirou. Entrando os moços, acharam-na morta e, levando-a, sepultaram-na junto do marido.

As consequências do engano

Safira decidiu seguir adiante com o plano desonesto de seu marido. Sua lealdade era devida ao seu esposo e não a Deus. Quando Pedro lhe perguntou diretamente acerca do dinheiro, ela mentiu sem qualquer remorso.

Ananias e Safira morreram por uma mentira. Para nós, é difícil compreender, mas, creio que o propósito de Deus ao agir desta forma foi para que servisse de eterno testemunho sobre quão terrível é a mentira aos olhos do Pai. A igreja de Jerusalém foi a primeira igreja, tinham muitas lições para aprender e a Bíblia diz que um grande temor sobreveio a todos que souberam do acontecido. Ninguém teve qualquer dúvida de como Deus se sentiu sobre a mentira.

Pensamentos finais

E nós? Pensamos que o pecado da mentira atualmente é menos severo aos olhos de Deus, do que nos tempos bíblicos? Não é! Devemos examinar sempre nossas vidas para certificarmo-nos da honestidade. Não há meio-termo quando somos confrontados; ou falamos a verdade ou mentimos.

Devemos nos conscientizar, aqueles que nos cercam devem saber que somos verdadeiramente honestos. Sendo mãe, alguma vez você permitiu que seus filhos fizessem algo não permitido pelo pai, como ir assistir a um filme ou ir a determinado lugar? Então, depois disso disse a eles: "Não falei isso ao seu pai, isso será nosso segredinho!"

Você gasta além de suas possibilidades em roupas, cosméticos, móveis ou joias para aparentar mais riqueza?

Como você se expressa quando está somente com seus filhos? Grita ou xinga no caminho à igreja, mas quando ali chega, fala docemente com o pastor e outros que encontra?

Estas são formas sutis de demonstrarmos aos nossos filhos e pessoas que nos rodeiam que a mentira e o engano são aceitáveis. Estamos ensinando nossos filhos a falar a verdade, através de nosso exemplo? Ou permitimos que nos vejam agindo perniciosamente para causar boa impressão a outros?

Peçamos a Deus para nos perdoar e ajudar a vivermos honestamente. Medite nos seguintes versículos para ver o que Deus diz sobre a mentira:

- *Os lábios mentirosos são abomináveis ao Senhor, mas os que agem fielmente são o seu prazer* (Provérbios 12:22).
- *Senhor, livra-me dos lábios mentirosos, da língua enganadora* (Salmo 120:2).

- *Por isso, deixando a mentira, fale cada um a verdade com o seu próximo, porque somos membros uns dos outros (Efésios 4:25).*

Tópicos para discussão

1. Como os membros da igreja primitiva ajudavam uns aos outros?
2. De que maneira Safira concordou com seu marido?
3. O casal pecou por separar parte do dinheiro para si mesmo?
4. Por que Deus os puniu de maneira tão rápida e severa?
5. Considerando a gravidade da mentira, como podemos ensinar nossos filhos?

Capítulo 49

Dorcas
A ajudante generosa

Alguém já disse: "É impressionante o quanto pode ser realizado quando ninguém se importa sobre quem receberá o crédito." Isto aconteceu na vida de Dorcas, que cumpriu suas tarefas sem considerar até onde poderiam chegar as consequências de seu trabalho.

A Bíblia usa somente sete versículos para contar sobre a vida de Dorcas. Sem dúvida, é um exemplo para as mulheres de todas as localidades sobre a importância de ajudar os outros, e como isto reflete em nosso testemunho cristão.

Antecedentes

Dorcas vivia em uma cidade portuária chamada Jope. Viveu nos tempos da formação da igreja primitiva, logo após a ressurreição de Jesus. A igreja estava crescendo rápida e firmemente sob a liderança do apóstolo Pedro.

A Bíblia chama Dorcas de *discípula*, que significa seguidora de Cristo. Não sabemos onde Dorcas conheceu Jesus, onde aprendeu a costurar nem a razão de seu especial interesse pelas viúvas.

Encontramos sua história em Atos 9:36-42. O versículo 36 descreve: *Havia em Jope uma discípula por nome Tabita, nome este que, traduzido, quer dizer Dorcas; era ela notável pelas boas obras e esmolas que fazia.*

Tabita em hebreu é o equivalente ao nome grego Dorcas. Em grego, Dorcas significa *gazela*, um símbolo de beleza, entretanto, não sabemos se Dorcas era uma mulher bonita ou não, mas, definitivamente, refletiu a beleza de Jesus em sua vida por meio de sua compaixão pelas pessoas necessitadas.

Dorcas: Notável pelas boas obras

A frase *notável pelas boas obras* indica que ela fazia precisamente isso, ela não somente pensou em algo para ajudar as pessoas. Com frequência, nós temos boas intenções, mas quase nunca nos decidimos a colocá-las em prática ou nos vemos paralisados diante do acúmulo de necessidades que nos cercam. Sabemos que não podemos socorrer a necessidade de todos, então, nem tentamos ajudar uma ou duas pessoas que poderíamos.

Dorcas não era assim. Ela fazia tudo o que podia. Nosso testemunho cristão seria muito mais efetivo se tão somente fizéssemos aquilo que temos a intenção de fazer. Precisamos pedir ajuda a Deus para que nos torne ágeis, dispostas e prontas a seguir as orientações que o Espírito Santo nos dá referente às boas obras. Sejamos bem claras a respeito deste assunto. As boas obras não trazem salvação. A salvação é um presente de Deus que recebemos mediante a fé em Jesus Cristo. Para explicar sobre a salvação, geralmente citamos o livro de Efésios 2:8-9:

> ⁸Porque pela graça sois salvos, mediante a fé; e isto no vem de vós; é dom de Deus; ⁹não de obras, para que ninguém se glorie.

Não somos salvos por fazermos boas obras, mas demonstramos com nossas obras que recebemos a salvação. Efésios 2:10 continua com o pensamento: *Pois somos feitura dele, criados em Cristo Jesus para boas obras, as quais Deus de antemão preparou para que andássemos nelas.*

Tiago 2:14-17 explica a influência que nossas obras podem produzir na vida de outras pessoas. Na verdade, Deus nos diz que nossa fé é morta, se não a demonstrarmos através de nossas boas obras. Dorcas foi um bom exemplo do que nos ensina Tiago:

> ¹⁴Meus irmãos, qual é o proveito, se alguém disser que tem fé, mas não tiver obras? Pode, acaso, semelhante fé salvá-lo? ¹⁵Se um irmão ou uma irmã estiverem carecidos de roupa e necessitados do alimento cotidiano, ¹⁶e qualquer dentre vós lhes disser: Ide em paz, aquecei-vos e fartai-vos, sem, contudo, lhes dar o necessário para o corpo, qual é o proveito disso? ¹⁷Assim, também a fé, se não tiver obras, por si só está morta.

Dorcas: doente até a morte
Lemos em Atos 9:37-42 que Dorcas ficou doente e morreu.

> ³⁷Ora, aconteceu, naqueles dias, que ela adoeceu e veio a morrer; e, depois de a lavarem, puseram-na no cenáculo. ³⁸Como Lida era perto de Jope, ouvindo os discípulos que Pedro estava ali, enviaram-lhe dois homens que lhe pedissem: Não demores em vir ter conosco. ³⁹Pedro atendeu e foi com eles. Tendo chegado, conduziram-no para o cenáculo; e todas as viúvas o cercaram, chorando e mostrando-lhe túnicas e vestidos que Dorcas fizera enquanto estava com elas. ⁴⁰Mas Pedro, tendo feito sair a todos, pondo-se de joelhos, orou; e, voltando-se para o corpo, disse: Tabita, levanta-te! Ela abriu os olhos e, vendo a Pedro, sentou-se. ⁴¹Ele, dando-lhe a mão, levantou-a; e, chamando os santos, especialmente as viúvas, apresentou-a viva. ⁴²Isto se tornou conhecido por toda Jope, e muitos creram no Senhor.

Imaginemos a cena quando Pedro chegou ao quarto onde Dorcas estava deitada. Não sabemos se Dorcas teve família. Porém, quando morreu, as pessoas a quem ela ajudava, carregaram seu corpo. Também mandaram dois homens para pedir a Pedro que viesse. Evidentemente, Dorcas significava muito para essas pessoas. Seu amor e serviço como costureira a tornaram querida por todos.

O que estes cristãos esperavam de Pedro? A Bíblia não diz, mas alguma coisa eles esperavam. Ele desejavam o consolo para sua dor. Talvez também quisessem um conselho sobre os próximos passos. Talvez, esperassem que Pedro pudesse realizar um milagre, pois por meio do poder de Deus, Pedro tinha feito outros milagres. Qualquer que tenha sido a expectativa, o fato de mandarem buscar um homem de Deus, demonstra o grande respeito e fé no Deus em que Dorcas confiava.

Dorcas: ressuscitada pelo poder de Deus

Ao chegar, Pedro avaliou a situação. Ele pediu para que os presentes saíssem do quarto para poder estar a sós com Deus. Não sabemos o que ele orou nem o que pediu a Deus para fazer, mas, Deus operou um milagre e ressuscitou a vida de Dorcas.

Quando Dorcas abriu os olhos e se levantou, Pedro levou-a até as pessoas que choravam sua morte. Rapidamente, a cena mudou e as lágrimas dessas pessoas foram convertidas em gritos de alegria.

As pessoas mais próximas de Dorcas foram grandemente abençoadas pelo que Deus fez na vida dela. Mas a bênção não parou por ali. O livro de Atos 9:42 relata que o milagre se espalhou por todas as partes e muitos creram no Senhor. A igreja primitiva cresceu em número, mas ainda mais importante, tenho certeza — a fé em Deus e Seu poder também cresceu sobremaneira.

Pensamentos finais

Felizmente, Deus incluiu a vida de Dorcas em Sua Palavra. Ela foi descrita como uma mulher notável pelas boas obras. Ela ajudava os necessitados que, de outro modo, poderiam ter sido esquecidos.

As atividades de Dorcas nos lembram das palavras de Jesus no livro de Mateus 25:40: *O Rei, respondendo, lhes dirá: Em verdade vos afirmo que, sempre que o fizestes a um destes meus pequeninos irmãos, a mim o fizestes.*

Alguém precisa de sua ajuda hoje? Talvez nós não saibamos costurar como Dorcas. Algumas, talvez, sejam capazes de preparar o alimento para uma família necessitada, ajudar a limpar a casa, oferecer-se para cuidar dos filhos de alguém para que a mãe tenha um pouco de descanso, ensinar alunos, ensinar música, visitar alguém no hospital ou ler para um deficiente visual. A lista de como podemos ajudar outras pessoas é interminável, limitada somente por nossa imaginação. Peça a Deus para mostrar-lhe o que você pode fazer e como Dorcas — faça-o!

Tópicos para discussão

1. Por que Deus incluiu esta história na Bíblia?
2. Mencione três lições que podemos aprender com a vida de Dorcas.
3. Descreva o milagre que Deus realizou na vida de Dorcas. Por que Deus a ressuscitou?
4. Liste o nome de cinco pessoas que você pode ajudar. De que maneira e como planeja *fazê-lo?*
5. É importante ajudar as pessoas que nos rodeiam, por quê?

Capítulo 50

Rode
A serva perseverante

Em Sua Palavra, Deus apresenta a vida de mulheres que acharíamos valiosas, mas também relata sobre aquelas que chamaríamos insignificantes. Este capítulo descreve a vida da jovem serva — Rode. Ela trabalhava na casa de Maria, mãe de João Marcos, escritor do Evangelho de Marcos. O nome Rode significa *rosa*. A história de Rode começa quando atendeu um chamado à porta durante a noite.

Antecedentes

Durante esta época da história da Igreja, os cristãos eram perseguidos. Maria ao que parece, tinha um lar espaçoso, onde os cristãos de Jerusalém se reuniam frequentemente para adorar e orar. Naquela noite, em particular, estavam em fervente oração por Pedro, que se encontrava preso. Havia uma forte probabilidade de que Pedro fosse executado no dia seguinte porque o rei Herodes já havia ordenado a morte do apóstolo Tiago.

Enquanto os cristãos estavam orando, o Senhor enviou um anjo que ajudou Pedro a escapar da prisão. Quando Pedro andava pelas ruas de Jerusalém, foi direto à casa de Maria, e bateu à sua porta e Rode foi atendê-la. Ao reconhecer a voz de Pedro, sentiu grande emoção a ponto de esquecer-se de abrir a porta e deixá-lo entrar. O relato encontra-se no livro de Atos 12:3-16:

> [3]Vendo ser isto agradável aos judeus, prosseguiu, prendendo também a Pedro. E eram os dias dos pães asmos. [4]Tendo-o feito prender, lançou-o no cárcere, entregando-o a quatro escoltas de quatro soldados cada uma, para o guardarem, tencionando apresentá-lo ao povo depois da Páscoa. [5]Pedro, pois, estava guardado no cárcere; mas havia oração incessante a Deus por parte da igreja a favor dele. [6]Quando Herodes estava para apresentá-lo, naquela mesma noite, Pedro dormia entre dois soldados, acorrentado com duas cadeias, e sentinelas à porta guardavam o cárcere. [7]Eis, porém, que sobreveio um anjo do Senhor, e uma luz iluminou a prisão; e, tocando ele o lado de Pedro, o despertou, dizendo: Levanta-te depressa! Então, as cadeias caíram-lhe das mãos. [8]Disse-lhe o anjo: Cinge-te e calça as sandálias. E ele assim o fez. Disse-lhe mais: Põe a capa e segue-me. [9]Então, saindo, o seguia, não sabendo que

era real o que se fazia por meio do anjo; parecia-lhe, antes, uma visão. ¹⁰Depois de terem passado a primeira e a segunda sentinela, chegaram ao portão de ferro que dava para a cidade, o qual se lhes abriu automaticamente; e, saindo, enveredaram por uma rua, e logo adiante o anjo se apartou dele. ¹¹Então, Pedro, caindo em si, disse: Agora, sei, verdadeiramente, que o Senhor enviou o seu anjo e me livrou da mão de Herodes e de toda a expectativa do povo judaico. ¹²Considerando ele a sua situação, resolveu ir à casa de Maria, mãe de João, cognominado Marcos, onde muitas pessoas estavam congregadas e oravam. ¹³Quando ele bateu ao postigo do portão, veio uma criada, chamada Rode, ver quem era; ¹⁴reconhecendo a voz de Pedro, tão alegre ficou, que nem o fez entrar, mas voltou correndo para anunciar que Pedro estava junto do portão. ¹⁵Eles lhe disseram: Estás louca. Ela, porém, persistia em afirmar que assim era. Então, disseram: É o seu anjo. ¹⁶Entretanto, Pedro continuava batendo; então, eles abriram, viram-no e ficaram atônitos.

A parte de Deus e a nossa

Deus realizou um milagre ao tirar Pedro do cárcere. No entanto, não abriu milagrosamente a porta da casa de Maria para que ele entrasse. Isto ilustra o princípio chamado *cooperação divino-humana* que significa que Deus frequentemente ajuda as pessoas quando não podem fazer nada para ajudar a si mesmas. Porém, existem algumas coisas que Deus espera que os seres humanos façam por si mesmos. Nesta situação, as pessoas dentro da casa estavam plenamente capacitadas para abrir a porta, assim Deus não fez isto por eles.

O temor e a incredulidade provocaram a demora para abrir a porta a Pedro. Poderia ter sido uma situação perigosa se os soldados o tivessem reconhecido. Eles e os outros cristãos reunidos na mesma casa poderiam ter sido presos. Perceba que não foi a incredulidade de Rode que provocou a demora em abrir a porta para Pedro. Rode reconheceu que Deus havia ouvido as orações e correu a contar aos outros. Contudo, os idosos presentes recusaram-se a crer nas palavras da jovem serva.

Rode demonstrou duas características que precisamos em nossas vidas: alegria e persistência.

Alegria frente à resposta de oração
Ela se alegrou profundamente ao reconhecer que Deus havia respondido às orações do grupo. Rode reconheceu a voz de Pedro, então sabemos que ele deve ter falado com ela enquanto batia à porta. Rode estava tão contente e entusiasmada que interrompeu a reunião de oração dos que oravam para anunciar que a resposta de suas orações se encontrava diante da porta.

Por que ela estava tão feliz? Para sentir tanta alegria com aquela resposta de oração, certamente, ela também estava orando pela libertação de Pedro.

Perseverança
Apesar de ser somente uma serva, Rode ignorou a zombaria das pessoas e insistiu que Pedro estava à porta. Foram os

outros que não acreditavam que Deus responderia tão rápido suas orações!

Quando ouviram as palavras de Rode, os outros cristãos acusaram-na de estar louca. Depois disseram que ela deveria ter visto *seu anjo*. Mas Rode insistiu que era Pedro, com certeza, que estava à porta. Foi só quando ouviram Pedro que, insistentemente, batia à porta que foram abrir-lhe e deixaram-no entrar.

Pensamentos finais

Às vezes, quando enfrentamos forte oposição, parece mais fácil ceder, mesmo quando conhecemos a verdade. Entretanto, esse é o tempo de manter-se firme. Também é fácil surpreender-se quando Deus responde nossas orações. Precisamos ser agradecidas por termos um Pai Celestial paciente que ainda nos ama e responde nossas orações, apesar das nossas incredulidades.

A alegria de Rode no Senhor e a força de caráter para permanecer fiel à verdade eram de suma importância para a igreja primitiva. Estes mesmos atributos são muitos valiosos hoje e devem ser parte de nossas vidas.

Apreciemos as qualidades em outros cristãos, mesmo se pertencerem a diferentes classes sociais. Rode era apenas uma garota cujo trabalho era servir os outros. No entanto, foi a primeira a ouvir a voz de Pedro e espalhar a notícia de que Deus havia respondido as orações daquele grupo.

Deus ainda hoje responde orações! A próxima vez que Ele responder as suas orações, não se surpreenda. Lembre-se de agradecer-lhe. Jesus nos dá a seguinte promessa no livro de 1 João 5:14-15:

¹⁴E esta é a confiança que temos para com ele: que, se pedirmos alguma coisa segundo a sua vontade, ele nos ouve. ¹⁵E, se sabemos que ele nos ouve quanto ao que lhe pedimos, estamos certos de que obtemos os pedidos que lhe temos feito.

Tópicos para discussão
1. Quais as informações que a Bíblia dá sobre Rode?
2. Por que Pedro estava batendo à porta?
3. Explique o princípio de que Deus faz Sua parte, enquanto o homem faz o que está ao seu próprio alcance.
4. De que maneira Rode auxiliou a igreja primitiva?
5. Como você reage quando Deus responde suas orações?

Capítulo 51

Lídia
A mulher de negócios

Neste capítulo, discutiremos sobre uma mulher chamada Lídia. Ela era conhecida por duas razões: era uma mulher de negócios bem-sucedida e também hospitaleira.

Antecedentes

Lídia era da cidade de Tiatira, localizada ao oeste da Ásia Menor, hoje conhecida como Turquia. Naquela época, Tiatira era um centro comercial. Lídia tinha seu próprio negócio, era vendedora de tecidos de púrpura, uma cor muito cara devido ao seu complicado processo de tingimento. Provavelmente, Lídia era rica, bem-sucedida e influente. O apóstolo Paulo — autor do livro de Atos — Silas e Lucas viajavam juntos quando chegaram à cidade de Filipos, onde conheceram Lídia. Apesar de ser originalmente de Tiatira, quando conheceu Paulo, possuía uma casa em Filipos (no continente europeu). Lemos a história no livro de Atos 16:13-15.

> ¹³No sábado, saímos da cidade para junto do rio, onde nos pareceu haver um lugar de oração; e, assentando-nos, falamos às mulheres que para ali tinham concorrido. ¹⁴Certa mulher, chamada Lídia, da cidade de Tiatira, vendedora de púrpura, temente a Deus, nos escutava; o Senhor lhe abriu o coração para atender às coisas que Paulo dizia. ¹⁵Depois de ser batizada, ela e toda a sua casa, nos rogou, dizendo: Se julgais que eu sou fiel ao Senhor, entrai em minha casa e aí ficai. E nos constrangeu a isso.

Por que Deus incluiu Lídia na Bíblia? Por que ela deve ser um exemplo para nós? Sabemos pouco de seus antecedentes e sua família. Quando Paulo a conheceu, era uma próspera mulher de negócios.

O coração generoso de Lídia

No entanto, há outras informações sobre ela. Lídia era uma pessoa cujo coração se abriu para as coisas de Deus. No livro de Atos 16:14 está escrito que o Senhor abriu seu coração. Sabemos que Deus não força que o aceitemos, portanto, Lídia devia estar disposta a permitir que o Senhor trabalhasse em sua vida. Seu coração disponível, não somente ajudou-a ouvir o que Paulo tinha a dizer, mas também a reagir aceitando as boas-novas acerca de Jesus Cristo.

Onde estava Lídia quando *o Senhor lhe abriu o coração?* Era um dia de descanso, o sábado, dia de adoração dos judeus, e

Lídia se encontrava no mesmo lugar onde todas as mulheres se reuniam para orar. Ela se encontrava no lugar certo, no momento certo. Talvez algumas de nós não escutamos a voz de Deus por não assistir os cultos, estudo bíblico e reuniões de oração. O livro de Hebreus 10:25 adverte os cristãos para que não deixem de viver em comunhão.

O livro de Atos 16:14 também descreve Lídia como uma mulher *temente a Deus*. Ela buscava a verdade, porque tinha anseio em adorar a Deus. No livro de Jeremias 29:13 lemos esta promessa: *Buscar-me-eis e me achareis quando me buscardes de todo o vosso coração*. Lídia o buscava, e Deus orientou Paulo ao lugar exato onde as mulheres oravam.

Lídia precisava afastar-se de seus negócios para orar. Hoje, também, é necessário tempo para ouvir Deus. Você se dispõe a investir esse tempo? Talvez o seu negócio bem-sucedido ocupe a maior parte de seu tempo. Ou talvez, você esteja trabalhando bastante para ganhar o sustento e não tem muito tempo para adorar a Deus. Seus estudos, suas responsabilidades familiares ou milhares de outras atividades preenchem seu dia. Como Lídia, você e eu devemos investir tempo para ouvir o que Deus está falando.

O testemunho de Lídia

Após a conversão de Lídia, ela imediatamente deu testemunho público de sua fé no Senhor Jesus Cristo. Ela e toda sua família foram batizadas (Atos 16:15). O apóstolo Paulo explica o significado do batismo no livro de Romanos 6:4-5:

> [4]Fomos, pois, sepultados com ele na morte pelo
> batismo; para que, como Cristo foi ressuscitado dentre

os mortos pela glória do Pai, assim também andemos nós em novidade de vida. ⁵Porque, se fomos unidos com ele na semelhança da sua morte, certamente, o seremos também na semelhança da sua ressurreição,

O batismo não salva a pessoa da condenação eterna. É uma manifestação externa do relacionamento íntimo do cristão com Jesus Cristo. O batismo é um símbolo: o cristão é imerso na água para representar a morte e o sepultamento de Cristo, e logo que é levantado das águas, representa a ressurreição de Cristo dentre os mortos.

Muitas vezes, lemos no livro de Atos, que determinada pessoa *creu e foi batizada*. Os primeiros cristãos, como Lídia, deram o exemplo. Se você aceitou Jesus como seu Salvador pessoal, deveria batizar-se. Ao agir assim, você demonstra publicamente a sua obediência à ordem de nosso Senhor e o seu desejo de viver para Jesus, a todos que assistem o seu batismo.

Lídia demonstrou grande entusiasmo com sua fé e serviço ao Senhor. Qual nossa reação quando Deus satisfaz nossos desejos mais íntimos e responde nossas orações, sejam elas grandes ou pequenas? Algumas de nós reservamos estas alegrias para nós mesmas. Devemos compartilhar o que Deus está fazendo em nossas vidas, especialmente com aqueles que nos cercam? Jesus falou seriamente sobre este tema no livro de Mateus 10:32-33:

> ³²Portanto, todo aquele que me confessar diante dos homens, também eu o confessarei diante de meu Pai, que está nos céus; ³³mas aquele que me negar diante

dos homens, também eu o negarei diante de meu Pai, que está nos céus.

Deus abençoou o testemunho público de Lídia. Ela foi considerada a primeira pessoa que se converteu com o resultado da obra missionária de Paulo na Europa, e Deus permitiu que fosse uma mulher!

O lar disponível de Lídia

O livro de Atos 16:15 relata que Lídia rogou a Paulo e seus companheiros que se hospedassem em sua casa. O capítulo 16 continua dizendo-nos o que aconteceu com Paulo e Silas enquanto estiveram em Filipos. Em Atos 16:23 lemos que foram severamente açoitados e lançados na prisão. O carcereiro recebeu instruções para vigiá-los com cuidado. Eles foram colocados no cárcere interior e tiveram os pés presos no tronco. Durante a noite, Paulo e Silas oravam e cantavam hinos a Deus. Por seu testemunho no cárcere, o carcereiro perguntou: *...que devo fazer para que seja salvo?* (Atos 16:30). A resposta de Paulo em Atos 16:31 explica claramente de que maneira uma pessoa pode receber a salvação: *Responderam-lhe: Crê no Senhor Jesus e serás salvo, tu e tua casa.*

Quando Paulo e Silas foram soltos da prisão, voltaram para a casa de Lídia. Outra vez ela abriu sua casa e os atendeu. Ela não estava de modo algum envergonhada em receber estes homens de Deus em seu lar, apesar de terem acabado de ser libertos da prisão.

Lídia não parou de trabalhar quando se tornou cristã. Provavelmente ela conhecia muitos comerciantes e empresários de outras partes do mundo, mas, Paulo e Silas eram muito mais importantes para ela do que os negócios. Ela não negou sua ajuda por temor que a presença deles atrapalhasse seus negócios. Deus sempre suprirá nossas necessidades se o colocarmos em primeiro lugar em nossas vidas. Em Mateus 6:33 Jesus disse: ...*buscai, pois, em primeiro lugar, o seu reino e a sua justiça, e todas estas coisas vos serão acrescentadas.*

Lemos a seguinte promessa em Filipenses 4:19: *E o meu Deus, segundo a sua riqueza em glória, há de suprir, em Cristo Jesus, cada uma de vossas necessidades.*

Pensamentos finais

O apóstolo Paulo teve um papel importante na história de Lídia. Foi sensível à direção do Espírito Santo e obedeceu a Deus. Dirigiu-se ao lugar de oração e falou com as mulheres ali reunidas. Muitas vidas foram mudadas devido ao ensinamento de Paulo.

Agora, precisamos nos perguntar: "Sou sensível ao Espírito Santo? Sou obediente à liderança de Deus em minha própria vida? Conheço Sua palavra o suficiente para reconhecer sua direção? Em Efésios 5:17, Paulo diz: *Por esta razão, não vos torneis insensatos, mas procurai compreender qual a vontade do Senhor.*

A única maneira de compreender a vontade de Deus é ler e meditar em Sua Palavra.

Talvez você sinta que Deus está lhe dizendo algo. Verifique se isto está de acordo com a Palavra de Deus. O Pai celestial nunca a guiará para fazer algo contrário à Sua Palavra. Quando é evidente o que Deus quer que você faça, siga o exemplo de

Paulo. Não tenha medo ou vergonha em cumprir aquilo que Deus quer. Você nunca sabe quando pode haver alguém, talvez como Lídia, escutando com o coração aberto.

Tópicos para discussão
1. Como Lídia era conhecida?
2. Onde foi o primeiro encontro de Lídia com o apóstolo Paulo? Por que este fato é relevante?
3. Qual a importância do batismo?
4. De que maneira Lídia ajudou Paulo e Silas?
5. Algum momento em sua vida, Deus se revelou a você e supriu suas necessidades? Você compartilhou este testemunho com outras pessoas?

Capítulo 52

Priscila
Esposa e parceira

Quase todas nós admiramos ou respeitamos alguém por sua influência e vida consagrada. Áquila e Priscila provavelmente se sentiam assim sobre o apóstolo Paulo, com quem trabalharam na fabricação de tendas e evangelização. Neste capítulo estudaremos suas vidas.

Áquila e Priscila são sempre mencionados juntos na Bíblia. Nem sempre é possível os casais trabalharem juntos como eles o fizeram. Entretanto, mesmo quando seus trabalhos os separam fisicamente por algumas horas, os casais podem estar unidos espiritualmente. Vemos a história de Áquila e Priscila no livro de Atos 18:1-3:

> ¹Depois disto, deixando Paulo Atenas, partiu para Corinto. ²Lá, encontrou certo judeu chamado

Áquila, natural do Ponto, recentemente chegado da Itália, com Priscila, sua mulher, em vista de ter Cláudio decretado que todos os judeus se retirassem de Roma. Paulo aproximou-se deles. ³E, posto que eram do mesmo ofício, passou a morar com eles e ali trabalhava, pois a profissão deles era fazer tendas.

A Bíblia não especifica como ou quando Áquila e Priscila conheceram ao Senhor. Talvez, eles já conheciam ao Senhor quando Paulo foi visitá-los ou Paulo os conduziu para que aceitassem a Jesus Cristo como seu Salvador. Este casal amava-se mutuamente e também ao Senhor, a quem serviam.

Através de Áquila e Priscila, Deus proveu a comunhão para o apóstolo Paulo. Além de oferecerem companheirismo e amizade, também o ajudaram materialmente, permitindo que se hospedasse em sua casa.

Suas ocupações

Através dos versículos lidos, percebemos que Áquila e Priscila também fabricavam tendas. Não somente estavam casados e amavam ao Senhor, mas também praticavam o mesmo ofício. Eles compartilhavam dos deveres da fabricação e administravam juntos o seu negócio.

O ofício de Paulo era fabricar tendas. Mais adiante, em Atos 18, lemos que Paulo ficou com Áquila e Priscila pelo menos uma parte dos 18 meses que esteve em Corinto. Através de outras referências bíblicas, sabemos que Paulo, às vezes fazia tendas para ganhar dinheiro para o seu sustento diário. Quando Paulo não estava pregando ou ensinando, os três provavelmente conversaram muito sobre seu ofício e seu amor pelo Senhor.

Mestres treinados por Paulo

Enquanto Paulo morava na casa de Áquila e Priscila, podemos imaginar que ouviam seus ensinamentos, observavam sua vida, aprendiam com seu exemplo, e oravam com ele e por ele. Áquila e Priscila lucraram muito, compartilhando seu trabalho com Paulo e sendo hospitaleiros a um dos servos de Deus.

Continuando em Atos 18, lemos que Paulo deixou Corinto e levou Áquila e Priscila com ele. Paulo deixou o casal para trabalhar em Éfeso, enquanto ele seguia viagem sozinho.

Depois dos muitos ensinamentos que Áquila e Priscila receberam de Paulo, eles estavam capacitados para servir a Deus ajudando um homem chamado Apolo. O livro de Atos 18:24-26 relata:

> [24]Nesse meio tempo, chegou a Éfeso um judeu, natural de Alexandria, chamado Apolo, homem eloquente e poderoso nas Escrituras. [25]Era ele instruído no caminho do Senhor; e, sendo fervoroso de espírito, falava e ensinava com precisão a respeito de Jesus, conhecendo apenas o batismo de João. [26]Ele, pois, começou a falar ousadamente na sinagoga. Ouvindo-o, porém, Priscila e Áquila, tomaram-no consigo e, com mais exatidão, lhe expuseram o caminho de Deus.

Existe uma lição muito importante que podemos aprender destes versículos. Áquila e Priscila ouviram Apolo antes de julgá-lo. Eles reconheciam que os seus ensinamentos eram corretos, mesmo que fossem insuficientes para a verdade completa do Evangelho. Entretanto, eles não o criticaram publicamente. A Bíblia diz que o convidaram para ir à sua casa *e com mais exatidão, lhe expuseram o caminho de Deus.*

Quando Paulo escreveu 1 Coríntios, Apolo tornara-se tão conhecido que seu nome era mencionado quando se referiam aos apóstolos Paulo e Pedro, cujos ensinamentos tinham grande valor. As divisões da igreja em Corinto estavam relacionadas com determinados mestres. Paulo corrige essas pessoas em 1 Coríntios 3:4-8 dizendo que o erro estava naqueles que se separaram dos outros, influenciados por ensinamentos humanos, quer fossem de Pedro, de Apolo ou do próprio Paulo. O importante não é o mestre; mas o conteúdo de seu ensinamento.

Apolo tinha grande consideração por Áquila e Priscila por ter lhe explicado o caminho de Deus. Observe como Deus usa as pessoas em Seu serviço. Nem todos podem ser como Paulo ou Apolo. Porém, Deus pode nos usar para ajudar alguém a tornar-se valioso. Os humildes fabricantes de tendas, Áquila e Priscila, enriqueceram grandemente o ministério de Apolo, a quem Deus usou poderosamente nas igrejas primitivas.

Não lemos muito mais acerca de Áquila e Priscila, mas em Romanos 16:3-5, Paulo relata outro aspecto de suas vidas:

> ³Saudai Priscila e Áquila, meus cooperadores em Cristo Jesus, ⁴os quais pela minha vida arriscaram a sua própria cabeça; e isto lhes agradeço, não somente eu, mas também todas as igrejas dos gentios; ⁵saudai igualmente a igreja que se reúne na casa deles. Saudai meu querido Epêneto, primícias da Ásia para Cristo.

Paulo não se esqueceu de seus amigos. Ele sabia que Áquila e Priscila tinham arriscado suas vidas por ele e por amor do Evangelho. Naquela época, a pobreza e a perseguição tornavam quase impossível construir edifícios para as igrejas, como temos hoje, então, os cristãos reuniam-se em suas casas. Um dos riscos que Áquila e Priscila assumiram foi o de ter uma igreja em sua casa. Mais uma vez, vemos este casal unido, desta vez, quanto à utilização de sua moradia.

Pensamentos finais

O que aprendemos com Áquila e Priscila? Em primeiro lugar, que devemos buscar somente o reconhecimento de Deus por nosso serviço a Ele. Não importa se somos *importantes* na igreja, mas se somos fiéis em cumprir a nossa parte, ajudando assim o corpo de Cristo a crescer firmemente.

Outra lição que podemos aprender é com relação ao matrimônio. Eles eram unidos em seu trabalho, hospitalidade, serviço e estudo das Escrituras. Isto não significa que uma mulher casada que tenha habilidade para os negócios ou outras habilidades não deva usá-las. Um marido verdadeiramente unido a sua esposa desejará que ela use os dons que Deus lhe concedeu da melhor maneira possível. Ao encorajar, orar, apoiar e reconhecer publicamente suas boas obras, ele estará construindo uma unidade de espírito com a esposa.

Esta história é sobre um casal e o exemplo que nos dão. Mas não significa que uma mãe solteira ou uma mulher de negócios solteira também não possam realizar-se profissionalmente. Para os nossos dias, algumas palavras de advertência são necessárias, pois há muitos lares destruídos e muitos ciúmes entre casais para ver quem obterá maior atenção e reconhecimento. Acredito que as mulheres casadas devam prestar atenção neste exemplo citado na Bíblia. Algumas mulheres casadas sentem que devem ter o próprio trabalho, reconhecimento e um sentido de realização independente do companheiro. O verdadeiro sentido de realização advém do cumprimento da vontade de Deus, e não por atuar separadamente. Creio que o exemplo de Priscila deve ser observado com atenção, pois ela esteve ao lado de seu marido.

Se você é casada, há unidade em seu casamento? Caso não haja, peça a Deus para afastar o espírito de orgulho e independência. Nossas igrejas seriam mais fortes, se todos os matrimônios cristãos fossem tão unidos quanto o de Priscila e Áquila.

Tópicos para discussão

1. Destaque três maneiras em que o casamento de Priscila e Áquila demonstrava unidade.
2. Como Áquila e Priscila ajudavam o apóstolo Paulo?
3. Em que circunstâncias Deus os usou para ajudar Apolo?
4. Como eles arriscaram suas vidas por amor do evangelho?
5. De que maneira este casamento é exemplo para outros casais?

Capítulo 53

Eunice
Mãe sábia

A BÍBLIA ENSINA CLARAMENTE que os pais têm a responsabilidade de instruir seus filhos no temor e na correção do Senhor. Neste capítulo, observaremos um lar no qual esta responsabilidade foi levada a sério.

Antecedentes

Eunice e sua mãe Lóide são citadas várias vezes na Bíblia, e sempre são mencionadas juntas, provavelmente viviam na mesma casa.

Timóteo, filho de Eunice, morava com a mãe e a avó. Ao estudarmos a vida deste lar onde Timóteo foi criado, peçamos a Deus que nos ajude a ser influência positiva sobre as crianças em nosso círculo de alcance.

A palavra grega Eunice significa *uma vitória boa* ou *feliz*. Embora ela tivesse esse nome, ela era judia, casada com um grego. O amor de Eunice pelo Senhor está relatado no livro de Atos 16:1-3:

> ¹Chegou também a Derbe e a Listra. Havia ali um discípulo chamado Timóteo, filho de uma judia crente, mas de pai grego; ²dele davam bom testemunho os irmãos em Listra e Icônio. ³Quis Paulo que ele fosse em sua companhia e, por isso, circuncidou-o por causa dos judeus daqueles lugares; pois todos sabiam que seu pai era grego.

A Bíblia não nos informa o nome do marido de Eunice, talvez ele já tinha morrido, e Eunice era viúva quando isto foi escrito. Se assim fosse, Eunice educava seu filho sozinha. Por outro lado, sabia-se que o pai de Timóteo era grego, e em nenhuma parte a Bíblia registra seu falecimento. Se estivesse vivo, o lar de Eunice era um lar dividido, com a mãe crendo em Deus e o marido não. Deus é fiel para ajudá-la a ter um lar cristão, mesmo se o seu cônjuge não o for.

Em todo caso, Eunice e sua mãe compartilhavam a importante tarefa de educar cuidadosamente e com sabedoria o jovem Timóteo.

A educação de Timóteo

Seja qual fosse a situação familiar, a Bíblia destaca a educação que Timóteo recebeu. Timóteo, o filho, sua mãe Eunice e sua avó Lóide, constituem um dos trios mais fortes provenientes da linha materna de qualquer família no Novo Testamento.

O livro de 2 Timóteo 1:5 dá ênfase especial ao caráter de Eunice: *Lembro da sua fé sincera, a mesma fé que a sua avó Lóide e Eunice, a sua mãe, tinham. E tenho a certeza de que é a mesma fé que você tem.*

Esta passagem reflete muito bem as qualidades que Eunice transmitiu a Timóteo e que agradavam a Deus. O Senhor abençoou Eunice usando Timóteo em Sua obra. Não há alegria maior para os pais do que verem seus filhos seguindo e servindo ao Senhor.

O serviço de Timóteo para Deus

Paulo dirigiu-se ao filho de Eunice chamando-o de *amado filho* (2 Timóteo 1:2), pois ele o guiara para o Senhor e o levara como companheiro durante as viagens missionárias e, posteriormente, como pastor em Éfeso. Como Paulo levava Timóteo consigo desde que este era muito jovem, eles compartilhavam de amizade mais intensa, se comparada a outras que Paulo teve.

Eunice preparou seu filho para as responsabilidades por vir. Deve ter sido um dia triste, mas ao mesmo tempo feliz o momento em que Timóteo deixou seu lar para trabalhar com Paulo.

Eunice me faz recordar de outra mulher — Ana; que dedicou seu filho ao serviço de Deus no templo. Ana também preparou seu filho para servir ao Senhor.

Eunice e Lóide devem ter conhecido a história de Ana e Samuel. Elas também devem ter conhecido as palavras do rei Salomão em Provérbios 23:24-25:

²⁴O pai que tem um filho correto e sábio ficará muito feliz e se orgulhará dele. ²⁵Faça que o seu pai se alegre por causa de você; dê à sua mãe esse prazer.

O tributo de Paulo para Eunice e Lóide

Paulo rendeu homenagens à mãe e à avó de Timóteo quando se aproximava o fim de sua vida, como lemos nas cartas escritas no livro de 2 Timóteo 3:10,13-15 . As cartas de Paulo destacam o caráter deles e os ensinamentos que Eunice e Lóide deram a Timóteo:

> ¹⁰Tu, porém, tens seguido, de perto, o meu ensino, procedimento, propósito, fé, longanimidade, amor, perseverança [...] ¹³Mas os homens perversos e impostores irão de mal a pior, enganando e sendo enganados ¹⁴Tu, porém, permanece naquilo que aprendeste e de que foste inteirado, sabendo de quem o aprendeste ¹⁵e que, desde a infância, sabes as sagradas letras, que podem tornar-te sábio para a salvação pela fé em Cristo Jesus.

Pensamentos finais

Podemos aprender muitas lições com Eunice e sua forma de educar seu filho; um deles é o valor dos ensinamentos cristãos no lar e na vida de nossos filhos. O livro de Provérbios apresenta muitos versículos que se referem à educação das crianças:

- *Ensina a criança no caminho em que deve andar, e, ainda quando for velho, não se desviará dele* (Provérbios 22:6).

- *Filho meu, não rejeites a disciplina do SENHOR, nem te enfades da sua repreensão. Porque o SENHOR repreende a quem ama, assim como o pai, ao filho a quem quer bem* (Provérbios 3:11-12).
- *O que retém a vara aborrece a seu filho, mas o que o ama, cedo, o disciplina* (Provérbios 13:24).

É necessário tempo, esforço e sabedoria vinda de Deus, para ensinar os filhos. Mães e professores devem considerar a educação das crianças uma prioridade, não permitindo interferências indesejáveis.

Precisamos também compreender que, apesar de Eunice ter educado Timóteo nos caminhos do Senhor, não foi sua fé que o salvou. Timóteo por si mesmo precisou depositar sua confiança em Jesus Cristo para ser salvo do pecado. É muito importante que os pais conduzam seus filhos ao momento de compreensão individual sobre a necessidade da salvação através da fé em Jesus Cristo. Após os filhos terem colocado sua fé e confiança no Senhor como Salvador pessoal, os pais devem ajudá-los a crescer em sua fé e no conhecimento do Senhor Jesus.

Seja você — mãe, avó, tia ou professora —, peça ao Senhor que a ajude a ser um exemplo que guiará a Deus as crianças sob sua influência.

Tópicos para discussão

1. Mencione três razões importantes para ensinarmos princípios cristãos às crianças, desde tenra idade.
2. Onde Eunice aprendeu seus princípios de vida?
3. De que fontes a criança pode receber ensinamentos cristãos fora de seu contexto familiar?

4. Quais os ensinamentos que aprendemos com Eunice?
5. Especifique três maneiras de o seu lar ser um exemplo cristão à sua comunidade.

Capítulo 54

A mulher virtuosa
Provérbios 31

Ao concluirmos nosso estudo, será útil revisar o primeiro capítulo — no qual observamos as características da mulher virtuosa em Provérbios 31. Nós, que amamos o Senhor desejamos ser mulheres que agradam a Deus.

Outro aspecto da mulher virtuosa
Olhando em Provérbios 31:10, encontramos uma pergunta retórica: *Mulher virtuosa, quem a achará? O seu valor muito excede o de finas joias.* Nada mais poderia ser adicionado à beleza deste retrato bíblico de mulher virtuosa. Sua castidade, amor, diligência, eficiência, sinceridade e devoção, sua habilidade para os negócios, são belas características descritas em Provérbios 31:11-31.

O estudo deste capítulo nos ajudará ao analisarmos nossas vidas e, com o auxílio de Deus poderemos corrigir aspectos que precisam de atenção.

Ela serve bem sua família

O livro de Provérbios 31:11-15 exemplifica a mulher virtuosa:

> [11]O coração do seu marido confia nela, e não haverá falta de ganho. [12]Ela lhe faz bem e não mal, todos os dias da sua vida.

Seu marido tem absoluta confiança nela e não precisa recorrer a outras mulheres para satisfazer-se. Também diz que ela só faz o bem e nunca o mal, não apenas esporadicamente, mas todos os dias de sua vida.

> [13]Busca lã e linho e de bom grado trabalha com as mãos. [14]É como o navio mercante: de longe traz o seu pão. [15]É ainda noite, e já se levanta, e dá mantimento à sua casa e a tarefa às suas servas

Trabalha alegremente em sua casa, preparando comidas nutritivas e saborosas para sua família. Levanta-se cedo para ter certeza que sua família será bem alimentada.

Estes versículos são usados com bastante frequência para descrever mulheres de negócios que, como muitas mulheres tribais, cuidam do jardim, compram e vendem algodão, lã ou linho; tecem e vendem o que produzem. O papel de uma mulher varia em diferentes partes do mundo, porém, estes versículos parecem incluir todos os estilos de vida, tornando possível toda mulher ser considerada virtuosa, se o seu trabalho for executado com a atitude apropriada.

Ela tem visão para os negócios
Em Provérbios 31:16-18 aprendemos que:

> [16]Examina uma propriedade e adquire-a; planta uma vinha com as rendas do seu trabalho. [17]Cinge os lombos de força e fortalece os braços. [18]Ela percebe que o seu ganho é bom; a sua lâmpada não se apaga de noite.

Esta mulher consegue reconhecer um bom negócio quando o vê. Ela não se vangloria quando faz um bom trabalho, mesmo que tenha exigido muito esforço. A força de seu caráter é vista em sua atitude ao preocupar-se com o futuro e estabilidade de seu lar.

É uma mulher capaz
Provérbios 31:19-24 menciona:

> [19]Estende as mãos ao fuso, mãos que pegam na roca. [20]Abre a mão ao aflito; e ainda a estende ao necessitado. [21]No tocante à sua casa, não teme a neve, pois todos andam vestidos de lá escarlate. [22]Faz para si cobertas, veste-se de linho fino e de púrpura. [23]Seu marido é estimado entre os juízes, quando se assenta com os anciãos da terra. [24]Ela faz roupas de linho fino, e vende-as, e dá cintas aos mercadores.

Sabe fazer roupas para sua família. Ela se preocupa com as pessoas necessitadas ao seu redor. Sua família não é apenas beneficiada com suas habilidades domésticas, suas próprias roupas mostram bom gosto e dignidade. Usa suas capacidades para obter ganhos extras.

É uma mulher de bom caráter

O livro de Provérbios 31:25-31 destaca o seu caráter excepcional:

> [25] A força e a dignidade são os seus vestidos, e, quanto ao dia de amanhã, não tem preocupações.

Em sentido figurado, a Bíblia descreve esta como se ela estivesse adornada de força e dignidade. Por ser bem preparada, não teme o futuro e está plena de alegria e paz interior.

> [26] Fala com sabedoria, e a instrução da bondade está na sua língua. [27] Atende ao bom andamento da sua casa e não come o pão da preguiça. [28] Levantam-se seus filhos e lhe chamam ditosa; seu marido a louva...

A mulher virtuosa cuida da sua língua. Ela não fofoca, mas se expressa com bondade. Seus próprios filhos a elogiam para os amigos, e seu marido a exalta perante os outros.

> [29] Muitas mulheres procedem virtuosamente, mas tu a todas sobrepujas.

Esta passagem indica que há mulheres ao redor do mundo que praticam boas obras, mas a mulher virtuosa descrita, a todas supera, aos olhos de Deus.

A chave de toda a passagem se encontra nos versículos 30 e 31:

> ³⁰Enganosa é a graça, e vã, a formosura, mas a mulher que teme ao SENHOR, essa será louvada.
> ³¹Dai-lhe do fruto das suas mãos, e de público a louvarão as suas obras.

Estes versículos são como um espelho, no qual cada uma de nós pode examinar-se. Somente algumas de nós veremos nossas vidas ali refletidas, no entanto veremos a mulher que lutamos para ser, uma mulher de beleza de espírito e serenidade de alma.

Pensamentos finais

Se você pudesse olhar de relance no espelho de Provérbios 31, como seria sua imagem? A única maneira de sermos verdadeiras mulheres virtuosas é conhecer o único e verdadeiro Deus, e a Jesus Cristo que foi enviado para ser o nosso Salvador. O amor de Deus é tão grande que concedeu-nos o Seu melhor. Entregou Seu único Filho para que não perecêssemos e, sim, tivéssemos vida eterna. Jesus Cristo nos amou tanto que deu Sua vida sobre a cruz por nossos pecados. Ele não somente morreu, mas Deus o ressuscitou dentre os mortos. E porque Ele vive você também pode viver eternamente. Se você deseja este gozo e paz que somente Ele oferece, confesse seu pecado e creia nele, recebendo Jesus como seu Salvador.

Talvez, você já confie em Jesus Cristo. Se este for o caso, gostaria de lhe dizer que o segredo em ser uma mulher virtuosa, fundamenta-se no constante relacionamento com o Senhor Jesus Cristo. A mulher que o conhece e ama, será louvada — quem sabe, não por este mundo, mas por Deus.

Minha oração é que agradeçamos a Deus pela maneira como Sua Palavra fala às mulheres. Somos importantes para Ele. Deus aceitará aquilo que damos a Ele; nosso tempo, dinheiro, nossos dons e talentos, e nos abençoará.

Antes de encerrar este livro, renovemos nossa dedicação a Deus e apresentemos nossas vidas ao Senhor, como um sacrifício vivo para cumprir o que diz no livro de Romanos 12:1: *Rogo-vos, pois, irmãos, pelas misericórdias de Deus, que apresenteis o vosso corpo por sacrifício vivo, santo e agradável a Deus, que é o vosso culto racional.* Fazendo isto, podemos confiar que Ele nos abençoará e nos usará para Sua glória!

Temas para discussão

1. Por que é tão difícil encontrar uma mulher virtuosa?
2. De acordo com a Bíblia, como ela serve sua família?
3. É incorreto uma mulher ganhar dinheiro?
4. Quais qualidades de caráter são abordadas neste capítulo?
5. De que maneira a verdadeira ou falsa beleza da mulher representa o seu relacionamento com o Senhor?

Bibliografia

CHRISTENSEN, Winnie. *Women Who Believed God* (Mulheres que Creram em Deus), Wheaton, Illinois: Harold Shaw, 1983.

CHRISTENSEN, Winnie. *Women Who Achieved for God* (Mulheres que Venceram em Deus), Wheaton, Illinois: Harold Shaw, 1984.

DEEN, Edith. *All of the Women of the Bible* (Todas as Mulheres da Bíblia), New York, New York: Harper & Row, 1955.

LOCKYER, Herbert. *All the Women of the Bible* (Todas as Mulheres da Bíblia), Grand Rapids, Michigan: Zondervan, 1967.

MATHESON, George. *The Representative Women of the Bible* (Mulheres Representativas da Bíblia), New York, New York: George H. Doran, 1907.

SMITH, Joyce Marie. *A Woman's Priorities* (Prioridades da Mulher), Wheaton, Illinois: Tyndale House, 1984.

Índice alfabético

Nome	Página
A filha de Faraó	83
A mulher Adúltera	315
A mulher com hemorragia	277
A mulher de Jó	239
A mulher de Ló	49
A mulher samaritana	309
A mulher siro-fenícia	283
A mulher sunamita	199
A mulher virtuosa	13, 365
A rainha de Sabá	171
A viúva — o azeite multiplicado	193
A viúva de Sarepta	185
Abigail	149
Acsa	95
Ana	265
Ana	135
Bate-Seba	157
Dalila	109
Débora	101
Diná	69
Dorcas	333
Duas mães prostitutas	165
Escrava de Naamã	207
Ester	225, 231

Eunice	359
Eva	19
Hagar	41
Hulda	217
Isabel	259
Jeoseba	211
Jezabel	177
Lia	63
Lídia	345
Maria Madalena	321
Maria: irmã de Marta	301
Maria: a mãe de Jesus	245, 251
Marta	295
Mical	141
Miriã	77
Noemi	115
Priscila	353
Raabe	89
Rebeca	55
Rode	339
Rute	121, 129
Safira	327
Salomé	271
Sara	27, 33
Uma mulher sem nome	289

Índice cronológico

Nome	Texto Bíblico	Página

Antigo Testamento

Eva	Gênesis	219
Sara	Gênesis 16,17	27,33
Hagar	Gênesis 16,17	41
A Mulher de Ló	Gênesis 19	49
Rebeca	Gênesis 21	55
Lia	Gênesis 29	63
Diná	Gênesis 34	69
Miriã	Êxodo 2	77
A filha de Faraó	Êxodo 2	83
Raabe	Josué 2	89
Acsa	Josué 15	95
Débora	Juízes 4	101
Dalila	Juízes 16	109
Noemi	Rute	115
Rute	Rute	121,129
Ana	1 Samuel 1	135
Mical	1 Samuel 18	141
Abigail	1 Samuel 25	149
Bate-Seba	2 Samuel 11	157
Duas mães prostitutas	1 Reis 3	165
A rainha de Sabá	1 Reis 10	171
Jezabel	1 Reis 16	177

A viúva de Sarepta	1 Reis 17	185
A viúva	2 Reis 4	193
A mulher sunamita	2 Reis 4	199
Escrava de Naamã	2 Reis 5	207
Jeoseba	2 Reis 11	211
Hulda	2 Reis 22	217
Ester	Ester	225,231
A mulher de Jó	Jó	239
A mulher virtuosa	Provérbios 31	13,365

Novo Testamento

Maria: a mãe de Jesus	Mateus 1,2; Lucas 1,2	245,251
Isabel	Lucas 1	259
Ana	Lucas 2	265
Salomé	Mateus 20	271
A mulher com hemorragia	Marcos 5	277
A mulher siro-fenícia	Marcos 7	283
Uma mulher sem nome	Lucas 7	289
Marta	Lucas 10	295
Maria: a irmã de Marta	Lucas 10	301
A mulher samaritana	João 4	309
A mulher adúltera	João 8	315
Maria Madalena	João 20	321
Safira	Atos 5	327
Dorcas	Atos 9	333
Rode	Atos 12	339
Lídia	Atos 16	345
Priscila	Atos 18	353
Eunice	1 Timóteo 1	359